CHRISTIANO **CASSETTARI**
COORDENADOR

SÉRGIO LUIZ **JOSÉ BUENO**
AUTOR

TABELIONATO
DE PROTESTO

QUARTA EDIÇÃO

EDITORA FOCO

2020 © Editora Foco
Coordenador: Christiano Cassettari
Autor: Sérgio Luiz José Bueno
Diretor Acadêmico: Leonardo Pereira
Editor: Roberta Densa
Assistente Editorial: Paula Morishita
Revisora Sênior: Georgia Renata Dias
Capa Criação: Leonardo Hermano
Diagramação: Ladislau Lima
Impressão miolo e capa: FORMA CERTA

Dados Internacionais de Catalogação na Publicação (CIP) (Câmara Brasileira do Livro, SP, Brasil)

B928t Bueno, Sérgio Luiz José
Tabelionato de Protesto / Sérgio Luiz José Bueno ; coordenado por Christiano Cassettari. - 4. ed. - Indaiatuba, SP : Editora Foco, 2020.
216 p. ; 17cm x 24cm.
Inclui índice e bibliografia.
ISBN 978-85-8242-450-6
1. Direito. 2. Direito civil. 3. Tabelionato de Protesto. 4. Registro civil. I. Cassettari, Christiano. III. Título.

2020-375   CDD 342   CDU 347

Elaborado por Vagner Rodolfo da Silva – CRB-8/9410
Índices para Catálogo Sistemático:
1. Direito civil 342   2. Direito civil 347

DIREITOS AUTORAIS: É proibida a reprodução parcial ou total desta publicação, por qualquer forma ou meio, sem a prévia autorização da Editora FOCO, com exceção do teor das questões de concursos públicos que, por serem atos oficiais, não são protegidas como Direitos Autorais, na forma do Artigo 8º, IV, da Lei 9.610/1998. Referida vedação se estende às características gráficas da obra e sua editoração. A punição para a violação dos Direitos Autorais é crime previsto no Artigo 184 do Código Penal e as sanções civis às violações dos Direitos Autorais estão previstas nos Artigos 101 a 110 da Lei 9.610/1998. Os comentários das questões são de responsabilidade dos autores.

NOTAS DA EDITORA:
Atualizações e erratas: A presente obra é vendida como está, atualizada até a data do seu fechamento, informação que consta na página II do livro. Havendo a publicação de legislação de suma relevância, a editora, de forma discricionária, se empenhará em disponibilizar atualização futura.

Erratas: A Editora se compromete a disponibilizar no site www.editorafoco.com.br, na seção Atualizações, eventuais erratas por razões de erros técnicos ou de conteúdo. Solicitamos, outrossim, que o leitor faça a gentileza de colaborar com a perfeição da obra, comunicando eventual erro encontrado por meio de mensagem para contato@editorafoco.com.br. O acesso será disponibilizado durante a vigência da edição da obra.

Impresso no Brasil (02.2020) – Data de Fechamento (02.2020)

2020
Todos os direitos reservados à
Editora Foco Jurídico Ltda.
Rua Nove de Julho, 1779 – Vila Areal
CEP 13333-070 – Indaiatuba – SP
E-mail: contato@editorafoco.com.br
www.editorafoco.com.br

A minha esposa, Marilaura;
A meus filhos e noras, Oscar, Rafael, Olívia, Roberta
e a meus netos Eduardo e Breno;

A meus pais Onésimo e Rosa Maria e a
Jerônimo, meu sogro e amigo.

Abreviaturas

Ag. Instr. – Agravo de Instrumento
AgRg – Agravo Regimental
AgRg no AREsp – Agravo Regimental no Recurso Especial
Ap. – Apelação
Art. – Artigo
CGJSP – Corregedoria-Geral da Justiça de São Paulo
CNJ – Conselho Nacional de Justiça
Des. – Desembargador
DJ – Diário da Justiça
DOE – Diário Oficial do Estado
Edecl – Embargos de Declaração
Ed no Resp – Embargos de Divergência no Recurso Especial
EdResp – Embargos de Divergência em Recurso Especial
EOAB – Estatuto da Ordem dos Advogados do Brasil
Min. – Ministro
Mina. – Ministra
OAB – Ordem dos Advogados do Brasil
Proc. – Processo
Rec. – Recurso
Rel. – Relator
REsp – Recurso Especial
RT – Revista dos Tribunais
STJ – Superior Tribunal de Justiça
TCESP – Tribunal de Contas do Estado de São Paulo
TJDF – Tribunal de Justiça do Distrito Federal
TJES – Tribunal de Justiça do Espírito Santo
TJGO – Tribunal de Justiça de Goiás
TJMG – Tribunal de Justiça de Minas Gerais
TJPE – Tribunal de Justiça de Pernambuco

TJPR – Tribunal de Justiça do Paraná
TJRJ – Tribunal de Justiça do Rio de Janeiro
TJRS – Tribunal de Justiça do Rio Grande do Sul
TJSC – Tribunal de Justiça de Santa Catarina
TJSE – Tribunal de Justiça de Sergipe
TJSP – Tribunal de Justiça de São Paulo
TRF – Tribunal Regional Federal

Sumário

APRESENTAÇÃO XV

INTRODUÇÃO 1

PRIMEIRA PARTE
O PROTESTO COMO INSTITUTO JURÍDICO

1. CONCEITO E EVOLUÇÃO DO PROTESTO 7

    1.1   Definição Legal 7

    1.2   O conceito de ato de protesto com aplicação no direito brasileiro e seus aspectos terminológicos 7

        1.2.1   A distinção entre protesto cambial e protesto notarial – a expressão protesto extrajudicial 9

        1.2.2   A distinção entre o ato de protesto e o procedimento para protesto ... 9

    1.3   A função probatória do protesto 10

    1.4   O procedimento para protesto e sua relevância econômica e social 11

2. NATUREZA JURÍDICA DO PROTESTO 21

    2.1   O protesto é ato jurídico 21

    2.2   O protesto é ato público 22

    2.3   O protesto é ato extrajudicial 22

    2.4   O protesto é ato formal 23

    2.5   O protesto é ato unitário 23

    2.6   O protesto é ato misto 24

    2.7   A questão da autoria do protesto 26

3. REGIME JURÍDICO E EFEITOS DO PROTESTO 33

    3.1   Regime jurídico do protesto 33

    3.2   Efeitos do protesto 34

        3.2.1   O efeito conservatório (protesto necessário e protesto facultativo) 34

            3.2.1.1   Algumas notas sobre os sujeitos da relação cambiária 35

            3.2.1.2   O protesto necessário (conservatório) 37

                3.2.1.2.1   A cláusula sem protesto 39

	3.2.1.3 Protesto facultativo (probatório)	39
3.2.2	O efeito moratório	40
3.2.3	O efeito de fixar o termo legal da falência	40
3.2.4	O efeito de interromper a prescrição	41
3.2.5	O efeito da publicidade	43
3.2.6	O efeito do abalo no crédito do devedor	44

SEGUNDA PARTE
ABRANGÊNCIA DO PROTESTO

4. OBJETO DO PROTESTO – TÍTULOS		**49**
4.1	O protesto de títulos	49
4.2	O protesto e a nota promissória	50
	4.2.1 A nota promissória sem data	50
	4.2.2 A nota promissória vinculada a contrato	50
	4.2.2.1 Nota promissória *pro solvendo* e *pro soluto*	51
4.3	O protesto e a duplicata	52
	4.3.1 A duplicata como título causal e os requisitos para protesto	52
	4.3.2 A duplicata virtual	52
	4.3.3 A duplicata escritural	54
	4.3.4 A duplicata e a causalidade	55
	4.3.5 A duplicata, a fatura e a nota fiscal	56
	4.3.6 A duplicata e o aceite em separado	56
4.4	O protesto e o cheque	57
	4.4.1 O cheque furtado, roubado ou extraviado	57
	4.4.2 O cheque pós-datado	59
	4.4.3 O cheque sustado ou revogado por qualquer motivo	61
	4.4.4 O cheque apresentado com indícios de abuso de direito	61
5. OBJETO DO PROTESTO – DOCUMENTOS DE DÍVIDA		**63**
5.1	Conceito de documento de dívida	63
5.2	Aspectos gerais do protesto de documento de dívida	67
	5.2.1 A irrelevância da existência de execução em curso	68
	5.2.2 O protesto de contratos	68
	5.2.2.1 O protesto do contrato de locação de imóveis	70
	5.2.2.2 O protesto do *leasing*	77

	5.2.2.3	O protesto do contrato de honorários advocatícios	79
5.2.3		O protesto de encargos de condomínio	79
5.2.4		O protesto de decisões judiciais	81
5.2.5		O protesto da certidão de dívida ativa	83
5.2.6		O protesto do termo de ajuste de conduta	84

6. CLASSIFICAÇÃO DO PROTESTO ... 87

6.1 Classificação quanto ao motivo do protesto ... 87

    6.1.1 O protesto por falta de pagamento ... 88

        6.1.1.1 Algumas notas sobre o protesto por falta de pagamento da letra de câmbio não aceita ... 88

    6.1.2 O protesto por falta de aceite ... 90

        6.1.2.1 Algumas notas sobre o protesto por falta de aceite da duplicata ... 91

        6.1.2.2 Algumas notas sobre o protesto por falta de aceite da letra de câmbio ... 91

    6.1.3 O protesto por falta de devolução ... 92

        6.1.3.1 Algumas notas sobre o protesto por falta de devolução da duplicata ... 92

    6.1.4 O protesto por falta de data de aceite ... 92

6.2 Classificação quanto ao tipo de protesto ... 93

    6.2.1 Protesto comum ... 93

    6.2.2 Protesto especial ... 93

TERCEIRA PARTE
O SERVIÇO DE PROTESTO

7. O TABELIÃO ... 101

7.1 A natureza do serviço notarial e registral ... 101

7.2 A outorga da delegação ... 101

7.3 Atribuições ... 102

7.4 Qualidades essenciais da atuação do tabelião ... 103

7.5 Responsabilidade ... 105

    7.5.1 A responsabilidade penal ... 105

    7.5.2 A responsabilidade tributária ... 105

    7.5.3 A responsabilidade administrativa ... 105

    7.5.4 A responsabilidade civil ... 106

	7.5.4.1	A responsabilidade civil dos notários e registradores em geral..	106
	7.5.4.2	A responsabilidade civil específica dos tabeliães de protesto..	109
	7.5.4.3	A responsabilidade do tabelião e o abuso do apresentante.	110
	7.5.4.4	Outros aspectos da responsabilidade civil...........................	111

8. O SERVIÇO DE PROTESTO 113

    8.1   Generalidades.. 113

    8.2   A questão da personalidade jurídica 115

    8.3   Autonomia na prestação do serviço 116

    8.4   A fiscalização pelo poder judiciário e a qualidade do serviço......................... 117

    8.5   Do acervo e de sua conservação 118

        8.5.1   Os livros.. 118

            8.5.1.1   O livro do protocolo.. 118

            8.5.1.2   O livro de registro de protesto.. 119

        8.5.2   Os arquivos... 120

        8.5.3   A conservação de livros e arquivos... 121

9. CERTIDÕES E INFORMAÇÕES – EMOLUMENTOS 123

    9.1   Certidões e informações... 123

        9.1.1   Distinção entre certidões e informações... 125

        9.1.2   O requerimento 125

        9.1.3   O prazo para expedição e o período de abrangência........................... 126

        9.1.4   A homonímia... 127

        9.1.5   A semelhança de nomes 128

        9.1.6   Os requisitos da certidão 128

        9.1.7   As certidões de protocolização 128

        9.1.8   As certidões de protesto cancelado.. 129

        9.1.9   As certidões em forma de relação 129

    9.2   Emolumentos 130

        9.2.1   Definição 130

        9.2.2   Generalidades.. 130

        9.2.3   Isenção por pobreza... 133

        9.2.4   A redução concedida a microempresas e empresas de pequeno porte   134

QUARTA PARTE
PROCEDIMENTO PARA O PROTESTO

10. ASPECTOS GERAIS DO PROCEDIMENTO PARA PROTESTO – DISTRIBUIÇÃO – APRESENTAÇÃO – PROTOCOLIZAÇÃO 139

    10.1   Aspectos gerais do procedimento para protesto 139

           10.1.1   Princípios que regem o procedimento para protesto 139

                  10.1.1.1   Princípio da rogação 139

                  10.1.1.2   Princípio da celeridade 140

                  10.1.1.3   Princípio da formalidade simplificada 140

    10.2   Breve síntese do procedimento para protesto 140

    10.3   A distribuição 141

    10.4   A apresentação 142

           10.4.1   A atribuição territorial para a apresentação a protesto comum (lugar da apresentação a protesto) 142

                  10.4.1.1   Regra geral 142

                  10.4.1.2   O lugar da apresentação a protesto da letra de câmbio 145

                  10.4.1.3   O lugar da apresentação a protesto da nota promissória 146

                  10.4.1.4   O lugar da apresentação a protesto da duplicata 146

                  10.4.1.5   O lugar da apresentação a protesto do cheque 148

                  10.4.1.6   O lugar da apresentação a protesto dos documentos que materializam obrigações protestáveis e contratos em geral   148

                  10.4.1.7   O lugar da apresentação a protesto do contrato de locação   149

                  10.4.1.8   O lugar da apresentação a protesto dos encargos de condomínio 149

                  10.4.1.9   O lugar da apresentação a protesto da sentença 149

                  10.4.1.10   O lugar da apresentação a protesto do termo de ajuste de conduta 150

           10.4.2   A formalização da apresentação 150

                  10.4.2.1   O apresentante 152

    10.5   A protocolização 153

11. A QUALIFICAÇÃO 155

    11.1   Abrangência e limites da qualificação 155

           11.1.1   A qualificação do título ou documento 156

           11.1.2   A qualificação e os requisitos procedimentais 156

           11.1.3   A devolução formal 157

11.2 A qualificação e a prescrição 157

    11.2.1 Nosso pensamento doutrinário sobre o protesto e a prescrição.......... 158

    11.2.2 O recente posicionamento dos Tribunais, e a posição das Corregedorias Gerais e dos Tabeliães sobre o protesto e a prescrição.................. 160

    11.2.3 A prescrição e a apresentação a protesto de decisões judiciais............ 164

11.3 O protesto de títulos e documentos emitidos fora do Brasil, em língua estrangeira... 165

11.4 O protesto de títulos e documentos emitidos fora do Brasil, em moeda estrangeira... 165

11.5 O protesto de títulos e documentos emitidos no Brasil em moeda estrangeira 166

11.6 O protesto de títulos e documentos sujeitos a correção................................... 167

12. A INTIMAÇÃO 169

12.1 A intimação no endereço.. 169

    12.1.1 A consumação da intimação... 169

    12.1.2 O endereço a ser considerado.. 169

        12.1.2.1 A intimação por meio eletrônico....................................... 171

12.2 A intimação por edital... 171

    12.2.1 O cabimento... 171

    12.2.2 A nova posição sobre o fato de ter o devedor domicílio em outra comarca – o cotejo entre a posição do Superior Tribunal de Justiça e a disposição contida no § 5º do artigo 3º, do Provimento 87 da Corregedoria Nacional de Justiça – CNJ, de 11 de setembro de 2019 172

    12.2.3 O poder-dever de diligência do Tabelião... 174

    12.2.4 A formalização da intimação por edital... 174

13. O PRAZO, SUAS INTERCORRÊNCIAS E O PROTESTO 177

13.1 O prazo.. 177

13.2 A desistência... 179

13.3 A sustação do procedimento para protesto... 180

    13.3.1 A revogação da ordem de sustação... 180

    13.3.2 A sustação definitiva.. 181

13.4 O pagamento.. 181

    13.4.1 O pagamento realizado por microempresa ou empresa de pequeno porte.. 183

13.5 O protesto... 184

    13.5.1 Princípios referentes ao ato de protesto 185

        13.5.1.1 Princípio da oficialidade....................................... 185

		13.5.1.2	Princípio da insubstitutividade	185
		13.5.1.3	Princípio da unitariedade	185
	13.5.2	A lavratura e o registro		185

14. EVENTOS POSTERIORES AO PROTESTO 187

14.1 A retificação de erros materiais 187

14.2 O cancelamento do registro do protesto 188

    14.2.1 Modalidades de cancelamento 188

        14.2.1.1 Cancelamento requerido diretamente ao Tabelião de Protesto 189

            14.2.1.1.1 O cancelamento requerido com a exibição do documento protestado 189

            14.2.1.1.2 O cancelamento requerido com a apresentação de declaração de anuência 191

        14.2.1.2 Cancelamento ordenado por Juiz 192

            14.2.1.2.1 Cancelamento ordenado por Juiz Corregedor Permanente 192

            14.2.1.2.2 Cancelamento ordenado por Juiz do processo 193

14.3 A suspensão dos efeitos do protesto 194

14.4 Medidas de incentivo à quitação ou à renegociação de dívidas protestadas 195

    14.4.1 A legitimidade para requerer as medidas de incentivo à quitação ou à renegociação de dívidas protestadas 195

    14.4.2 Do requerimento formulado pelo credor 196

    14.4.3 Do requerimento formulado pelo devedor 197

    14.4.4 Do cumprimento dos acordos decorrentes das medidas implementadas . 197

    14.4.5 Do cancelamento do protesto como decorrência da efetivação de medidas de incentivo à quitação ou à renegociação de dívidas protestadas 197

REFERÊNCIAS 199

Apresentação

A Coleção Cartórios foi criada com o objetivo de permitir aos estudantes, tabeliães, registradores, escreventes, juízes, promotores e profissionais do Direito acesso a estudo completo, profundo, atual e didático de todas as matérias que compõem o Direito Notarial e Registral.

A obra sobre o Registro de Imóveis contém: a parte geral do registro imobiliário, os atos ordinários e os procedimentos especiais que tramitam no ofício imobiliário. No livro de Tabelionato de Notas trata da teoria geral do Direito Notarial e dos atos praticados neste cartório, como as escrituras, os reconhecimentos de firma e a autenticação dos documentos. Já o de Registro Civil divide-se em duas obras: um volume sobre o Registro Civil das Pessoas Naturais, que contém a parte geral do registro civil das pessoas naturais, o registro de nascimento, a habilitação e o registro de casamento, o óbito e o Livro "E"; já o outro volume se refere ao Registro Civil de Pessoas Jurídicas, que trata dos atos em que se registram as pessoas jurídicas que não são de competência das juntas comerciais estaduais.

Em Tabelionato de Protesto encontram-se todas as questões referentes ao protesto de títulos e documentos da dívida, estabelecidas nas leis extravagantes, dentre elas a de protesto. No livro sobre Registro de Títulos e Documentos, estão reunidas todas as atribuições desse importante cartório e, ainda, análises de outros pontos importantes para serem estudados.

Há, ainda, um volume dedicado a quem se prepara para a 2ª fase do Concurso de Cartório, contendo os modelos dos atos praticados em todas as especialidades, de maneira comentada.

A coleção terá um volume sobre Teoria Geral do Direito Notarial e Registral, que está sendo preparado, e que pretende abordar os aspectos da Lei dos Notários e Registradores (Lei n. 8.935/94).

Reconhecidos no cenário jurídico nacional, os autores possuem vasta experiência e vivência na área cartorial aliando teoria e prática, por isso esperamos que esta Coleção possa ser referência a todos que necessitam estudar os temas nela abordados. Preocupamo-nos em manter uma linguagem simples e acessível, para permitir a compreensão daqueles que nunca tiveram contato com esse ramo do Direito, reproduzindo todo o conteúdo exigido nos concursos públicos e cursos de especialização em Direito Notarial e Registral, além de exemplificar os assuntos sob a ótica das leis federais e com as posições dominantes das diversas Corregedorias-Gerais de Justiça dos Estados e dos Tribunais Superiores.

Minhas homenagens aos autores dos livros desta Coleção, que se empenharam ao máximo para que seus livros trouxessem o que de mais novo e importante existe no Direito Notarial e Registral, pela dedicação na divulgação da Coleção em suas aulas, palestras, sites, mídias sociais, blogues, jornais e diversas entidades que congregam, o que permitiu que ela se tornasse um sucesso absoluto em todo o país, logo em suas primeiras edições. Gostaria de registrar os meus mais sinceros agradecimentos a todas as instituições que nos ajudaram de alguma forma, especialmente a ANOREG BR, ENNOR, ARPEN BR, COLÉGIO NOTARIAL DO BRASIL, IRIB, IEPTB e IRTDPJ, na figura de seus presidentes e diretores, pelo apoio irrestrito que nos deram, para que esta Coleção pudesse se tornar um grande sucesso. Qualquer crítica ou sugestão será bem-vinda e pode ser enviada para o meu e-mail pessoal: contato@professorchristiano.com.br.

Salvador, fevereiro de 2020.

Christiano Cassettari
www.professorchristiano.com.br
Instagram: @profcassettari

Introdução

Este trabalho tem por fim o estudo detido do protesto extrajudicial. Além de aspectos meramente práticos, serão analisados elementos teóricos necessários à correta compreensão dessa figura, ainda vista de maneira equivocada por muitos estudiosos. A exegese das regras aplicáveis será inspirada mais que em situações cotidianas, em princípios e fontes mediatas, ainda que aquelas, por certo, também motivem esclarecimentos.

Este trabalho, portanto, sem descuidar do necessário enfoque prático, segue também diretriz com maior grau de aprofundamento. Assim, buscamos trazer reflexões sobre o instituto, valendo-nos da experiência e de farta referência doutrinária e pretoriana.

Ainda em conformidade com esse tom de relativo aprofundamento, por vezes ingressamos no exame de matéria afeta à Teoria dos Títulos de Crédito, como meio necessário para chegarmos à compreensão dos vários aspectos do protesto. Destaca-se, contudo, que esse aprofundamento não satisfaz a mínima pretensão de esgotamento daquela disciplina, aqui versada somente no que é pertinente e necessário ao deslinde das discussões entabuladas.

Ainda considerando o espírito deste trabalho, deixamos à margem qualquer informação específica sobre essa ou aquela norma regulamentar dos Estados, ou sobre decisões administrativas das corregedorias locais. Por não ser esse o escopo da obra, tais referências não serão trazidas à baila, salvo se for inegável seu caráter doutrinário genérico. Cremos, contudo, que a matéria objeto dessas normas acabará sendo vista de maneira indireta nas próximas páginas, onde procuramos analisar o protesto em todos os seus aspectos. De qualquer forma, em face de sua abrangência nacional, colacionamos atos normativos do Conselho Nacional de Justiça.

Mas, seja com enfoque prático, seja com fundo teórico, não há como afastar o exame de elementos como *conceito, natureza, efeitos* e *objeto*, sistematicamente analisados no estudo de qualquer figura jurídica. Todos esses elementos, além dos atos de procedimento, constam da grande maioria das obras que cuidam do protesto. Procuramos concretizar essa análise, porém, com metodologia adequada aos fins deste trabalho. Daí sua divisão em partes que deixam nítida a distinção entre o ato de protesto, o serviço de protesto e o procedimento para protesto. Nenhum dos temas trazidos é absolutamente novo, mas esperamos que a forma de abordagem aqui realizada se integre à essência da obra, como instrumento lógico a permitir um enfoque amplo e a facilitar sua apreensão pelo leitor, com os contornos particulares deste trabalho.

Impõe-se igualmente, e desde logo, a nota de que esta obra cuida precipuamente do Protesto, tal como se apresenta no Direito Brasileiro. Assim, embora não descuidem da abordagem histórico-conceitual, sempre trazida à baila, as assertivas postas estão voltadas muitas vezes à realidade normativa pátria, a partir da qual conceitos e definições poderão ser reduzidos ou ampliados, sempre em conformidade com o ordenamento jurídico sobre o qual se assenta o instituto no Território Brasileiro. Essa é uma primeira e importante anotação, que privilegia, naturalmente, a utilização deste trabalho para a preparação a concursos públicos e para o exercício da atividade profissional, propiciando também seu uso como instrumento de reflexão e aperfeiçoamento do Protesto e de seu procedimento.

Cuidamos do protesto – não apenas do protesto cambial, que se limita aos títulos de crédito. Este será visto, porém como parte do contexto pátrio, que é maior. No Brasil, o instituto jurídico Protesto não pode ser reduzido a títulos e, se não abraçar todo o objeto contido na lei, não será protesto. Dessa premissa parte esta obra.

O protesto, portanto, é aqui estudado em toda sua amplitude no âmbito de nosso ordenamento e seria descuido dizer *a priori* que o instituto no Brasil é distorcido, ou que não possa inspirar outros ordenamentos, mesmo porque, segundo pensamos, nossas leis trouxeram louvável aperfeiçoamento, pois, sem desnaturar o protesto, elevaram-no, de acordo com a quase sísmica movimentação social e econômica dos tempos modernos, a importante instrumento de concretização de direitos.

Com esse ponto de partida, veremos, apenas para exemplificar, que o conceito apresentado abrangerá o protesto dos documentos de dívida e que na análise de sua natureza jurídica, será ele, com as considerações devidas, reputado ato do Tabelião ou da parte, conforme a face considerada.

Este trabalho, enfim, procura abordar o Protesto Extrajudicial, tendo em vista seus vários aspectos.

Tratá-lo apenas como ato em si não seria suficiente para esgotar o estudo a que se propõe esta obra. Da mesma forma, versasse ela exclusivamente sobre procedimento e estaria capenga, uma vez que careceria de relevantes aspectos substanciais do tema proposto. O enfoque da prestação de serviço público, por si só, também seria insuficiente.

Assim, o estudo elaborado, para a busca da completude possível, está dividido em quatro partes distintas, mas que se relacionam e complementam sob o aspecto lógico--jurídico, de maneira a alçarem a condição de conjunto harmônico, que a um só tempo exige e fornece elementos para a adequada interpretação das normas em que se baseia, seja sob o aspecto sistemático, seja com lastro histórico ou teleológico.

Na primeira parte, tratamos do Protesto como instituto jurídico, apontando a dicotomia entre seu conceito e a definição legal encontrada. A importante distinção entre função do protesto e finalidade do procedimento para protesto encontra lastro na evolução social e nas exigências econômicas atuais.

Ainda na primeira parte do trabalho, é traçada a natureza jurídica do protesto, agora como ato notarial e registral, bem como dos efeitos que produz, permeando sua história, função e finalidade do procedimento legal que a ele se destina. São abordados aqui o regime jurídico do protesto e os efeitos que dele decorrem.

Os princípios que regem a figura em estudo poderiam ser colacionados já nessa parte inicial da obra. No entanto, como consequência da divisão lógica do estudo, aqueles que regem ora o procedimento para o protesto, ora o ato de protesto, também são examinados nos capítulos próprios.

A segunda etapa trata da abrangência do protesto sob dois aspectos distintos: a) o objeto do protesto, ou seja, os documentos que estão sujeitos a protesto; b) a classificação do protesto – suas espécies, conforme o critério adotado.

Ao tratar do objeto, que se pode reduzir, conforme o texto da lei, a *títulos e outros documentos de dívida*, este estudo traz aspectos do protesto de títulos de crédito examinando, no que é pertinente, elementos de sua teoria, mas somente nos pontos que com o protesto diretamente se relacione.

O exame do *documento de dívida*, figura hoje um tanto desconhecida, demanda considerações mais alongadas, mesmo porque carece de doutrina e jurisprudência, que ainda são escassas. Os contratos e outros documentos de que tratamos não são vistos em sua essência, mas principalmente naquilo que devem conter para que possam ser apresentados a protesto.

Na classificação, o motivo do protesto surge como um dos critérios adotados, seguido pelos tipos, que com aquele não se confundem.

Mais adiante, a terceira parte passa a examinar o serviço de protesto, ainda sem mencionar procedimento. A figura do Tabelião de Protesto é vista desde a investidura até a responsabilidade. O tabelionato, que não se confunde com o Tabelião, tem sua estrutura estudada no tocante ao funcionamento e acervo. A expedição de certidões, como corolário da publicidade, insere-se neste ponto, assim como os emolumentos pagos pelos serviços prestados.

O fecho da obra, na última parte, faz-se com o exame do procedimento para protesto, que se inicia com a apresentação e segue até o pagamento ou o protesto, com outras intercorrências possíveis, no prazo legal, que também é alvo de análise. Por fim, são vistos os casos em que o registro do protesto é suprimido temporariamente, pela suspensão de seus efeitos, ou definitivamente, em razão do cancelamento. São os eventos posteriores ao protesto.

No decorrer da exposição, o leitor encontrará considerações de ordem teórica, lastreadas no Direito, assim consideradas todas as suas fontes, partindo-se da lei, principalmente a Lei n. 9.492/97, estatuto que hoje rege fundamentalmente o Protesto, ainda que outros textos legais também se refiram a ele. Verá colocações de natureza prática, decorrentes da rotina diária dos tabelionatos de protesto e resultantes da atuação do Tabelião ou daqueles que com o Serviço de Protesto se relacionam.

Buscou-se, ainda que de maneira sintética, reunir elementos teóricos essenciais à compreensão do instituto e informações coligidas nas dificuldades práticas da atividade, sempre com olhos voltados ao aspecto público da prestação e ao relevo alçado pelo protesto nos dias de hoje, como importante instrumento socioeconômico para a satisfação de obrigações e prevenção de litígios e, consequentemente, como forma de promover justiça também pelo fato de solucionar demandas que acabariam aportando nos tribunais.

Mas essa importância do protesto vem acompanhada de ônus ao Tabelião, que deve prestar serviço célere, de qualidade e seguro, com o necessário aprimoramento de seus conhecimentos jurídicos e empenho na busca de excelência do atendimento aos usuários.

Eis um breve resumo do trabalho e de seus fins.

PRIMEIRA PARTE
O protesto como instituto jurídico

1
Conceito e Evolução do Protesto

1.1 DEFINIÇÃO LEGAL

Eis a definição legal de protesto, que se poderia, segundo a lei, sintetizar como ato destinado a comprovar o descumprimento de obrigação consubstanciada em títulos e outros documentos de dívida: "Protesto é o ato formal e solene pelo qual se prova a inadimplência e o descumprimento de obrigação originada em títulos e outros documentos de dívida" (art. 1º da Lei n. 9.492/97).

Desde logo, impõe-se a observação de que essa definição diz respeito ao *ato* de protesto, e não ao *procedimento* para protesto. Assim, seria impróprio afirmar-se que esse procedimento tem por objetivo demonstrar aquele descumprimento, ou que o credor, ao buscar o serviço de protesto, almeja esse fim.

Como veremos, a apresentação a protesto pode ser sucedida de pagamento, e, se isso ocorrer, não chegaremos ao ato de protesto e consequente registro, embora se tenha atingido a finalidade que norteia, na maioria dos casos, a atitude do credor que busca o tabelionato.

1.2 O CONCEITO DE ATO DE PROTESTO COM APLICAÇÃO NO DIREITO BRASILEIRO E SEUS ASPECTOS TERMINOLÓGICOS

Desde logo, é preciso consignar que o conceito de que tratamos, por ser *conceito*, tem implícita a ideia de universalidade. No entanto, não há obstáculo a que se circunscreva determinada figura conceitual a certa base territorial, sem que isso, anotada a circunscrição, subverta esse caráter de generalidade. Assim, ao tratarmos do conceito de protesto, depois de referências à ideia universal, explica-se, já a estamos circunscrevendo à realidade brasileira.

Com breve apanhado histórico noticiado pela doutrina, verifica-se que o protesto se originou atrelado à letra de câmbio, surgindo no século XIV.

Luiz Emygdio Rosa Jr. especifica o ano de 1384 e a cidade de Gênova como dados dos primeiros protestos. Referido autor transcreve, ainda, interessante relato histórico feito por João Eunápio Borges anotando "que assim explica a origem do protesto: 'Diante da falta de pagamento do sacado (aceitante ou não), cumpria ao apresentante de letra promover a *protestatio*, ato especial e solene a ser realizado, em curto prazo, perante o notário e testemunhas. É com base na *protestatio* que o portador agia regressivamente contra o sacador, o que podia fazer-se por meio de *recambium* (ressaque). Em pouco tempo – dispensada a presença do portador – o protesto assumiu a feição hodierna, sendo a apresentação feita pelo notário, ou substituída por uma declaração firmada pelo sacado no próprio título' (*Títulos de crédito*, 2. ed., Rio de Janeiro: Forense, 1977, p. 114-115, n. 148)".[1]

Outro relato histórico é trazido por Vicente Amadei, que menciona aspectos interessantes não apenas da origem, mas também da evolução do instituto. Diz o autor e Magistrado paulista: "De fato, embora, na origem, o protesto estivesse atrelado apenas à falta de aceite no título (letra de câmbio), com a dinâmica histórica do instituto logo surgiu a prática do protesto por falta de pagamento (...)".[2]

O protesto, dessa forma, nasceu motivado pela figura do aceite na letra de câmbio, voltado apenas a suprir sua falta, mas amadureceu e evoluiu para testificar também o descumprimento da obrigação cambiária. Com o tempo, a utilização da letra de câmbio cedeu espaço a outros títulos, e a falta de aceite paulatinamente deixou de ser o motivo mais evocado para o protesto, passando a preponderar o ato lavrado por falta de pagamento. Essa foi a trajetória do protesto, e no Brasil, como veremos nos itens seguintes, houve evolução ainda maior.

Pois bem, como já ressaltado, a definição legal não nos leva diretamente ao conceito almejado, pois exclui o protesto da letra de câmbio por falta de aceite, de maneira que não se pode elevá-la à categoria *conceito*, cuja universalidade restaria prejudicada.

O aceite na letra de câmbio, via de regra, não é obrigatório. Inerte o sacado, protesta-se por falta de aceite. O sacado é intimado para aceitar. Se não o fizer, o protesto por falta de aceite é lavrado. O protesto assim motivado tem por fim possibilitar o exercício de ação cambiária contra os coobrigados, mas não contra o sacado, que poderá ser acionado por meio de processo de conhecimento.

Com isso, não é correto dizer que em todos os casos o protesto comprova o descumprimento de obrigação materializada em título de crédito, pois na letra de câmbio o sacado que deixa de lançar seu aceite não descumpre obrigação alguma. Nessa hipótese, o protesto por falta de aceite testifica apenas que não foi lançado o aceite (que não é obrigatório). A falta de aceite, embora não configure descumprimento de obrigação, é circunstância relevante para fins cambiários.

Note-se que há autores indicando que o fim do protesto é comprovar o descumprimento da obrigação. Para outros, o protesto comprova não o descumprimento da obrigação, e sim a exigência de cumprimento.

Mas o protesto lavrado por falta de pagamento comprova mais que a exigência ou diligência do portador, pois a lavratura indica, como consta da Lei do Protesto, que o devedor ou sacado foi intimado a pagar e permaneceu inerte. O credor pode comprovar que exigiu o cumprimento e, se sobrevir o pagamento no tabelionato, essa exigência estará satisfeita sem que haja protesto. Nesse caso (falta de pagamento), o protesto comprova mesmo o descumprimento da obrigação, embora esteja implícita também a prova da diligência do portador.

---

1. ROSA JUNIOR, Luiz Emygdio Franco da. *Títulos de crédito*. 4. ed. Rio de Janeiro: Renovar, 2006, p. 383.
2. AMADEI, Vicente de Abreu; DIP, Ricardo (Coord.) et al. *Introdução ao direito notarial e registral*. Porto Alegre: Fabris Editor – IRIB, 2004, p. 73.

Em relação ao protesto por falta de aceite ou de devolução da letra de câmbio, tendo em vista que não autoriza a ação cambiária contra o sacado não aceitante, já que este, como vimos, não tem a obrigação de aceitar, vislumbra-se a finalidade única de comprovar a diligência do portador, em cumprimento de ônus imposto por lei para o exercício de ação cambiária contra os devedores indiretos. Nessa hipótese, portanto, embora o aceite não seja obrigatório, a inércia do sacado é situação que enseja a diligência do credor, circunstância cambiária relevante para o deslinde do direito de regresso.

Pois bem, partindo das considerações anteriores, é possível chegar-se ao conceito de protesto, circunscrevendo-o à realidade brasileira, que o admite também em relação a outros documentos de dívida.

Protesto é o ato formal e solene pelo qual se prova circunstância cambiária relevante e o descumprimento de obrigação originada em títulos e outros documentos de dívida.

1.2.1 A distinção entre protesto cambial e protesto notarial – a expressão protesto extrajudicial

Todo protesto é extrajudicial e notarial, sendo o protesto cambial apenas espécie daquele.

Com o advento do novo Código de Processo Civil, foi extinta a figura do protesto judicial. Os artigos 726 a 729 do Estatuto Processual vigente cuidam apenas da notificação e da interpelação. Não havendo mais o *protesto judicial*, mostra-se despiciendo o emprego da expressão *protesto extrajudicial*. Bastaria a referência a *protesto*, pois este será, necessariamente, *extrajudicial*. Não obstante, tendo em vista seu emprego corriqueiro, há de ser admitida a expressão *protesto extrajudicial*.

Por outro lado, ainda em análise terminológica, anotamos que o instituto jurídico do protesto, que em sua gênese era exclusivamente cambial, evoluiu até os dias de hoje, sobretudo com advento da Lei 9.492/97, para abranger também outros documentos de dívida. Dessa forma, o protesto *comum*, hoje, tanto pode ter por objeto os títulos (cambiais e cambiariformes), como outros documentos de dívida. Atualmente, portanto, ao estudarmos o protesto com a amplitude que tem em nosso ordenamento jurídico, devemos empregar a expressão *protesto notarial*, gênero do qual o *protesto cambial* é espécie. Com base nas assertivas do parágrafo anterior, poderia ser dispensada inclusive a palavra notarial, pois o protesto sempre o será. Preferimos, no entanto, a manutenção para distinção da figura cambial e como reforço ao princípio da oficialidade. É possível empregar, assim, a expressão *protesto notarial* ou simplesmente *protesto*.

1.2.2 A distinção entre o ato de protesto e o procedimento para protesto

Como antecipamos no plano da obra, são figuras distintas o ato e o procedimento para protesto, sendo aquele apenas parte integrante deste.

O *procedimento para protesto* compreende uma série de atos encadeados conforme a sequência lógica estabelecida na Lei 9.492/97. São previstos, entre outros atos, a apresentação, a protocolização, a qualificação, a intimação, a desistência do protesto e o pagamento.

O *ato de protesto*, que corresponde à lavratura e ao registro, tem sua ocorrência condicionada à inexistência de irregularidade formal que justifique a devolução do título ou documento ao apresentante, de desistência, de sustação do protesto ou de pagamento. O *ato de protesto* é apenas parte do procedimento e com ele não se confunde. Podemos ter o *procedimento para protesto*, com alcance pleno de sua finalidade (atualmente) preponderante (recuperação de crédito), sem que sobrevenha o *ato de protesto*. Aliás, hoje é o que ocorre na maioria das vezes.

A distinção, assim, é importante, principalmente porque as finalidades de um e de outro são distintas. Além disso, há implicações também em relação aos efeitos de ambos.

1.3 A FUNÇÃO PROBATÓRIA DO PROTESTO

Neste passo, trataremos da função do protesto, sempre nos referindo ao ato. Assim, podemos asseverar, em consonância com o conceito e a definição legal de protesto, que tem ele a função probatória ou testificante. O termo de protesto trasladado para o respectivo instrumento prova o descumprimento da obrigação cambiária, ou daquela materializada em documento de dívida, sendo apto a demonstrar também a falta de aceite.

Há autores que distinguem duas funções para o protesto: conservatória de direitos e outra simplesmente probatória, como Marcelo Bertoldi,[3] mas é forçoso asseverar que mesmo o protesto necessário se destina a provar (portanto também será probatório) a falta de pagamento ou de aceite. Prova-se essa falta como pressuposto necessário para o exercício de ação contra os coobrigados pelo título. Mais oportuno será reservar essa distinção para o ponto em que são examinados os efeitos do protesto, quando a diferença é mais bem compreendida.

O protesto especial para fins falimentares também tem a função de provar a falta de pagamento no prazo (impontualidade), sendo o protesto pressuposto necessário para o decreto da falência.

A função do protesto é, pois, eminentemente probatória ou testificante, ainda que em alguns casos o ato se destine a conservar direitos, como na hipótese de protesto necessário para fins de regresso, denominado conservatório, ou ao cumprimento de outro requisito legal, como no requerimento de falência.

---

3. BERTOLDI, Marcelo M.; RIBEIRO, Márcia Carla Pereira. *Curso avançado de direito comercial*. 5. ed. São Paulo: RT, 2009, p. 424.

1.4 O PROCEDIMENTO PARA PROTESTO E SUA RELEVÂNCIA ECONÔMICA E SOCIAL

Mesmo nas breves informações históricas colacionadas, foi possível perceber que o protesto é instituto em constante aperfeiçoamento e já sofreu transformações marcantes ao longo de sua trajetória.

Uma dessas importantes transformações decorreu da extensão do protesto, antes destinado a comprovar a falta de aceite, também aos casos de falta de pagamento. Sobre essa mudança, Vicente Amadei, citando Ary Brandão de Oliveira, assim se expressa: "Mudou, sim, e de modo sensível, o escopo do instituto. De fato, em suas origens, servia apenas para estabelecer a taxa de câmbio vigente na data do inadimplemento. Em relação às despesas, enquanto parece que num primeiro momento não se fazia menção expressa às mesmas, com o passar do tempo, entendeu-se considerá-las implícitas no ato de protesto. Por fim, além do protesto por falta de aceite se admitiu o protesto por falta de pagamento no dia do vencimento (*Direito cambiário brasileiro*, Belém: Cejup, 1994, p. 159)".[4]

A mudança citada, é evidente, decorreu das novas exigências econômicas e mercantis da época.

Pois bem, no Brasil o protesto vinha seguindo seu curso sem maiores novidades e era visto pura e simplesmente como meio de prova em sentido amplo (incluindo o conservatório). Porém, com o crescimento de sua publicidade, o percentual de títulos e documentos apresentados a protesto e pagos no tabelionato começou a crescer, de tal forma que hoje há mais pagamentos que protestos.

Essa nova ordem de coisas levou parte da doutrina a considerar a mudança verdadeira aberração jurídica, uma vez que o fim do protesto seria meramente probatório. Luiz Emygdio Rosa Jr. adverte que "o protesto não é meio de cobrança e nem meio de coação, como utilizado na prática por alguns credores, principalmente instituições financeiras, para que o devedor sofra os reflexos do descrédito".[5] Segundo alguns, portanto, o protesto estaria descaracterizado, perdendo sua finalidade caso fosse tido como meio de recuperação de passivos, impondo ao devedor constrangimento ilícito, com a inclusão de seus dados em órgãos de proteção ao crédito.

Essa posição conservadora já há algum tempo vem perdendo espaço, com as reações positivas da doutrina e de nossos tribunais à evolução em curso.

É o que pensa Eduardo Pacheco Ribeiro de Souza: "Exerce o protesto função probatória quanto ao inadimplemento do devedor. Contudo, e evidentemente, ao se utilizarem dos serviços de protesto, não objetivam os credores a lavratura e o registro do protesto, a provar o descumprimento de obrigação originada em títulos e outros documentos de dívida. O escopo dos credores é a solução do conflito de interesses, com o recebimento do que lhes é devido".[6] E prossegue o autor: "como se vê, os serviços de

---
4. AMADEI, Vicente de Abreu; DIP, Ricardo (Coord.) et al. *Introdução ao direito notarial e registral*, p. 73.
5. ROSA JUNIOR, Luiz Emygdio Franco da. *Títulos de crédito*, p. 386.
6. SOUZA, Eduardo Pacheco Ribeiro de. *Noções fundamentais de direito registral e notarial*. São Paulo: Saraiva, 2011, p. 184.

protesto, prestados no interesse público, podem e devem ser utilizados como meio para solução extrajudicial dos conflitos de interesses decorrentes das relações jurídicas que envolvem débito e crédito".[7]

De fato, hoje não mais se pode negar o caráter saneador do procedimento para protesto. O apresentante busca o serviço de protesto, salvo raras exceções, – para obter a satisfação de seu crédito, o que pode obter em pouco tempo, com segurança e legalidade.

O Direito constrói-se a partir da realidade e da experiência; é dinâmico – aí está sua beleza e, mais que ela, sua efetividade. Direito feito de letras, apenas de letras, não é Direito. Seu aplicador – e o intérprete em geral – deve estar sempre atento aos pesos e contrapesos de sua aplicabilidade, e, diante de conflito de interesses – deles se alimenta o Direito – deve-se lançar mão da medida da prudência e da equidade.

Não haverá justiça, fim natural do Direito, em preservar o nome do devedor, ou melhor (talvez fosse mais adequado dizer *ou pior*), em impedir que aqueles que com ele contratem conheçam sua real situação creditícia e, em nome dessa preservação, fazer com que o pequeno comerciante, por exemplo – o credor –, permaneça por anos a fio no aguardo do recebimento de seu crédito, se é que virá.

Atualmente, é possível protestar sentenças, inclusive a trabalhista, não sem os reclamos dos que, mesmo depois do trânsito em julgado, valem-se de subterfúgios variados para evitar o cumprimento da obrigação, que tem reconhecido caráter alimentar. É injusto (e contrário ao Direito) deixar o empregado à própria sorte e manter o crédito do empregador, ao invés de possibilitar o protesto, cuja publicidade, por ser incômoda ao devedor, pode levá-lo ao pagamento. É possível dizer o mesmo da obrigação alimentar devida ao filho, materializada em sentença definitiva.

O Poder Judiciário está por demais assoberbado e qualquer forma extrajudicial de satisfação de obrigações deve ser bem vista. O pagamento realizado no tabelionato pode evitar o ajuizamento de mais uma ação.

Podem alguns argumentar que o devedor, que por qualquer razão justa não deve, fica prejudicado. É sabido que cerca de metade dos títulos que aportam nos tabelionatos de protesto são pagos ao término do prazo legal. O percentual de sustações de protesto é ínfimo e boa parte das liminares concedidas acaba sendo objeto de revogação ao final. Assim, a realidade é que a imensa maioria das dívidas efetivamente existe de forma legítima e nas hipóteses em que não o sejam, pode o prejudicado valer-se do Judiciário, inclusive de maneira gratuita, se pobre for.

Adotando esse mesmo pensamento, com propriedade manifesta-se Luiz Ricardo da Silva: "Esta é, em nossa opinião, a nova visão que se deve ter do instituto do protesto. Ato probatório? Sem dúvida, principalmente quando se fala de títulos de crédito. Ato coativo? Com certeza, mas a coação aqui não deve ser vista como um acontecimento maléfico, prejudicial a alguém. A coação, neste caso, tem um aspecto funcional, isto é, ao mesmo tempo que busca solucionar uma pendência, permite que o Poder Judiciário se

---

7. SOUZA, Eduardo Pacheco Ribeiro de. *Noções fundamentais de direito registral e notarial*, p. 185.

libere para julgar, com mais preparo e de forma mais rápida, outras lides que realmente merecem a sua atenção e que muitas vezes são prejudicadas pela quantidade exacerbada de ações que superlotam este poder".[8]

Esses fatores, por si sós, demonstram a legitimidade do procedimento para protesto como meio de obtenção de satisfação de obrigações, mas há vários outros argumentos não menos robustos.

O legislador, atento a essa nova realidade, incluiu no objeto do protesto os *documentos de dívida* (art. 1º da Lei n. 9.492/97), o que significou importante ampliação. Além disso, ainda em franco reconhecimento legislativo da importância e da eficácia do instituto de que tratamos, os artigos 517, *caput*, e 528, § 1º, ambos do Código de Processo Civil, incluíram o protesto da sentença no regramento relativo ao cumprimento da decisão.

Essas medidas evidenciam que a lei vem outorgando ao protesto, ou melhor, ao procedimento para protesto, uma finalidade mais abrangente. Assim, abandonou esse instituto sua função meramente probatória ou conservatória (nos casos de protesto necessário), para assumir o papel de meio rápido, seguro e eficaz de satisfação de obrigações e prevenção de litígios.

Nascido como figura integrada exclusivamente ao universo cambiário, hoje o protesto, no atendimento das necessidades sociais e econômicas, em decorrência do caráter dialético do Direito, daquele se desvinculou e passou a ser admitido em relação a outros documentos de dívida.

Não trouxe a lei, é certo, o conceito relativo a documentos de dívida e deixou que a doutrina e a jurisprudência se encarregassem de defini-los, papel também atribuído às Corregedorias-Gerais de Justiça, em face do poder regulamentar que detêm.

Sobre o tema, é forçoso reconhecer o caráter doutrinário de aplicação genérica do parecer de José Antonio de Paula Santos Neto (ao qual nos reportaremos em várias outras oportunidades, dada sua precisão e perenidade), com lúcida e extensa fundamentação, em processo instaurado perante a Corregedoria-Geral da Justiça de São Paulo, cujo núcleo consistiu em definir a amplitude da expressão *outros documentos de dívida*. Após elencar suas razões, propôs o Magistrado:

> "Diante do exposto, o parecer que mui respeitosamente submeto à elevada apreciação de Vossa Excelência é no sentido de que, em caráter normativo, sejam compreendidos como 'documentos de dívida', nos termos da Lei n. 9.492/97, sujeitando-se a protesto, sem prejuízo daqueles já admitidos para tanto, todos os títulos executivos judiciais e extrajudiciais previstos pela legislação processual, dentre eles incluído, desde que ajustado ao inciso II do artigo 585 do Código de Processo Civil, o contrato de locação de veículo".[9]

Ora, se todos os títulos executivos – entre outros documentos – são protestáveis e se, por evidente, poderiam ser executados judicialmente independente de protesto, é óbvio que o procedimento para protesto não terá por fim comprovar o descumpri-

---

8. SILVA, Luiz Ricardo. *O protesto dos documentos de dívida*. Porto Alegre: Norton Livreiro, 2004, p. 117.
9. Processo CG 864/2004 – Localiza Rent a Car S.A. – Proposta de adoção de medidas visando possibilitar o protesto dos contratos de locação de veículos – Parecer 076/2005-E.

mento da obrigação neles contida, sendo dispensável como pressuposto ou condição da execução. Serve, naturalmente, como forma de possibilitar ao credor o recebimento de seu crédito.

Em face da didática abordagem contida no referido parecer, impõe-se colacionar trechos daquele estudo:

> "Que o intérprete não se deixe obnubilar por considerações sobre as origens do protesto, que o vinculam ao direito cambiário. Não se nega a história do instituto, que inclusive faz compreensível, por amor à tradição e para distingui-lo do protesto judicial, denominá-lo, eventualmente, protesto cambial, mesmo após o advento de diploma especial de regência que não adota tal nomenclatura, qual seja, a Lei n. 9.492/97. Mas falta base para pretender que dito instituto permaneça eternamente agrilhoado ao berço, sem horizonte algum. Não será a primeira vez que uma figura jurídica originalmente concebida para viger num universo mais apertado terá seu espectro expandido com vistas ao atendimento de outras situações compatíveis com sua natureza, por força de necessidades ditadas pelo desenvolvimento das relações jurídicas e pelo próprio interesse social".

> "O fenômeno pode ser aqui, incidentalmente, percebido. Num contexto de inadimplência crescente, a nova dimensão que, segundo se conclui, o ordenamento dá ao protesto, apresenta potencial de contribuir para a inibição da recalcitrância e, mesmo, de evitar, em alguma medida, a canalização de demandas ao já abarrotado Poder Judiciário. Isto porque não se pode negar, a par das finalidades clássicas do protesto, o efeito exercido sobre o devedor no sentido de compeli-lo ao cumprimento da obrigação, quer para garantir seu prestígio na praça, quer, até, sob o prisma psicológico".

> "Como lembrado por José de Mello Junqueira e Silvério Paulo Braccio, 'com o protesto previnem-se possíveis conflitos entre credor e devedor, porquanto a maioria das pessoas apontadas no Serviço de Protesto comparecem e quitam seus débitos, evitando o ingresso de ações e execuções judiciais, com todos os custos a elas inerentes. O Serviço de Protesto tem, assim, a missão importante, eficaz de acelerar a solução de créditos pendentes e não honrados no vencimento' (*Protesto de títulos*, edição do Instituto de Estudos de Protesto de Títulos, p. 11)".

> "Pertinente, outrossim, o pragmático raciocínio de Sílvio de Salvo Venosa: 'De há muito o sentido social e jurídico do protesto, mormente aquele denominado facultativo, deixou de ter o sentido unicamente histórico para o qual foi criado. Sabemos nós, juristas ou não, que o protesto funciona como fator psicológico para que a obrigação seja cumprida. Desse modo, a estratégia do protesto se insere no iter do credor para receber seu crédito, independentemente do sentido original consuetudinário do instituto. Trata-se, no mais das vezes, de mais uma tentativa extrajudicial em prol do recebimento do crédito. Ora, por rebuços ou não, o fato é que os juristas tradicionais nunca se preocuparam com esse aspecto do protesto, como se isso transmitisse uma *capitis deminutio* ao instituto do protesto e à sua Ciência. Não pode, porém, o cultor do direito e o magistrado ignorar a realidade social. Esse aspecto não passa despercebido na atualidade' (*Direito civil*, 3. ed., São Paulo: Atlas, 2003, p. 470-471)".

> "Complementa Ermínio Amarildo Darold, frisando que o protesto 'guarda, também, a relevante função de constranger legalmente o devedor ao pagamento, sob pena de ter lavrado e registrado contra si ato restritivo de crédito, evitando, assim, que todo e qualquer inadimplemento vislumbre na ação judicial a única providência jurisdicional possível' (apud Venosa, ob. cit., p. 471)".

E lançando à balança as posições de credor e devedor, prossegue o eminente Juiz:

> "Campeia, infelizmente, a cultura da inadimplência e já é tempo de abrir caminhos para que quem ostente créditos líquidos, certos e exigíveis, representados por títulos executivos reconhecidos pela legislação, tenha alguma perspectiva de receber com mais agilidade. E negar que a possibilidade de protesto gera esse efeito seria ignorar a realidade dos fatos. Note-se que esses atributos de liquidez,

certeza e exigibilidade, a serem devidamente aferidos pelo Tabelião em sede de qualificação, permitem presumir a boa-fé do credor, em detrimento da postura do devedor, justificando que se deixe a este último o ônus de ir a Juízo buscar a sustação (ou, numa etapa seguinte, o cancelamento) caso entenda haver razão para tanto".

"Em face de dívida dessa nitidez, a conduta que se esperaria, objetivamente, do sujeito passivo seria a de simplesmente pagar, cumprindo-lhe, caso considere que há motivo justo para proceder de outro modo, a iniciativa de demonstrá-lo."

"Conforme destaca Hermann Eichler, invocado pelo autor português António Manuel da Rocha e Menezes Cordeiro (*Da boa-fé no direito civil*, 2ª reimpressão, Coleção Teses, Livraria Almedina, Coimbra, 2001, p. 1.240), 'o princípio de comportamento segundo a boa-fé quer dizer que se deve actuar como, no tráfego, se é de esperar uns dos outros'" (sic).

"Oportuna a análise de Álvaro Villaça Azevedo (*Código Civil comentado*, v. II, São Paulo: Atlas, 2003, p. 81): 'a aplicação do princípio da boa-fé traz para a ordem jurídica um elemento de Direito Natural, que passa a integrar a norma de direito. A boa-fé é um estado de espírito que leva o sujeito a praticar um negócio em clima de aparente segurança (...). Cito, nesse passo, o § 242 do Código Civil Alemão (BGB): o devedor está obrigado a executar a prestação como exige a boa-fé (...)'. Neste contexto, o protesto concita-o, solenemente, a fazê-lo".

"Pondere-se que o princípio da boa-fé objetiva, erigido à categoria de direito positivo pelo novo Código Civil (artigos 113 e 422), dá o tom do direito obrigacional por ele albergado. Eis, pois, uma primeira indicação de que a superveniência deste diploma substantivo reforça a autoridade da interpretação que coloca os referidos títulos executivos da legislação processual ao abrigo do conceito de outros documentos de dívida, introduzido pela Lei n. 9.492/97, de modo que o protesto possa alcançá-los".

Realçando essa finalidade, ao citar o Parecer 076/2005 mencionado, o Tribunal de Justiça de São Paulo assim se expressou:

"Destaca referido parecer o fato de que o protesto, inicialmente concebido para formalizar a impontualidade dos títulos cambiais ou para fins falimentares, vem se transformando, com o tempo, em um meio juridicamente adequado de constranger legalmente o devedor para o pagamento de dívida líquida e certa, em fase prévia à judicial. Isso que encontra amparo no atual ordenamento jurídico e pode ser considerado, hoje, não mais um efeito indireto, mas, em verdade, *o efeito direto e primário desse ato extrajudicial*".[10]

Registra-se que a Corregedoria-Geral da Justiça de São Paulo, em reforma normativa, ampliou sua compreensão sobre a abrangência da expressão *documentos de dívida*, para nela incluir, além dos títulos executivos, outros documentos que contenham a expressão de uma dívida líquida, certa e exigível, mas os fundamentos expostos no parecer supracitado, por sua atualidade perene e lucidez, tornam a posição apresentada praticamente irrefutável, no tocante aos fins do procedimento para protesto.

Sobre esses fins, a doutrina e o pensamento estatal consolidam-se no mesmo sentido:

"Mais do que um ato de conservação de direitos, o protesto é hoje instrumento extrajudicial de cobrança. Por essa razão, a lei autoriza o seu cancelamento, quando o devedor paga o título, após o protesto (Lei n. 9.492/97, art. 26)".[11]

---

10. TJSP, Apel. 9193156-19.2008.8.26.0000, Rel. Des. Aliende Ribeiro.
11. COELHO, Fábio Ulhoa. *Curso de direito comercial*. 9. ed. São Paulo: Saraiva, 2005, p. 425.

"Muito embora o protesto tenha surgido com o propósito de documentar um fato relativo às relações cambiárias, é certo que hoje se trata de um instrumento poderoso e eficaz para a cobrança dos títulos de crédito, na medida em que a lavratura do protesto faz com que recaiam sobre o devedor cambiário fundadas dúvidas a respeito de sua situação financeira, dificultando em muito a obtenção de crédito por parte daquele cujo nome conste dos arquivos dos tabeliães de protesto".[12]

Em decisão que admitiu e recomendou o protesto de certidão de dívida ativa, o Conselho Nacional de Justiça realçou a importância social do protesto:

"Por fim, forçoso registrar que o Judiciário e a sociedade suplicam hoje por alternativas que registrem a possibilidade de redução da judicialização das demandas, por meios não convencionais. Impedir o protesto da Certidão de Dívida Ativa é de todo desarrazoado quando se verifica a estrutura atual do Poder e o crescente número de questões judicializadas. É preciso evoluir para encontrar novas saídas à redução da conflituosidade perante os órgãos judiciários, raciocínio desenvolvido por Sílvio de Salvo Venosa: 'De há muito o sentido social e jurídico do protesto, mormente aquele denominado facultativo, deixou de ter o sentido unicamente histórico para o qual foi criado. Sabemos nós, juristas ou não, que o protesto funciona como fator psicológico para que a obrigação seja cumprida. Desse modo, a estratégia do protesto se insere no *iter* do credor para receber seu crédito, independentemente do sentido original consuetudinário do instituto. Trata-se, no mais das vezes, de mais uma tentativa extrajudicial em prol do recebimento do crédito. (...) Não pode, porém, o cultor do direito e o magistrado ignorar a realidade social. Esse aspecto não passa despercebido na atualidade. Para o magistrado Ermínio Amarildo Darold (2001:17) o protesto 'guarda, também, a relevante função de constranger legalmente o devedor ao pagamento (...), evitando, assim, que todo e qualquer inadimplemento vislumbre na ação judicial a única providência formal possível.' (Venosa, Sílvio de Salvo. *Direito civil*: contratos em espécie. 5. ed., 2005, p. 496). A autorização para o protesto nos casos em tela atende não somente ao interesse da Fazenda Pública, mas também ao interesse coletivo, considerando que é instrumento apto a inibir a inadimplência do devedor, além de contribuir para a redução do número de execuções fiscais ajuizadas, com vistas à melhoria da prestação jurisdicional e à preservação da garantia constitucional do acesso à Justiça. Outrossim, constatado o interesse público do protesto e o fato de que o instrumento é condição menos gravosa ao credor, posição esta corroborada pelos doutrinadores favoráveis à medida. O protesto possibilita ao devedor a quitação ou o parcelamento da dívida, as custas são certamente inferiores às judiciais, bem assim não há penhora de bens tal como ocorre nas execuções fiscais. Diante da constatação de experiências positivas no âmbito dos Estados brasileiros no que concerne à matéria, voto no sentido de recomendar aos Tribunais de Justiça a edição de ato normativo que regulamente a possibilidade de protesto extrajudicial de Certidão de Dívida Ativa, tal qual o que desencadeou o presente procedimento".[13]

O Desembargador José Renato Nalini, Corregedor-Geral da Justiça de São Paulo no biênio 2012/2013, sob o título *"Execução não é a solução!"*, lançou em seu blog considerações em que destacou o procedimento para protesto como forma de desafogo do Poder Judiciário. Diz o Desembargador:

"O Judiciário existe para julgar. Ou seja: resolver conflitos. Tudo o mais que se atribui à Justiça e que não seja decidir controvérsias, é função anômala. Uma delas é a cobrança da dívida ativa, assim chamada a obrigação financeira contraída pela Administração Pública.

---

12. BERTOLDI, Marcelo M.; RIBEIRO, Márcia Carla Pereira. *Curso avançado de direito comercial*, p. 423.
13. Pedido de Providências 200910000045376, Rel. Conselheira Morgana de Almeida Richa.

Todos os anos o Governo, suas autarquias e fundações – aí compreendidos União, Estados, Distrito Federal e Municípios – arremessam à Justiça milhões de CDAs – Certidões de Dívida Ativa, que darão origem a execuções fiscais.

O Judiciário se conforma com a situação esdrúxula. Aceita ser cobrador de dívida. Mesmo sabendo que não tem estrutura, pessoal nem gestão eficiente para fazer funcionar um setor nevrálgico. Todos têm interesse em que os devedores recolham ao Erário o devido. Se eles se recusarem a pagar, o ônus de sustentar a máquina – sempre perdulária e quase sempre ineficiente – recairá sobre os demais.

Há comarcas em que os milhares de processos de execução fiscal estão paralisados há vários anos. Isso é prejuízo para todos e também para a Justiça, que arca com o ônus de não funcionar. Por isso estou envidando esforços no sentido de se oferecer uma alternativa ao processo judicial de execução fiscal. É o caso do protesto da CDA, que o STJ aceita, que o CNJ admite e que o TCE, em recente decisão, entendeu perfeitamente cabível para as Prefeituras.

O tabelionato de protestos possui uma estrutura que o Judiciário não tem. Todos os serviços extrajudiciais conquistaram um *status* singular na Constituição de 1988. Exercem uma delegação estatal, mas em caráter privado. Isso faz com que a prestação por eles oferecida seja muito mais eficiente do que aquela a cargo do Poder Judiciário.

Notificado de que terá um prazo para pagar a dívida, sob pena de protesto, o devedor solvente preferirá satisfazer sua obrigação. Enquanto a execução fiscal leva anos para tramitar. Não se encontra o devedor, nem existem bens a serem penhorados.

Quando o Poder Público credor despertar para a superioridade estratégica do protesto em cotejo com a execução fiscal, todos ganharão com a única opção possível. Sociedade e povo e, por acréscimo, o aturdido Judiciário".[14]

Na esfera jurisdicional, é inegável o reconhecimento do relevo e da eficácia do procedimento para protesto como meio de recuperação de crédito.

No Recurso Especial 1.126.515, que teve como relator o Ministro Herman Benjamin, o Superior Tribunal de Justiça colaciona fortes argumentos nessa linha:

"PROCESSUAL CIVIL E ADMINISTRATIVO. PROTESTO DE CDA. LEI N. 9.492/1997. INTERPRETAÇÃO CONTEXTUAL COM A DINÂMICA MODERNA DAS RELAÇÕES SOCIAIS E O 'II PACTO REPUBLICANO DE ESTADO POR UM SISTEMA DE JUSTIÇA MAIS ACESSÍVEL, ÁGIL E EFETIVO'. SUPERAÇÃO DA JURISPRUDÊNCIA DO STJ.

1. Trata-se de Recurso Especial que discute, à luz do art. 1º da Lei n. 9.492/1997, a possibilidade de protesto da Certidão de Dívida Ativa (CDA), título executivo extrajudicial (art. 586, VIII, do CPC) que aparelha a Execução Fiscal, regida pela Lei n. 6.830/1980. 2. Merece destaque a publicação da Lei n. 12.767/2012, que promoveu a inclusão do parágrafo único no art. 1º da Lei n. 9.492/1997, para expressamente consignar que estão incluídas 'entre os títulos sujeitos a protesto as certidões de dívida ativa da União, dos Estados, do Distrito Federal, dos Municípios e das respectivas autarquias e fundações públicas'. 3. Não bastasse isso, mostra-se imperiosa a superação da orientação jurisprudencial do STJ a respeito da questão. 4. No regime instituído pelo art. 1º da Lei n. 9.492/1997, o protesto, instituto bifronte que representa, de um lado, instrumento para constituir o devedor em mora e provar a inadimplência, e, de outro, modalidade alternativa para cobrança de dívida, foi ampliado, desvinculando-se dos títulos estritamente cambiariformes para abranger todos e quaisquer 'títulos ou documentos de dívida'. Ao contrário do afirmado pelo Tribunal de origem, portanto, o atual regime jurídico do protesto não é vinculado exclusivamente aos títulos cambiais. 5. Nesse sentido, tanto o STJ (REsp 750.805/RS) como a

---

14. NALINI, José Renato. Disponível em: <http://renatonalini.wordpress.com>. Acesso em: 18 mar. 2012.

Justiça do Trabalho possuem precedentes que autorizam o protesto, por exemplo, de decisões judiciais condenatórias, líquidas e certas, transitadas em julgado. 6. Dada a natureza bifronte do protesto, não é dado ao Poder Judiciário substituir-se à Administração para eleger, sob o enfoque da necessidade (utilidade ou conveniência), as políticas públicas para recuperação, no âmbito extrajudicial, da dívida ativa da Fazenda Pública. 7. Cabe ao Judiciário, isto sim, examinar o tema controvertido sob espectro jurídico, ou seja, quanto à sua constitucionalidade e legalidade, nada mais. A manifestação sobre essa relevante matéria, com base na valoração da necessidade e pertinência desse instrumento extrajudicial de cobrança de dívida, carece de legitimação, por romper com os princípios da *independência dos poderes* (art. 2º da CF/1988) e da *imparcialidade*. 8. São falaciosos os argumentos de que o ordenamento jurídico (Lei n. 6.830/1980) já instituiu mecanismo para a recuperação do crédito fiscal e de que o sujeito passivo não participou da constituição do crédito. 9. A Lei das Execuções Fiscais disciplina exclusivamente a cobrança judicial da dívida ativa, e não autoriza, por si, a insustentável conclusão de que veda, em caráter permanente, a instituição, ou utilização, de mecanismos de cobrança extrajudicial. 10. A defesa da tese de impossibilidade do protesto seria razoável apenas se versasse sobre o 'Auto de Lançamento', esse sim procedimento unilateral dotado de eficácia para imputar débito ao sujeito passivo. 11. A inscrição em dívida ativa, de onde se origina a posterior extração da Certidão que poderá ser levada a protesto, decorre ou do exaurimento da instância administrativa (onde foi possível impugnar o lançamento e interpor recursos administrativos) ou de documento de confissão de dívida, apresentado pelo próprio devedor (e.g., DCTF, GIA, Termo de Confissão para adesão ao parcelamento, etc.). 12. O sujeito passivo, portanto, não pode alegar que houve 'surpresa' ou 'abuso de poder' na extração da CDA, uma vez que esta pressupõe sua participação na apuração do débito. Note-se, aliás, que o preenchimento e entrega da DCTF ou GIA (documentos de confissão de dívida) corresponde integralmente ao ato do emitente de cheque, nota promissória ou letra de câmbio. 13. A possibilidade do protesto da CDA não implica ofensa aos princípios do *contraditório* e do *devido processo legal*, pois subsiste, para todo e qualquer efeito, o controle jurisdicional, mediante provocação da parte interessada, em relação à higidez do título levado a protesto. 14. A Lei n. 9.492/1997 deve ser interpretada em conjunto com o contexto histórico e social. De acordo com o 'II Pacto Republicano de Estado por um sistema de Justiça mais acessível, ágil e efetivo', definiu-se como meta específica para dar agilidade e efetividade à prestação jurisdicional a 'revisão da legislação referente à cobrança da dívida ativa da Fazenda Pública, com vistas à racionalização dos procedimentos em âmbito judicial e administrativo'. 15. Nesse sentido, o CNJ considerou que estão conformes com o princípio da *legalidade* normas expedidas pelas Corregedorias de Justiça dos Estados do Rio de Janeiro e de Goiás que, respectivamente, orientam seus órgãos a providenciar e admitir o protesto de CDA e de sentenças condenatórias transitadas em julgado, relacionadas às obrigações alimentares. 16. A interpretação contextualizada da Lei n. 9.492/1997 representa medida que corrobora a tendência moderna de intersecção dos regimes jurídicos próprios do Direito Público e Privado. A todo instante vem crescendo a publicização do Direito Privado (iniciada, exemplificativamente, com a limitação do direito de propriedade, outrora valor absoluto, ao cumprimento de sua função social) e, por outro lado, a privatização do Direito Público (por exemplo, com a incorporação – naturalmente adaptada às peculiaridades existentes – de conceitos e institutos jurídicos e extrajurídicos aplicados outrora apenas aos sujeitos de Direito Privado, como, e.g., a utilização de sistemas de gerenciamento e controle de eficiência na prestação de serviços). 17. Recurso Especial provido, com superação da jurisprudência do STJ".

O Ministro Luis Roberto Barroso, no voto acolhido na ADI 5.135, sintetizou as vantagens do procedimento para protesto, para colocar termo à discussão relativa à possibilidade do protesto da certidão de dívida ativa:

> "Em segundo lugar, o dispositivo legal impugnado não viola o princípio da proporcionalidade. A medida é adequada, pois confere maior publicidade ao descumprimento das obrigações tributárias e serve como importante mecanismo extrajudicial de cobrança, que estimula a adimplência, incrementa a arrecadação e promove a justiça fiscal. A medida é necessária, pois permite alcançar os fins pretendidos

de modo menos gravoso para o contribuinte (já que não envolve penhora, custas, honorários, etc.) e mais eficiente para a arrecadação tributária em relação ao executivo fiscal (que apresenta alto custo, reduzido índice de recuperação dos créditos públicos e contribui para o congestionamento do Poder Judiciário). A medida é proporcional em sentido estrito, já que os eventuais custos do protesto de CDA (limitações creditícias) são compensados largamente pelos seus benefícios, a saber: (i) a maior eficiência e economicidade na recuperação dos créditos tributários, (ii) a garantia da livre concorrência, evitando-se que agentes possam extrair vantagens competitivas indevidas da sonegação de tributos, e (iii) o alívio da sobrecarga de processos do Judiciário, em prol da razoável duração do processo".[15]

Dúvida não resta, portanto, de que hoje o procedimento para protesto é importante meio de recuperação de crédito e, consequentemente, de desafogo do Poder Judiciário.

No tocante ao destaque econômico e social do procedimento para protesto, por fim, vê-se o disposto nos arts. 32, *b*, da Lei n. 4.591/64 e 18, IV, *a*, da Lei n. 6.766/79, que exigem para o registro de incorporação ou loteamento a apresentação de certidão de protesto, cabendo ao Oficial Registrador verificar em cada caso a situação econômica do incorporador ou loteador para que possa aferir a viabilidade do registro ou sua negativa. Essa medida, anote-se, leva em conta, principalmente, o interesse dos futuros adquirentes.

---

15. STF, ADI 5.135, Rel. Min. Luis Roberto Barroso.

2
Natureza Jurídica do Protesto

Com rigor teórico-conceitual, distinguimos o ato de protesto do procedimento para protesto. Essa distinção sob o aspecto meramente prático não teria maior relevo. Nestas páginas, porém, por todos os motivos já expostos, mostra-se ela relevante. Uma das consequências dessa distinção é não incluir neste capítulo a *solenidade*, pois esta, na verdade, é estranha à natureza do ato de protesto, mas está em seu procedimento.

Cuidaremos agora da natureza do ato de protesto (lavratura e consequente registro).

Contemplando a natureza do protesto, constatamos que estamos diante de *ato jurídico, público, extrajudicial, formal, unitário e misto*. Ainda neste ponto, será estabelecida discussão sobre a autoria do ato, no sentido de chegar-se à conclusão de que o protesto pode ser considerado ato da parte e do Tabelião, sem que a ação de um exclua a do outro.

Antes do exame de cada um desses aspectos, anota-se que não se inclui aqui a face *probatória* do protesto, embora seja certo que não tem ele o condão de criar direitos, pois a aptidão para servir de prova é inerente aos atos jurídicos instrumentalizados, mesmo nos casos em que também se prestam à própria constituição do direito. Dessa maneira, será mais adequado enquadrar esse atributo (ato probatório) como função do protesto, embora não sejam poucos os autores que o relacionam dentre os elementos de sua natureza jurídica.

Como já dito, omitimos do rol inicial a *solenidade*, pois embora o art. 1º da Lei n. 9.492/97 afirme ser o protesto ato *solene*, além de formal, esse aspecto diz respeito, na verdade, ao procedimento para protesto, que como vimos não se confunde com o ato notarial em estudo. O protesto somente será lavrado depois de observada a *solenidade procedimental* prevista em lei, segundo o encadeamento lógico de vários outros atos, como a apresentação, a intimação e outros que também são objeto deste trabalho.

2.1 O PROTESTO É ATO JURÍDICO

Trata-se de ato jurídico em sentido estrito, na medida em que produz efeitos independentes, ou não vinculados à vontade das partes. Esses efeitos decorrem da lei. Esse ato pode servir como forma de participação ou comunicação, ou seja, alguém participa a outrem intenções ou fatos. Assim, admitida a comunicação de fatos, não há erro em pensar que o Tabelião de Protesto poderia praticar esse ato jurídico com o fim de participar o devedor (destinatário) de que, respeitado o procedimento legal, sua inércia está sendo reconhecida ou testificada.

O protesto não é ato administrativo, pois carece dos requisitos finalidade e motivo, que devem ter vinculação com o interesse público, não de maneira indireta, mas imediata. O protesto, por seus efeitos diretos, atende a interesses privados.

2.2 O PROTESTO É ATO PÚBLICO

Embora não seja ato administrativo, o protesto é ato público e, por conseguinte, oficial.

Define a Constituição Federal: "Art. 236. Os serviços notariais e de registro são exercidos em caráter privado, por delegação do Poder Público".

Diante dessa regra, infere-se que o serviço prestado por notários e registradores é público, sendo exercido em caráter privado. Se todo o serviço tem a natureza pública e se o ato de protesto nele se compreende, é correto dizer que esse ato também o é.

A oficialidade, aliás, princípio que rege a atividade de protesto, decorre do caráter público do ato, pois apenas o Tabelião, ou seu substituto legal, pode praticá-lo, sendo vedado ao particular a sua lavratura.

Luiz Emygdio Rosa Jr. esclarece: "o protesto é ato cambiário público que comprova a apresentação da cambial para aceite ou pagamento, uma vez que o governo brasileiro não aderiu à reserva do art. 8º, do Anexo II, da LUG, que lhe permitiria substituir o protesto 'por uma declaração datada, escrita na própria letra e assinada pelo sacado, ou seja, por uma declaração particular. A reserva decorreu da diversidade de sistemas adotados pelas legislações anteriores à Conferência de Genebra, umas exigindo o protesto público, outras se contentando com uma declaração particular".[1]

As questões referentes à outorga da delegação que autoriza o exercício desse serviço, assim como os princípios que regem o protesto, são examinados em capítulos próprios, de maneira que neste ponto não serão lançadas maiores considerações a respeito, mas o tema há de ser compreendido sempre com a complementação que sucederá nos próximos capítulos.

2.3 O PROTESTO É ATO EXTRAJUDICIAL

Lavra-se o protesto sem que haja autorização judicial. Assim, em situações ordinárias, o protesto e o procedimento que a ele conduz são extrajudiciais. É certo que a lavratura pode ser obstada por ordem judicial de sustação, ou que seus efeitos podem ser suspensos também por ordem do Juiz, mas salvo nesses casos excepcionais, nenhuma interferência Judicial se mostra necessária ou cabível em todo o percorrer procedimental.

---

1. ROSA JUNIOR, Luiz Emygdio Franco da. *Títulos de crédito*, p. 385.

2.4 O PROTESTO É ATO FORMAL

Já lançada ressalva referente ao caráter solene do procedimento para protesto, tratamos neste ponto da natureza formal do ato de protesto e do respectivo registro.

O ato deve ser lavrado e registrado com estrito cumprimento das formalidades elencadas nos arts. 22 e 23 da Lei n. 9.492/97. Assim, deve conter, entre outros elementos, *a data e número de protocolização* (art. 22, I); *o nome do apresentante e seu endereço* (art. 22, II); *certidão das intimações feitas e das respostas eventualmente oferecidas* (art. 22, IV); *nome, número do documento de identificação do devedor e endereço* (art. 22, VII). E ainda: *os termos dos protestos lavrados, inclusive para fins especiais, por falta de pagamento, de aceite ou de devolução, serão registrados em um único livro e conterão as anotações do tipo e do motivo do protesto, além dos requisitos previstos no artigo anterior* (art. 23).

Além desses requisitos, outros podem ser exigidos pelas normas regulamentares de cada estado.

O protesto lavrado e registrado sem as formalidades legais e normativas exigidas pode ser objeto de cancelamento por determinação judicial ou administrativa.

Essas formalidades são vistas com amplitude no capítulo que trata da lavratura e do registro do protesto.

2.5 O PROTESTO É ATO UNITÁRIO

O protesto é uno, realiza-se em um só ato. O objeto do protesto é o título ou documento de dívida. Portanto, deve-se dizer que *o Tabelião protestou o cheque,* e não que *protestou o emitente,* ou *o endossante.*

Uma vez mais, recorremos à didática de Luiz Emygdio Rosa Jr. para completar a exposição. Explica o autor que "o protesto é também ato unitário, porque deve ser realizado em um único momento e, quando efetuado em relação a devedor principal não necessita ser reeditado no que concerne ao sacador, endossantes e respectivos avalistas".[2]

E Vicente Amadei traz exemplos específicos ao dizer que "protestado o título por falta de pagamento (em que houve a intimação do obrigado principal: aceitante ou emitente), inadmissível é o novo protesto do mesmo título contra os coobrigados (para intimação deles: endossantes, sacador, avalistas)", ou que "tirado o protesto por falta de aceite ou de devolução, inútil é o protesto por falta de pagamento".[3]

Como decorrência da formulação posta, poderíamos dizer que um título ou documento de dívida não pode ser protestado mais de uma vez. De fato, essa é a regra, mas há situações a considerar.

Na verdade, a unitariedade estaria violada se o segundo protesto tivesse objeto idêntico ao primeiro, no tocante à prestação inadimplida. Assim, um cheque emitido no valor de dois mil reais, já protestado pelo valor total, não pode ser objeto de um se-

---

2. ROSA JUNIOR, Luiz Emygdio Franco da. *Títulos de crédito*, p. 386.
3. AMADEI, Vicente de Abreu; DIP, Ricardo (Coord.) et al. *Introdução ao direito notarial e registral*, p. 108.

gundo protesto. No entanto, um contrato que estipula pagamento em trinta parcelas, inadimplidas as dez primeiras, pode ser protestado em relação a elas, e depois, em um segundo protesto, podem ser abrangidas as demais, que tiveram vencimento posterior à primeira lavratura e também não foram satisfeitas. Da mesma forma, é possível o chamado "protesto pelo saldo" se um título ou documento ostentar pagamento parcial anterior. A leitura do § 4º do art. 19 da Lei n. 9.492/97 corrobora esse pensamento.

A aplicação do Princípio da Unitariedade pode ser vista no entendimento predominante em nossos tribunais a respeito do protesto para fins falimentares, que é objeto de estudo específico em outro capítulo. A indagação a ser formulada é a seguinte: o protesto comum pode embasar o requerimento de falência, ou para esse fim somente é admitido o protesto especial? As decisões avolumam-se no sentido da desnecessidade da figura especial, desde que a comum tenha atendido aos requisitos legais. Esse assunto é visto de maneira específica no estudo dos tipos de protesto. Por agora, a admissibilidade mencionada tem o escopo de ilustrar a aplicação daquele princípio.

Por fim, registra-se que normas regulamentares têm admitido que, a requerimento do credor ou do apresentante, formalizado diretamente ao Tabelião, seja pleiteado o cancelamento do protesto para fins de renovação do ato notarial, em virtude de erro no preenchimento dos dados fornecidos para protesto, ou, ainda, a lavratura de protesto para fins falimentares diante de comprovação do prévio cancelamento de eventual protesto comum lavrado anteriormente do mesmo título ou documento de dívida. São situações em que, por justo motivo, se permite a lavratura do segundo protesto tendo como objeto o mesmo documento.

2.6 O PROTESTO É ATO MISTO

O art. 3º da Lei n. 9.492/97 dita que compete ao Tabelião de Protesto *lavrar e registrar o protesto*. Não é o protesto apenas um ato notarial (lavratura) nem somente de registro (registral), podendo ser dito híbrido ou, conforme expressão corrente, *misto*, porque engloba as duas figuras anteriores.

Nesse passo, é necessária uma observação para distinguirmos os aspectos materiais e formais da lavratura e do registro do protesto.

Do ponto de vista material (mecânico), seria possível dizer que o protesto não é primeiro lavrado para depois ser registrado. Esses atos são concomitantes. Ao mesmo tempo em que lavra, o Tabelião registra o protesto.

A Lei n. 9.492/97 não prevê a existência de um livro de termos ou coisa que o valha. Menciona apenas um livro de registro de protesto.

Diz a lei:

> Art. 33. Os livros de registros de protesto serão abertos e encerrados pelo tabelião de protestos ou seus Substitutos, ou ainda por escrevente autorizado, com suas folhas numeradas e rubricadas.

Note-se que o protesto deve ser lavrado no livro de registro de protestos, de maneira que não haveria lavratura sem o consequente registro. E vejamos o que diz o art.

22 da mesma lei: "O registro do protesto e seu instrumento deverão conter: (...)". Não há qualquer dispositivo com os requisitos do que deve conter o termo de protesto, do qual se extrai o instrumento de protesto. Existe apenas um rol dos requisitos do *registro* e de *seu instrumento*.

Uma vez mais, no art. 20, a Lei n. 9.492/97 indica a simultaneidade material entre lavratura e registro ao dizer que "esgotado o prazo previsto no art. 12, sem que tenham ocorrido as hipóteses dos Capítulos VII e VIII, o tabelião lavrará e registrará o protesto, sendo o respectivo instrumento entregue ao apresentante".

E não teríamos como saber quais são os requisitos para a lavratura, pois os que a lei menciona no art. 22 são os do registro. Por outro lado, pela redação do parágrafo único do art. 9º da mesma lei, a existência de vício formal obstaria o registro do protesto, mas não sua lavratura, o que não faria sentido diante da finalidade da regra.

Essa simples análise material ou física da questão nos levaria, sem maiores problemas, a afirmar que lavratura e registro são atos simultâneos, como anteriormente fizemos. No entanto, sob o aspecto formal, se aceita a simultaneidade sem ressalvas, teríamos como possível um protesto *meio registrado*. Imaginemos que determinado Tabelião começou a lavrar o protesto e por qualquer razão não concluiu o ato. Por certo, não concluída a lavratura, não teríamos um protesto lavrado, mas poderíamos ter um protesto parcialmente registrado. Dessa forma, é oportuna a distinção entre os aspectos material e formal da lavratura e do registro. Materialmente há simultaneidade, mas formalmente (e esse é o aspecto jurídico a ser considerado) são atos sucessivos.

Essa sucessividade formal está indicada no inciso IV do art. 11 da Lei n. 8.935/94, que, dentre as atribuições do Tabelião de Protesto, elenca os atos de "lavrar o protesto, registrando o ato em livro próprio, em microfilme ou sob outra forma de documentação".

Perceba-se que, em momento posterior, será possível cancelar o registro, mantendo-se a lavratura. A propósito, se observados os estritos termos da lei, é o que sempre se dá com o cancelamento.

Observemos as expressões utilizadas pelo legislador na Lei n. 9.492/97:

> Art. 26. O cancelamento do registro do protesto será solicitado diretamente no Tabelionato de Protesto de Títulos, por qualquer interessado, mediante apresentação do documento protestado, cuja cópia ficará arquivada.

Após o cancelamento do registro, o protesto ainda está lavrado, embora já não produza efeitos. Materialmente, o termo de protesto existe e consta dos assentamentos do tabelionato, mesmo porque o protesto cujo registro está cancelado ainda poderá ser mencionado em certidão, desde que haja requerimento do próprio devedor ou ordem judicial nesse sentido, conforme disciplina o § 2º do art. 27 da referida lei.

Faz-se necessário advertir, porém, que as certidões que não se enquadrem nas hipóteses do citado parágrafo não mencionarão os protestos cujos registros tenham sido cancelados. Observa-se também que os cancelamentos serão devidamente anotados no índice do livro de registro de protestos (art. 34, § 1º, da Lei n. 9.492/97).

2.7 A QUESTÃO DA AUTORIA DO PROTESTO

O tema tem interesse quando, sabendo que o protesto é misto, procuramos definir quem pratica esse ato. No tocante ao registro, sem maiores problemas, pode-se dizer que é ato do Tabelião. A questão está em saber quem pratica o ato, quem realiza o protesto, quem é o autor dele. Para isso, é necessário consignar que sob o aspecto formal a prática do ato antecede seu registro.

Note-se que não se deve agora empregar a expressão *lavrar*, pois é sabido que essa atribuição é do Tabelião de Protesto, e o que se perquire é se o Tabelião é o autor do protesto que lavra ou se esse é um ato da parte, que o delegatário se limita a formalizar, ou, mudando a forma de colocar, se a lavratura do protesto pelo Tabelião é que dá existência ao ato, cabendo à parte apenas requerer essa atuação.

Desde logo, anota-se que, como destacado no preâmbulo deste trabalho, o protesto é analisado sob a ótica do Direito Brasileiro, tendo em vista as regras positivadas nos textos normativos aplicáveis à espécie.

A questão referente à sua autoria deve, contudo, ser explorada de maneira mais ampla, pois aqui o objeto de estudo tem mais de uma dimensão. O problema há de ser analisado com olhos voltados às múltiplas faces do instituto, primeiro em sentido amplo e depois em sentido estrito, este sim em conformidade com nosso ordenamento.

A orientação tradicional, como veremos, é quase unânime ao afirmar que o protesto é ato da parte, que o Tabelião se limita a formalizar.

Vejamos o que diz a doutrina.

Fábio Ulhoa defende que "na verdade, o protesto deve-se definir como ato praticado pelo credor, perante o competente cartório, para fins de incorporar ao título de crédito a prova de fato relevante para as relações cambiais. Note-se que é o credor quem protesta; o cartório apenas reduz a termo a vontade expressa pelo titular do crédito".[4]

Vicente Amadei, sempre lembrado pela maestria com que trata o protesto, expressa o mesmo pensamento ao dizer que é ato público "formado" por notário e que ocorre "na presença do Tabelião",[5] ou, ainda, quando afirma que o Tabelião está em condições de testificar o protesto "que o portador do título"[6] faz em relação ao devedor. Também afirma, apresentando seus argumentos, que "ainda que se diga que o protesto seja ato jurídico do portador do título, não do Tabelião, que apenas o testemunha de modo qualificado e lhe dá forma (instrumenta) e registro (termo); ainda assim, o protesto não perde seu traço de oficialidade".[7]

O eminente Desembargador José Renato Nalini, então Juiz Auxiliar da Corregedoria-Geral da Justiça do Estado de São Paulo, em didático parecer, assim se manifestou: "Encontrando-se o título formalmente regular, não pode o Escrivão se recusar ao protesto. Mesmo porque, não é ele quem protesta. Apenas viabiliza a instrumentalização do

---
4. COELHO, Fábio Ulhoa. *Curso de direito comercial*, p. 422.
5. AMADEI, Vicente de Abreu; DIP, Ricardo (Coord.) et al. *Introdução ao direito notarial e registral*, p. 75.
6. AMADEI, Vicente de Abreu; DIP, Ricardo (Coord.) et al. *Introdução ao direito notarial e registral*, p. 89.
7. AMADEI, Vicente de Abreu; DIP, Ricardo (Coord.) et al. *Introdução ao direito notarial e registral*, p. 105.

protesto do credor, que afirma haver procurado receber a importância consubstanciada na cártula e o não conseguiu".[8]

Como se percebe, há argumentos robustos e amplamente majoritários a afirmar que o protesto é ato da parte, e não do Tabelião. Essa concepção a nosso ver é acertada, se considerado o protesto em sentido amplo, ou seja, composto da intenção da parte de demonstrar sua diligência ou a inércia do sacado ou devedor, somada à lavratura que seguirá caso esta se consume. Se assim tomarmos o objeto – protesto –, e podemos fazê-lo, é ele ato da parte.

Há escassa manifestação em sentido oposto, segundo a qual é possível inferir que o protesto é ato do Tabelião.

Uma voz aparentemente dissonante provém de Luiz Emygdio Rosa Jr. que, ao tratar da natureza do protesto, assim se expressa: "A prática do ato pelo Tabelião de Protesto de Títulos imprime autenticidade ao meio de prova de que o sacado recusou o aceite ou o pagamento, e essa atribuição é privativa da mencionada autoridade (LP, art. 3º)".[9] Mesmo que se reconheça que na hipótese a palavra *praticado* poderia ter sido empregada como um sinônimo de *lavrado*, quer nos parecer que o autor, reiterando o caráter privativo da atuação do Tabelião, justifica a autenticidade do protesto (e autêntico é o documento que tem seu autor identificado) exatamente pelo fato de ser praticado pelo Tabelião (e não pela parte).

O verbo *protestar* pode ter vários significados, mas, segundo pensamento uniforme, no caso em estudo significa *provar, testemunhar, anunciar*. Assim, quem protesta *prova, testemunha* ou *anuncia*. Essa interpretação nos leva aos primeiros argumentos, no sentido de que não é a parte quem *prova, testemunha* ou *anuncia*, já que não o faria sem o concurso do Tabelião.

O Magistrado Paulista Marcelo Fortes Barbosa Filho explica, com profundidade, os aspectos semânticos: "O vocábulo 'protesto' originou-se do uso diferenciado das palavras latinas 'protestibus' e 'pro testimonio'. À preposição 'pro', que rege o ablativo e, também, indica 'conforme, segundo, diante de', se somam os substantivos 'testibus' (ablativo plural de 'testis') ou 'testimonio' (ablativo singular de 'testimonium'), chegando ao significado de 'segundo testemunhas' ou 'segundo testemunhos'. Consubstancia-se, portanto, um testemunho, que não se deve ser emitido por qualquer indivíduo, mas por alguém dotado de fé pública, ou seja, por um tabelião especialmente encarregado da prática do ato declaratório".[10]

A propósito, no trecho transcrito parece clara a posição de que o Magistrado considera o protesto um ato do Tabelião.

Temos, assim, uma segunda posição, aparentemente oposta à primeira, afirmando ser o protesto ato do Tabelião, e não da parte.

---

8. Proc. 78.715/86, Parecer 552/86, publicado em *Decisões Administrativas da Corregedoria-Geral da Justiça do Estado de São Paulo – 1986*. Coord. Des. Sylvio do Amaral, São Paulo, Revista dos Tribunais.
9. ROSA JUNIOR, Luiz Emygdio Franco da. *Títulos de crédito*, p. 385.
10. Parecer proferido no Proc. 16.649/97, da Corregedoria-Geral da Justiça de São Paulo, publicado *DOE*; Poder Judiciário, Caderno I, Parte I, 10 de setembro de 1997, p. 34.

Também, essa segunda corrente não pode ser desprezada se visto o protesto em sentido estrito, ou seja, o ato notarial que somente pode ser praticado por Tabelião de Protesto, vista a atividade de protesto desenvolvida no Brasil, com todos os aspectos também explorados neste trabalho.

Não seria adequado excluir essa face do protesto e também não é impróprio dizê-lo ato do Tabelião, o que se demonstrará a seguir.

Como se viu no exame do conceito de protesto, este constitui, segundo alguns, a prova do *descumprimento da obrigação*, ou, conforme o pensamento de outros, a prova da *diligência do portador* do título ou documento.

Suponha-se que admitamos o protesto apenas como ato da parte, ou seja, aceitemos que ela apresenta ao Tabelião esse seu protesto. Se essa fosse a única posição correta, no ato da apresentação já existiria o protesto (da parte). Se assim pensássemos, a simples protocolização bastaria para demonstrar a *diligência do portador*, sendo desnecessária a posterior atuação do Tabelião.

Por outro lado, já existindo o protesto (que precisaria apenas ser formalizado pelo Tabelião), teríamos que, se fosse absoluta a primeira corrente, o descumprimento da obrigação também se teria demonstrado (porque é isso que faz o protesto, que já existia, pois a parte o apresentou), mas esse pensamento restritivo (é só ato da parte) seria incoerente com o instituto, que se mostraria desnecessário e poder-se-ia substituir, então, por mera declaração do interessado. Não é o que ocorre no Brasil, como vimos.

É sempre interessante anotar – e aqui praticamente não há dissonância – que o protesto é tratado como um ato (não devendo ser confundido com seu procedimento ou com o serviço de protesto). Ora, se em todos os aspectos o tratamos como um ato, essa conotação não pode ser abandonada quando se fala de seu conceito ou de sua natureza. Falemos, pois, do ato de protesto.

Sob esse aspecto, se podemos justificar a primeira posição (ato em sentido amplo: intenção da parte de demonstrar sua diligência ou a inércia do sacado ou devedor, somada à lavratura), também podemos apresentar a segunda (sentido estrito: ato notarial que somente pode ser praticado por Tabelião de Protesto).

É o protesto um ato (jurídico, como vimos). Se fosse exclusivamente tido como ato da parte, então já existiria no momento em que esta buscasse o Tabelião de Protesto, pois seria exatamente nesse instante que se daria a solicitação para a formalização futura (o portador compareceria ao tabelionato e apresentaria seu protesto, solicitando que o Tabelião o formalizasse, o que somente poderia ocorrer depois de cumprido o procedimento legal). Pois bem, se o protesto já existia naquele momento e se ainda não houvesse sido lavrado, como poderia ser juridicamente enquadrado entre a apresentação e a lavratura? Essa questão deve ser enfrentada sem que se diga que, no momento da apresentação, o protesto ainda não existe, pois estaria sendo aceita, também de forma absoluta, a segunda corrente, que trabalha com o pensamento de que a parte, na apresentação, apenas requer que o Tabelião pratique o protesto, sendo dele a autoria, e não apenas a lavratura do ato.

Mas, voltando ao problema posto, poder-se-ia indagar o que seria o protesto apresentado e não lavrado? Aqui está um sério entrave a que se considere o protesto um ato exclusivo da parte. Não seria apropriado dizer que se trata de ato sob condição suspensiva, mesmo porque não se fala apenas em eficácia, mas em existência. O protesto apresentado e não lavrado teria existência jurídica? Crê-se que a resposta seja negativa, pois se existisse, também não saberíamos dizer o que passaria ele a ser em caso de pagamento, de desistência, de sustação definitiva, ou de devolução por vício formal. Teríamos um protesto apresentado que nunca seria lavrado.

Vejamos o que dispõem os seguintes artigos da Lei n. 9.492/97:

> Art. 7º Os títulos e documentos de dívida destinados a protesto somente estarão sujeitos a prévia distribuição obrigatória nas localidades onde houver mais de 1 (um) Tabelionato de Protesto de Títulos.
>
> Art. 19. O pagamento do título ou do documento de dívida apresentado para protesto será feito diretamente no Tabelionato competente, no valor igual ao declarado pelo apresentante, acrescido dos emolumentos e demais despesas.

No art. 7º, destaca-se a palavra *destinados* e no art. 19, a expressão *apresentado para protesto*. Essas expressões deixam claro que, para a lei, no momento da apresentação não existe protesto e que a parte o requer, apresentando, para tanto, não o protesto, mas os títulos ou documentos que deseja que sejam protestados pelo Tabelião. Aliás, se tivesse o legislador pensamento diferente, teria dito no art. 7º que "os protestos apresentados pela parte (ou pelos portadores), para formalização pelo tabelião, somente (...)" e no art. 19 teria dito "(...) o pagamento dos títulos cujo protesto foi apresentado pela parte (ou pelo portador), será feito (...)".

Mas há outros aspectos a considerar.

Se o protesto é a prova da diligência do portador ou do descumprimento da obrigação ou de circunstância cambiária relevante, e se antes de sua lavratura há a necessidade de intimação do devedor ou sacado, e, ainda, se também se faz necessária a inércia destes para que o protesto seja realizado, tem-se que o testemunho contido no ato de protesto abrange a prova de que o título ou documento foi apresentado ao tabelionato e que depois do procedimento regular não foi satisfeita a obrigação ou lançado o aceite. É tão importante a observância do procedimento mencionado que o art. 22, IV, da Lei n. 9.492/97 exige que a certidão da intimação conste no termo de protesto.

Assim, fica evidente que o protesto, que *testifica, prova e anuncia*, pode de fato ser tido como ato do portador, mas não de maneira exclusiva, pois parte daquilo que *testificará, provará e anunciará* (intimação e inércia) ainda não terá ocorrido no momento da apresentação.

Agora tracemos um paralelo com outros atos notariais, como a lavratura da escritura pública e da ata notarial.

Primeiro, é preciso distinguir a escritura pública (e tomemos a usual compra e venda como exemplo) do protesto. A coincidência está em que ambas as figuras dão a forma solene ao negócio ou declaração que contêm e, simultaneamente, servem como prova deles.

A distinção, vista em sua superficialidade, consiste no fato de que, no caso da venda realizada por meio de instrumento público, o ato negocial, ou seja, o contrato de compra e venda, tem como autores as partes (comprador e vendedor), incumbindo ao Tabelião de Notas a formalização desse contrato com a observância da lei. O ato (negócio jurídico) é das partes, e não do Tabelião.

Alguns poderão ver e evocar similitude entre a escritura e o protesto, mas se aponta desde logo uma grande diferença: as partes celebram a compra e venda, praticam o ato na presença do Tabelião. Não é este que por elas o pratica. Comprador e vendedor, nos termos da lei, devem estar presentes no momento em que a escritura é lavrada e lançam, sendo possível, suas assinaturas. Aqui, sim, o delegatário apenas formaliza a vontade das partes, sem prejuízo, é claro, da necessária qualificação notarial.

O termo de protesto é lavrado em ato solitário pelo Tabelião, sem a presença do apresentante que, embora assuma, digamos, *autoria mediata* do ato, não está presente no momento da lavratura.

É, portanto, flagrante a diferença entre uma e outra figura.

A ata notarial, a partir de uma singela e despretensiosa compreensão, por sua função testificante, e por ter como objeto a narrativa de um fato jurídico, é figura mais próxima do protesto. Trata-se de ato do notário, mesmo porque não colhe manifestações de vontades, que ficam adstritas aos negócios jurídicos, e estes devem ser implementados e provados por outros meios.

Márcio Mesquita ensina: "A mera apreensão do fato pelo notário é o escopo da ata notarial, que se prestará a perpetuar, sob o signo da fé pública, as circunstâncias de determinada situação jurídica, sendo esse o principal característico que a diferencia da escritura pública, pois na ata notarial não há recepção da vontade das partes e nem alteração ou juízo de valor por parte do tabelião".[11]

Tratando-se de ata, lavrar corresponde a realizar. Assim, cremos que essa hipótese é ato do Tabelião de Notas, e ele, como o de Protesto, testifica um fato. O protesto, vimos, prova fatos predeterminados, enquanto a ata notarial não encontra limites, salvo nas leis em geral.

Para evitar confusões, deve ficar claro que tratamos de atos que provam fatos.

Se houver, portanto, qualquer pretensão de comparação, que jamais será totalmente adequada, entre o protesto e outros atos notariais, para o fim de identificar sua autoria, que se tenha em mente as colocações já lançadas, não obstante a superficialidade da abordagem dos institutos versados em outros serviços notariais.

Reafirma-se, assim, que o protesto também pode e deve ser dito ato do Tabelião, praticado mediante provocação da parte e com ativa participação desta, de maneira que a atribuição da autoria a um não exclui a possibilidade de atribuição ao outro.

É oportuna ainda uma última consideração sobre o assunto. Não podemos conceber a figura do Tabelião como uma *caneta* (no sentido de instrumento mecânico) utilizada

---

11. MESQUITA, Márcio Pires de; DIP, Ricardo; JACOMINO, Sérgio (Org.) et al. *Edição Especial Revista dos Tribunais – 100 anos – Doutrinas essenciais*. São Paulo: Revista dos Tribunais, 2011, v. I: Direito registral, p. 334.

pelo credor para o protesto, ou pensar que tem ele uma atuação *quase mecânica*, ou ainda que se *limita a tomar nota* do protesto da parte.

Ao lavrar o protesto, o Tabelião é mais que um mero anotador. É um profissional do direito que com sua qualificação dá ao protesto as características que a lei atribui a ele. O protesto é dotado de segurança jurídica não porque um agente burocrático e mecânico o escreve. Não é a parte que dá segurança e oficialidade ao protesto, é o Tabelião.

Com essas considerações, podemos concluir que o protesto é, a um só tempo, ato da parte e do Tabelião de Protesto, sem que a autoria de um exclua a do outro, pois são consideradas as faces distintas da figura em exame, sendo perfeitamente possível conciliar essas posições que apenas aparentemente se antagonizam, mas na verdade se complementam. Se tomarmos o protesto como objeto cognoscível desse nosso estudo (especificamente no campo da autoria), vê-lo-emos, creio, como uma figura multiforme a justificar a conclusão aqui exposta.

No voto vencedor lançado no Recurso Especial 1.398.356, o relator para o acórdão, Ministro Luis Felipe Salomão, manifesta posição que se conforma àquela sustentada neste trabalho. Diz o voto:

> "Com efeito, a doutrina bem anota que o protesto não é ato do particular, mas do delegatório de serviço público, devendo ser respeitado o procedimento legal. O particular apenas solicita, podendo o tabelião, depois de analisar os requisitos formais, negar-se a proceder à lavratura, caso encontre vício que justifique a negativa".

Não obstante, é imperioso anotar – e com ênfase – que essa conclusão não se relaciona, sob qualquer aspecto, com a responsabilidade civil do Tabelião. Os elementos a serem averiguados para a imputação de responsabilidade serão os mesmos, caso se pense ser o protesto ato de sua autoria ou praticado pela parte. Veremos à frente todos os aspectos dessa responsabilidade e também o Princípio de Instância, segundo o qual o Tabelião pratica o ato mediante provocação da parte. Esta responderá pelo protesto indevido tanto quanto o faria se fosse por ela realizado, isso porque é o portador quem impulsiona inicialmente o procedimento ao requerer o protesto. Da mesma forma, o Tabelião que agir com dolo ou culpa responderá por seu ato, ainda que se entenda que o protesto é ato da parte.

Se o autor de ação judicial falta com a verdade, produz provas forjadas e induz o Magistrado a uma sentença de procedência calcada nos elementos diligentemente colhidos, embora substancialmente manipulados sem que o pudesse perceber o julgador, havendo dano futuro a reparar, essa imputação não poderia ser feita a ele (art. 143, I, do Código de Processo Civil), mas seria ao autor. E a sentença é ato do Juiz.

O que se mostra relevante para o deslinde da apuração de qualquer imputação de responsabilidade não é saber quem realiza o protesto, mas se houve e quem agiu com dolo ou culpa, se partirmos do pressuposto da responsabilidade subjetiva. No mais, teremos retórica que acabará retornando a esses aspectos, porque deles não há como fugir.

3
REGIME JURÍDICO E EFEITOS DO PROTESTO

3.1 REGIME JURÍDICO DO PROTESTO

O protesto no Brasil é regido primordialmente pela Lei n. 9.492/97 (Lei do Protesto), que, inclusive, dá o tom de sua abrangência, com significativa influência no conceito e natureza desse instituto jurídico. Referido estatuto normativo dita o procedimento a ser seguido pelo serviço de protesto, disciplinando, entre outras matérias, a emissão de informações e certidões, a preservação do acervo e chegando à regulação da responsabilidade do Tabelião de Protesto. Trata-se, pois, da principal fonte imediata do Direito Protestual.

O art. 2º da Lei n. 9.492/97 (parte final) declara essa regulação primordial: *"Os serviços concernentes ao protesto, garantidores da autenticidade, publicidade, segurança e eficácia dos atos jurídicos, ficam sujeitos ao regime estabelecido nesta Lei"*.

Mas esse regramento é complementado pelas leis aplicáveis aos títulos de crédito, em face do aspecto cambial que também integra o protesto. Assim, contêm disposições relativas a ele o Decreto n. 2.044/1908 e a Lei Uniforme (Decreto n. 57.663/66), que tratam da letra de câmbio e da nota promissória; a Lei n. 5.474/68, referente às duplicatas; e a Lei n. 7.357/85 (Lei do Cheque), que disciplina o cheque.

Há vários outros estatutos legislativos que se relacionam de forma direta com o protesto. O Código Civil dispõe, em seu art. 202, III, que o protesto cambial interrompe a prescrição. Podemos citar, ainda, os seguintes dispositivos: art. 2º, § 2º, do Decreto-lei n. 911/69 (alienação fiduciária); art. 41 da Lei n. 10.931/2004 (cédula de crédito bancário); art. 94, I, da Lei n. 11.101/2005 (falência e recuperação judicial); art. 73 da Lei Complementar n. 123/2006 (microempresa e empresa de pequeno porte); Lei n. 8.935/94 (notários e registradores); art. 75 da Lei n. 4.728/65 (contrato de câmbio); arts. 517 e 528, § 1º, do Código de Processo Civil.

Indiretamente, encontramos regras que podem ser relacionadas ao protesto no mesmo Código Civil que trata de títulos de crédito (arts. 887 a 926) e de obrigações e contratos (arts. 233 a 853), esses últimos porque os documentos de dívida também constituem o objeto do protesto. Ainda por essa razão, se considerados documentos de dívida os títulos executivos, os arts. 515 e 784, ambos do Código de Processo Civil, carecem de integração com a figura do protesto. Não seria necessário dizer, por obviedade, que há entrelaçamento remoto do instituto com todo o ordenamento jurídico de que faz parte. Assim, na qualificação do título ou documento, o Tabelião não se furta a enfrentar questões formais relativas à capacidade, representação etc.

Mas o protesto de títulos e demais documentos de dívida, como todo o serviço registral e notarial, submete-se também a outra espécie de regramento – o regulamentar, consubstanciado frequentemente em normas gerais, de âmbito estadual e com natureza administrativa, estabelecidas pelas Corregedorias-Gerais da Justiça de cada unidade da Federação.

Ensina Aliende Ribeiro: "A Corregedoria-Geral da Justiça, órgão superior existente em todos os Tribunais, tem competência para o desempenho das etapas essenciais do processo de regulação: a aprovação das normas pertinentes (específicas para cada especialidade e consolidadas, em alguns Estados, com o título de Normas de Serviço ou Código de Normas), a implementação concreta dessas regras, a fiscalização do seu cumprimento e a punição das infrações".[1] Prossegue: "No âmbito estadual, as Corregedorias-Gerais da Justiça editam atos e decisões normativas inerentes à atividade regulamentar outorgada pela Constituição ao Poder Judiciário, que integram com as competências e atribuições constantes dos regimentos internos dos Tribunais respectivos".[2]

E conclui o autor:

> "A função normativa das Corregedorias-Gerais da Justiça compreende, ainda, as formas de atuação descritas por Maria Sylvia Zanella Di Pietro com relação à Anatel e à ANP, às quais reconhece, em razão de sua previsão constitucional como órgãos reguladores, a possibilidade, observada a lei, de baixar atos normativos para decidir casos concretos, interpretar ou explicitar conceitos indeterminados, a atribuição de definir e alterar cláusulas regulamentares dos contratos de concessão, ou, entendida a regulação como um novo tipo de direito, a possibilidade de produzi-lo mediante negociação, consenso e participação dos interessados".[3]

O Conselho Nacional de Justiça também exerce poder regulamentar em relação à atividade notarial e registral, que está sujeita, portanto, às resoluções, provimentos, recomendações ou quaisquer outros atos normativos baixados por aquele órgão.

3.2 EFEITOS DO PROTESTO

Neste passo são vistos os efeitos do protesto, mas algumas das consequências dele decorrentes acabaram sendo colacionadas incidentalmente em outros pontos desta obra, tais como a possibilidade de requerer a falência do devedor, de marcar o termo inicial do prazo para vencimento nas letras a certo tempo da vista, entre outros. Há efeitos, contudo, que merecem exame especial e sistematizado, a fim de que possam ser melhor apreendidos.

3.2.1 O efeito conservatório (protesto necessário e protesto facultativo)

Voltamo-nos agora às figuras dos protestos facultativo e necessário, recorrentes na quase totalidade das obras que versam sobre os títulos de crédito ou sobre o protesto, e esse interesse é plenamente justificado diante da importância da distinção. Também

---
1. RIBEIRO, Luis Paulo Aliende. *Regulação da função pública notarial e registral*. São Paulo: Saraiva, 2009, p. 168.
2. RIBEIRO, Luis Paulo Aliende. *Regulação da função pública notarial e registral*, p. 169.
3. RIBEIRO, Luis Paulo Aliende. *Regulação da função pública notarial e registral*, p. 170.

por razões didáticas, mas principalmente para frisar os efeitos do protesto em relação à esfera jurídica do portador, no tocante ao exercício de seus direitos cambiários, ganha relevo essa abordagem.

3.2.1.1 Algumas notas sobre os sujeitos da relação cambiária

a) A denominação legal.

Antes de passarmos ao exame daquelas figuras ou dos efeitos a elas atinentes, impõe-se breve introdução a respeito dos sujeitos indicados no título de crédito, ingressando, ainda que de passagem, em seara alheia ao objeto de nosso estudo, em digressão que se tem por oportuna, por ser necessário conhecer ou designar os sujeitos também atingidos pelos efeitos em tela.

Relevante se mostra a observação de que agora tratamos das cambiais e cambiariformes, regidas por leis específicas, às quais, por força do art. 903 do Código Civil, não se aplica a disposição do art. 914 do mesmo Código. Assim, no tocante à cláusula *à ordem* prevalecem as regras específicas. Portanto, a letra de câmbio, a nota promissória e o cheque têm implícita essa cláusula, que na duplicata é requisito essencial. Dessa maneira, naqueles títulos o endossante, mesmo sem cláusula expressa, como regra, pode responder pelo cumprimento da prestação constante da cártula.

Porém, vejamos a denominação usual com a observação de que é possível que existam, ainda, o avalista de cada um dos sujeitos passivos e de que o último endossatário é normalmente designado *portador*.

Duplicata: **A** saca uma duplicata (em razão de venda ou prestação de serviço) para ser paga a prazo por **B**. **A** é o *sacador* (vendedor ou prestador do serviço) e **B** é o *sacado* (comprador ou tomador do serviço).

Cheque: **A** emite um cheque para que o banco **B** pague certa quantia a seu portador. **A** é o *sacador*, *emitente*, ou *subscritor* (correntista), **B** é o *sacado* (banco ou instituição financeira). Se o portador for identificado na cártula, será o *beneficiário*, ou *tomador* (pessoa a quem se determina o pagamento).

Nota promissória: **A** emite uma nota promissória em que promete pagar certa quantia a **B**. **A** é o *emitente*, ou *sacador* (o devedor) e **B** é o *beneficiário* (o credor).

Letra de Câmbio: **A** saca uma letra de câmbio para que **B** pague certa quantia a **C**. **A** é o *sacador* (quem dá a ordem de pagamento), **B** é o *sacado* (quem deve pagar) e **C** é o *tomador*, ou *beneficiário* (a quem se deve pagar).

A propósito, há regramentos normativos estaduais dispondo que não poderão ser apontadas ou protestadas, por falta de pagamento, salvo se tiverem circulado por endosso, as letras de câmbio sem aceite, nas quais o sacador e o beneficiário-tomador sejam a mesma pessoa.

b) Devedor principal e devedor subsidiário.

É devedor principal (direto) aquele cujo pagamento do título extingue a obrigação cambiária nele contida, de maneira que suportará ele, em definitivo, a perda patrimonial decorrente desse pagamento, ou seja, não se pode voltar contra qualquer outro coobrigado para receber o que pagou. São devedores principais o sacado aceitante (nas duplicatas e letras de câmbio), o emitente de cheques e notas promissórias e o sacador de letra de câmbio e duplicata não aceita, bem como os respectivos avalistas. Aqui incluímos o sacado não aceitante, que é devedor em razão de aceite presumido (se houver) da duplicata.

Devedor subsidiário (indireto ou de regresso), ao inverso, é aquele que, efetuando o pagamento da obrigação, pode voltar-se contra outro coobrigado que o antecedeu para pleitear em ação cambiária o *regresso* do que pagou.

O avalista assume a mesma condição daquele em favor de quem lançou seu aval.

Exemplificando: João saca em favor de Pedro uma letra de câmbio, tendo Antônio como sacado. O tomador em seguida a endossa a Paulo, que lança novo endosso a José, e este, em uma última transmissão, endossa a Rosa. Em favor do sacador, Maria lança seu aval. Presumindo translativos os endossos, temos:

Paulo e José são necessariamente devedores subsidiários e Rosa (credora) é a portadora.

Havendo aceite, João (assim como Maria) também é devedor subsidiário e Antônio, principal.

Se o aceite inexiste, João (assim como Maria) é devedor principal e Antônio, para fins cambiários, não é devedor.

Cabe aqui a nota de que em duplicata a falta do aceite expresso, em regra, não afasta o sacado da condição de devedor, pois havendo prova da entrega e recepção da mercadoria ou da prestação do serviço, há aceite presumido que impõe àquele essa condição, mesmo para fins cambiais.

Porém, prosseguindo, destaca-se que a obrigação do aceitante e de todos os coobrigados é solidária, com a observação de que aquele que paga ao portador, se devedor subsidiário, com as observações que faremos, pode voltar-se contra seus antecessores, e não contra os que o seguiram na cadeia de endossos. O avalista será considerado imediatamente posterior ao avalizado. O pagamento por quem esteja em ponto intermediário dessa cadeia exonera os subsequentes.

No exemplo dado, a cadeia de endossos seria: Pedro – Paulo – José, sendo Rosa a última endossatária (portadora).

c) A cláusula *não à ordem*.

Aposta no título pelo sacador (letra de câmbio) ou emitente (nota promissória e cheque), essa cláusula impede a circulação do título por meio de endosso (admite-se transmissão pela forma de cessão). A aposição dessa cláusula não é admitida na duplicata, pois nela a cláusula *à ordem* é requisito essencial (art. 1º, § 1º, VII, da Lei n. 5.474/68).

d) A cláusula *sem garantia*.

Por permissão do art. 15, do Decreto n. 57.663/66, e do art. 21, parágrafo único, da Lei n. 7.357/85, os endossantes podem apor no título a cláusula *sem garantia* (alguns utilizam a expressão *não endossável*), o que os exime de garantir o pagamento aos endossantes posteriores.

e) O endosso póstumo.

Denomina-se endosso *póstumo* ou *tardio* aquele lançado após o protesto ou passado o prazo para apresentação ao sacado. Essa espécie apenas produz efeitos de cessão de crédito.

Postas essas breves considerações, vejamos as figuras que constituem, propriamente, o objeto deste capítulo e principiamos pelo protesto necessário, porque depois, por exclusão, chegaremos ao facultativo.

3.2.1.2 O protesto necessário (conservatório)

Pelos efeitos do protesto necessário, é possível defini-lo como sendo o ato indispensável para que o portador conserve determinados direitos.

Com advertência sobre a denominação *protesto obrigatório*, que alguns utilizam para designar a figura agora versada, com propriedade, Luiz Emygdio Rosa Jr. assim se expressa: "Não consideramos correta a expressão 'protesto obrigatório' porque ninguém pode ser compelido a praticar qualquer ato sem ou contra a sua vontade. Assim, preferimos a referência a protesto necessário porque a sua falta prejudica direitos do portador do título de crédito, máxime a perda do direito de ação em relação aos devedores indiretos".[4]

Apresentando fundamento semelhante, Vicente Amadei assevera que protesto necessário é *um ônus (não um dever) do legítimo portador do título*.[5] E esclarece que o cotejo com o protesto facultativo "tem em conta a distinção dos protestos conforme os efeitos que gera na esfera jurídica do portador e, assim, se diz que o protesto é necessário quando sua falta gera perda de algum direito ao portador ou não o habilite para determinada ação, e facultativo quando pode ser dispensado sem prejuízo algum ao legítimo portador".[6]

São várias as hipóteses de protesto necessário, elencando-se, a seguir, algumas delas, previstas na Lei Uniforme (Decreto n. 57.663/66):

a) para que o endosso produza seus efeitos cambiários, pois aquele lançado após o protesto (endosso *póstumo* ou *tardio*) produz efeito de cessão de crédito (art. 20, 1ª alínea);

b) para o portador da letra de câmbio a certo termo de vista, sem data, exercitar seu direito de regresso contra os endossantes e o sacador (protesto por falta de data de aceite) (art. 25, segunda parte);

---
4. ROSA JUNIOR, Luiz Emygdio Franco da. *Títulos de crédito*, p. 388.
5. AMADEI, Vicente de Abreu; DIP, Ricardo (Coord.) et al. *Introdução ao direito notarial e registral*, p. 82.
6. AMADEI, Vicente de Abreu; DIP, Ricardo (Coord.) et al. *Introdução ao direito notarial e registral*, p. 82.

c) para o portador da letra de câmbio, no caso de protesto por falta de aceite (recusa), mover ação cambiária, mesmo antes do vencimento, contra os coobrigados (hipóteses do art. 43);

d) para o portador da letra assegurar a possibilidade de exercitar seus direitos de regresso contra os coobrigados, tanto por falta de aceite quanto de pagamento (art. 44 e 53, 2ª alínea).

Há outras hipóteses em que o protesto se mostra imprescindível ao exercício do direito:

a) para o portador da duplicata exercer seus direitos creditícios em relação aos coobrigados e seus avalistas (art. 13, § 4º, da Lei n. 5.474/68);

b) para o exercício de ação cambial contra o sacado não aceitante da duplicata, nos termos do art. 15, II, *a*, da Lei n. 5.474/68 (casos de aceite presumido);

c) para requerer, como visto em capítulo específico, a falência do devedor (art. 94, I, da Lei n. 11.101/2005);

d) para que se possa promover a execução do contrato de câmbio (art. 75 da Lei n. 4.728/65).

Há, por certo, várias hipóteses não cotejadas neste tópico, algumas examinadas em outros pontos desta obra. No entanto, de maneira geral, podemos dizer que o protesto necessário alça destacado relevo, por possibilitar ao portador do título o exercício do direito de regresso contra devedores indiretos (devedores de regresso) ou contra o sacador. Perceba-se que o sacador de letra de câmbio ou duplicata nem sempre é devedor direto (somente o será na falta do aceite), embora seja sempre coobrigado. Portanto, mesmo na letra ou duplicata sem aceite, o exercício de regresso contra ele carece do protesto.

Note que, se um dos devedores indiretos paga o valor do título ao credor, tornando-se, então, seu portador, sujeita-se, com as observações lançadas, às mesmas normas que impõem ao primeiro (credor originário) o protesto necessário, caso pretenda exercer seu direito de regresso.

Fábio Ulhoa adverte que se deve "evitar, em relação à duplicata mercantil a classificação do protesto em necessário ou facultativo, para fins de conservação do direito cambiário, porque ela somente tem pertinência quando praticado o aceite ordinário ou por comunicação. Se o aceite é presumido, o protesto é indispensável".[7] Não se vê maior relevo na distinção, pois, se o portador pretender exercitar o direito de regresso ou a ação direta contra o sacado não aceitante, o protesto será imprescindível.

Não obstante, o Superior Tribunal de Justiça, em situação específica, dispensou o protesto da duplicata sem aceite: "RECURSO ESPECIAL. TÍTULOS DE CRÉDITO. DUPLICATA SEM ACEITE. DÍVIDA QUITADA. CIRCULAÇÃO DO TÍTULO. DIREITO DE REGRESSO. PROTESTO. DESNECESSIDADE. RESSALVA PARA ASSEGURAR O DIREITO DO ENDOSSATÁRIO. 1. Poderá exercer o direito de regresso, mesmo sem

---

7. COELHO, Fábio Ulhoa. *Curso de direito comercial*, p. 460.

protesto, o endossatário da duplicata sem aceite que tenha circulado. 2. Pode ser sustado o protesto e anulada a duplicata sem aceite que esteja esvaziada de seu conteúdo causal, por não ter sido consumado o negócio subjacente, mas assegurando-se o direito de regresso do endossatário de boa-fé. 3. Recurso especial provido".[8]

3.2.1.2.1 A cláusula sem protesto

Em conformidade com o art. 46 do Decreto n. 57.663/66, a aposição no título da cláusula *sem protesto*, *sem despesa*, ou outra com expressão equivalente, dispensa o portador de promover o protesto, que passa a ser facultativo. Essa cláusula pode ser inserida pelo sacador (e produz efeitos em relação a todos os coobrigados), ou por um endossante ou por avalista (e somente produzirá efeitos em relação a ele). Assim, se o sacador inseriu a cláusula, o portador pode mover ação cambiária contra qualquer coobrigado nos termos da lei, independente de protesto.

Se um endossante fez a inserção, o portador fica dispensado do protesto apenas se pretender exercitar contra ele seus direitos cambiários. Nessa hipótese, o protesto será facultativo, pois o credor poderá provar por outros meios que apresentou o título ao sacado. Se, contudo, deseja reivindicá-los do sacador, ou de qualquer outro coobrigado, nos casos que examinamos, o protesto será necessário.

3.2.1.3 Protesto facultativo (probatório)

Vista a figura necessária, sem maior dificuldade, conclui-se que protesto facultativo é aquele que tem apenas a função probatória (nos referimos ao ato, e não ao procedimento, que tem a finalidade de satisfação da obrigação) e pode ser dispensado sem qualquer prejuízo ao portador.

Para ilustração de ambas as figuras, tomemos outro exemplo:

João emite uma duplicata, tendo Antônio como sacado. Em seguida, a endossa a Paulo, que lança novo endosso para José, e este, em uma última transmissão, endossa a Rosa. São translativos os endossos.

Pensemos nas seguintes situações:

Rosa pretende receber seu crédito. Se quiser voltar-se contra João (sacador), Paulo ou José (coobrigados), o protesto é necessário. Note-se que havendo ou não aceite, o protesto se impõe.

Imaginemos que, instado, Paulo efetuou o pagamento a Rosa. Esse pagamento exonera José e, para exercitar seu direito cambiário contra João, será preciso que ele (Paulo) promova o protesto (necessário), haja ou não aceite.

Mas se Rosa objetiva ação contra Antônio (sacado) – e aqui já não se trata de direito de regresso, duas hipóteses podem surgir: a) se há aceite, o protesto é facultativo; b) se não há aceite expresso, o protesto é necessário (art. 15, II, *a*, da Lei n. 5.474/68).

---

8. STJ, REsp 1.020.066, Rel. Min. João Otávio de Noronha.

Com relação ao cheque, o protesto que autoriza a ação de regresso pode ser substituído pelas declarações do inciso II do art. 47 da Lei n. 7.357/85, conforme seu § 1º, o que, na prática, acaba tornando escasso o protesto necessário, pois o art. 6º da Lei n. 9.492/97 dispõe que no que se refere a esse título, dele deve "constar a prova de apresentação ao Banco sacado, salvo se o protesto tenha por fim instruir medidas pleiteadas contra o estabelecimento de crédito". Assim, o protesto, salvo se almejar instruir ação contra o estabelecimento de crédito, será sempre precedido da declaração que o substitui, com os requisitos do citado inciso II.

Além dos efeitos relativos ao caráter probatório ou conservatório do protesto e daqueles tratados de maneira esparsa, há ainda os seguintes:

3.2.2 O efeito moratório

O efeito moratório, denominado *efeito constitutivo* por alguns, caracteriza-se por constituir em mora o devedor.

Em termos gerais e sem prejuízo do disposto nos arts. 394 e 397, ambos do Código Civil, estabelece o art. 40 da Lei n. 9.492/97 que "não havendo prazo assinado, a data do registro do protesto é o termo inicial da incidência de juros, taxas e atualizações monetárias sobre o valor da obrigação contida no título ou documento de dívida".

Luiz Emygdio, contudo, adverte que "não se aplica aos títulos cambiários o disposto no art. 40 da Lei 9.492/97, pelo qual, não havendo prazo assinado, a data do registro do protesto é o termo inicial da incidência de juros de mora e atualizações monetárias sobre o valor da obrigação contida no título porque a matéria é regrada por legislação específica. A correção monetária incide a partir do vencimento do título e não do protesto ou do ajuizamento da ação".[9]

3.2.3 O efeito de fixar o termo legal da falência

O primeiro protesto, nos termos do art. 99, II, da Lei n. 11.101/2005, serve para fixar o termo legal da falência e esse marco traz uma série de importantes consequências previstas na referida lei, cujo exame não se inclui no objeto deste trabalho.

Segundo o artigo 99, inciso II, da Lei 11.101/2005, a sentença que decretar a falência do devedor, entre outras determinações, *"fixará o termo legal da falência, sem poder retrotraí-lo por mais de 90 (noventa) dias contados do pedido de falência, do pedido de recuperação judicial ou do 1º (primeiro) protesto por falta de pagamento, excluindo-se, para esta finalidade, os protestos que tenham sido cancelados"*

Marcelo Bertoldi explica: "tem-se por termo legal da falência o período anterior à sentença dentro do qual a lei presume que o devedor já estaria em estado de insolvência".[10]

---

9. ROSA JUNIOR, Luiz Emygdio Franco da. *Títulos de crédito*, p. 387.
10. BERTOLDI, Marcelo M Ribeiro; PEREIRA, Márcia Carla. *Curso Avançado de Direito Comercial*, cit., p. 583.

E, prossegue o autor, esclarecendo que "no termo legal, as condutas do empresário são colocadas sob suspeita, são passíveis de terem seus efeitos afastados".[11]

3.2.4 O efeito de interromper a prescrição

O art. 202, III, do Código Civil dispõe que o protesto cambial interrompe a prescrição. Registre-se que essa interrupção se refere apenas ao *protesto cambial* e que a hipótese do inciso II do mesmo artigo relaciona-se ao *protesto judicial*.

Anota-se, no entanto, a existência de pensamento diverso e majoritário, que dá interpretação extensiva ao dispositivo mencionado, para abranger a prescrição da pretensão relativa também a outros documentos de dívida, o que se permitiria em face da amplitude contida no art. 1º da Lei n. 9.492/97.

Não obstante esse registro, é preciso considerar que o dispositivo é claramente taxativo e menciona apenas o protesto cambial. O Código Civil, não nos esqueçamos, é posterior à Lei n. 9.492/97, de maneira que se reitera a posição de aplicação da regra em comento apenas aos títulos de crédito.

Sobre a data em que se considera interrompida a prescrição, também não há uniformidade. Mario Camargo Neto, citando importante doutrina, sustenta que a interrupção se dá no momento da apresentação, apenas se consumando, contudo, com a lavratura do protesto.[12]

Embora se reconheça a relevância dos fundamentos da posição acima exposta, temos outro entendimento, sempre atentos ao princípio da legalidade e às regras de interpretação da norma jurídica.

O artigo 202, III do CC é claro ao dizer que o "protesto" cambial interrompe a prescrição. A Lei 9.492/97, por sua vez, é clara ao definir que somente haverá protesto nos casos do artigo 20 (inexistência de vício formal, pagamento, desistência ou sustação), configurada (art. 21) a falta de pagamento, de aceite ou devolução. É muito clara, assim, a distinção entre protesto e apresentação a protesto, pois esta pode não resultar naquele.

Admitida a apresentação como fato interruptivo da prescrição, poderíamos ter situação em que esta se daria, ainda que o título apresentado fosse devolvido por vício formal, ou em que o apresentante desistisse do protesto. E pensamos não ser lícito condicionar a eficácia da apresentação como marco interruptivo à lavratura do protesto, pois não há base legal para tanto. Da mesma forma, inexiste norma que permita a retroatividade da interrupção (pela lavratura do protesto) à data da apresentação.

Não é adequada a analogia com o artigo 240 e seu § 1º do Código de Processo Civil, pois o ato de protesto em nada se parece com a citação. Ao contrário, é o fim do procedimento para protesto, enquanto que aquela está no início do processo.

---

11. BERTOLDI, Marcelo M Ribeiro; PEREIRA, Márcia Carla. *Curso Avançado de Direito Comercial*, cit., p. 583-584.
12. CAMARGO NETO. Mario. GENTIL. Alberto (Coord.) *Tabelião de protesto*, em *Registros públicos*. São Paulo: Método, 2020, p. 878-879.

Vejamos alguns julgados de cuja fundamentação é possível inferir que é o ato de protesto (lavratura ou registro) que interrompe a prescrição e não a simples apresentação protesto (com grifo nosso):

> "Entretanto, Código Civil, em seu artigo 202, III, prevê expressamente que o protesto cambial interrompe a prescrição, conforme também segue sua reprodução: "Art. 202. A interrupção da prescrição, que somente poderá ocorrer uma vez, dar-se-á: I – por despacho do juiz, mesmo incompetente, que ordenar a citação, se o interessado a promover no prazo e na forma da lei processual; II – por protesto, nas condições do inciso antecedente; III – por protesto cambial; IV – pela apresentação do título de crédito em juízo de inventário ou em concurso de credores; V— por qualquer ato judicial que constitua em mora o devedor; VI – por qualquer ato inequívoco, ainda que extrajudicial, que importe reconhecimento do direito pelo devedor. Parágrafo único. A prescrição interrompida recomeça a correr da data do ato que a interrompeu, ou do último ato do processo para a interromper." (os grifos não constam no original). A presente ação monitória foi proposta em 05/09/2017, e os 25 cheques que são objeto da ação monitória foram emitidos no período de 10/01/2012 a 10/01/2014. Em 05/06/2013, **foram protestados** os 17 cheques emitidos no período de 10/02/2012 a 10/05/2013. Assim, em relação a estes, o prazo prescricional para o exercício da pretensão teria seu termo final em 05/06/2018."[13]

> "É possibilitada a interrupção do prazo uma única vez (*caput* do art. 202, CC), de forma que a contagem do prazo prescricional foi retomada dos **atos de protesto**; assim, os títulos estão efetivamente prescritos e desprovidos de eficácia executiva, já que a ação de execução por quantia certa contra devedor solvente deveria ter sido ajuizada até o mês de novembro (DMI 243242) e dezembro de 2015 (demais duplicatas), mas o foi somente no dia 25/04/2016, após o transcurso do prazo trienal. Ressalta-se que o prazo quinquenal defendido pelo exequente é cabível para cobrança de duplicatas, nos termos do art. 206, § 1º, I, CC, cujo prazo também seria contado a partir da **data do protesto**; todavia, conforme bem fundamentado pelo juízo "a quo", aplicável é o prazo quinquenal para ações que objetivem exercício do direito de seu crédito, como a ação monitória ou de cobrança; o prazo de 05 anos não é aplicável para execução extrajudicial."[14]

> "Pela leitura detida dos autos originários, depreende-se que, a execução foi aparelhada com nota fiscal de fls. 16 dos autos originários emitida no dia 07.5.2011 com aposição de assinatura ao lado de carimbo da executada, ora agravante, no campo próprio para comprovação de recebimento de mercadorias. Às fls. 17 da execução consta **"Instrumento de Protesto"** lavrado em 1º.8.2011, interrompendo o prazo prescricional, nos termos do artigo 202, inciso III, do Código Civil."[15]

> "Assim, o prazo prescricional de seis meses teve seu início em 29/09/2008, portanto, com seu "dies a quo" fixado para 28/03/2009. Todavia, antes do decurso do lapso temporal da prescrição executiva, o cheque **foi protestado**, conforme **instrumento de protesto** de fls. 20, **lavrado em 09/02/2009**. Note-se que nos termos do artigo 202 do Código Civil "interrupção da prescrição, que somente poderá ocorrer uma vez, dar-se-á: (...) III – por protesto cambial". Assim, o protesto extrajudicial constitui causa de interrupção da prescrição da pretensão do apelado, permanecendo íntegra a força executiva do cheque. Frise-se que com a realização do protesto, o prazo prescricional de seis meses retomou seu curso e somente se escoaria em **08/08/2009**."[16]

> "Por outro lado, a Súmula 153 do STF está superada, por ser anterior à regra do artigo 202, inciso III, do atual Código Civil, que estipula que o protesto de título cambial interrompe a prescrição. No caso presente, as notas promissórias possuem vencimentos para 10.01, 10.02 e 10.03.2007. **Os protestos**

---

13. TJSP - Apelação Cível nº 1025389-40.2017.8.26.0562 – Rel. Roberto Mac Cracken.
14. TJSP – Apelação 1003032-34.2016.8.26.0099 – Rel. José Wagner De Oliveira Melatto Peixoto.
15. TJSP – AG.INSTR 2085139-56.2018.8.26.0000 – Rel. Roberto Mac Cracken.
16. TJSP – Apelação 1080045-77.2014.8.26.0100 – Rel. Mendes Pereira.

foram lavrados em 16.03.2007, 12.11.2007 e 20.06.2008. O prazo prescricional é de cinco anos, ante o teor do contido no artigo 206, § 5º, inciso I, do Código Civil. A ação foi proposta antes do vencimento do prazo prescricional, em 12.03.2012."[17]

O Superior Tribunal de Justiça, no Recurso Especial 1.639.470, que teve como relatora a Ministra Nancy Andrigh, em sua fundamentação, assim pontuou:

"Da definição acima, extrai-se que o protesto cambial apresenta, por excelência, natureza probante, tendo por finalidade precípua servir como meio de prova da falta ou recusa do aceite ou do pagamento do título de crédito. Como leciona Cláudio SANTOS, "**lavrado** por quem tem fé pública, o protesto, antes do mais, testifica a inadimplência da obrigação cambial", nisso residindo sua "razão fundamental" (Do protesto de títulos de crédito. In: Direito Empresarial: títulos de crédito, vol. V. São Paulo: Editora Revista dos Tribunais, 2011, p. 841). Contudo, **os efeitos do protesto** não se exaurem no aspecto probatório. Sem mencionar aqueles de natureza estritamente cambial (como, por exemplo, assegurar o exercício do direito de regresso contra os endossantes), Emanoel Macabu MORAES (Protesto notarial. São Paulo: Saraiva, 3ª ed., 2014, p. 196-200) elenca os seguintes efeitos: I. **Interrompe a prescrição** (arts. 189 e 202, III e VI, do CC/02); II. Demarca o termo inicial dos juros, taxas e correção monetária (art. 40 da Lei n. 9.492/97 e art. 1º, § 3º, do Decreto n. 22.626/33); III. Comprova a mora, quando não fixada na avença ou na lei (art. 397, parágrafo único, do CC; art. 1.071 do CPC, e art. 2º, § 2º, do Decreto-lei n. 911/69); IV. É requisito essencial para a propositura de ação de falência de empresário com base na impontualidade (art. 94, I, e § 3º, da Lei n. 11.101/2005 e art. 23, parágrafo único, da Lei n. 9.492/97); V. Serve como um dos critérios para a fixação do termo legal da falência, o qual pode retroagir, por sentença, até 90 dias, contados do primeiro protesto por falta de pagamento não cancelado (art. 99, II, da Lei n. 11.101/2005), ocasionando a ineficácia dos atos praticados dentro desse período (art. 129, I, II e III, da Lei n. 11.101/2005); VI. De forma idêntica, serve como marco inicial para a liquidação extrajudicial das pessoas jurídicas sujeitas a esse regime, retrotraindo em até 60 dias contados do primeiro protesto por falta de pagamento (art. 15, § 2º, da Lei n. 6.024/74)."

Note-se que o julgado se refere a todos os efeitos do ato de protesto e entre eles inclui a interrupção da prescrição. E prossegue:

"Na espécie, consoante se extrai da sentença (e-STJ fl. 102), a nota promissória foi supostamente sacada pela recorrida com vencimento em 29/06/2003, ao passo em que o protesto foi lavrado na data de 19/04/2012, ou seja, indubitavelmente após o decurso do prazo trienal da execução cambial. Assim, imperiosa a conclusão de que o **protesto**, de fato, foi **realizado** de forma extemporânea."

Dessa forma, pensamos que a prescrição é interrompida na data da lavratura do protesto e não na data da apresentação.

3.2.5 O efeito da publicidade

Os arts. 27 a 31 da Lei n. 9.492/97 contêm um dos principais efeitos do protesto – a publicidade, mas esta somente se verifica em relação aos protestos lavrados (e, em consequência, registrados), e não cancelados. Assim, o ato de protesto é que ganha publicidade, por meio da emissão de certidões e informações.

Os demais atos que integram o procedimento do protesto não são dotados de publicidade.

---

17. TJSP – Apelação 0002454-97.2012.8.26.0400 – Rel. Edson Luiz de Queiroz.

Considerando a redação do art. 27 da Lei n. 9.492/97, temos que o *caput* menciona *protesto específico* e depois, no § 2º, refere-se a *registros*. Resta evidente, assim, que a publicidade passará a existir com o registro do protesto, e não antes, concluindo-se que as certidões devem conter apenas anotação sobre a existência ou inexistência de protesto.

A essa conclusão também é possível chegar por meio da leitura do § 2º do mesmo artigo: "Das certidões não constarão os registros cujos cancelamentos tiverem sido averbados, salvo por requerimento escrito do próprio devedor ou por ordem judicial". Enquanto não houver o protesto, não se deve dar publicidade aos dados do título ou documento protocolizados.

Sobre o tema, já tivemos oportunidade de advertir:

> "A intimação por edital não é consequência do Princípio da Publicidade, que se destina a tornar disponíveis as informações do protesto. A publicação do edital é, na verdade, uma exceção ao sigilo dos dados do protocolo e a divulgação de alguns daqueles dados dá-se com a finalidade exclusiva de permitir ao devedor o conhecimento do aponte e do prazo e forma de pagamento no Tabelionato, a fim de ilidir o protesto. Não se destina o edital a conhecimento público, embora, inevitavelmente, tal acabe ocorrendo".[18]

As certidões são vistas adiante, com enfoque específico.

3.2.6 O efeito do abalo no crédito do devedor

Trata-se de decorrência direta da publicidade do protesto, que se amplia com a remessa das certidões em forma de relação às entidades de proteção ao crédito e com a multiplicação de bancos de consulta gratuita disponibilizados pelos próprios Tabeliães de Protesto, por meio das entidades que os agrupam.

Dessa forma, a existência de protesto não cancelado em nome de determinada pessoa, muito provavelmente, acarretará a ela restrições creditícias, o que, é sempre oportuno repetir, não configura constrangimento repreensível sob qualquer ponto de vista, seja ético ou jurídico, pois a quem está na iminência de conceder crédito a outrem deve ser assegurado o direito de conhecer a precedente conduta daquele que está para ser beneficiado. Não se olvide que muitas vezes quem concede o crédito é o pequeno comerciante, que para sobrevida de seu negócio depende de que a dívida seja honrada.

Assim, é fato que o protesto tem o legítimo efeito de gerar o abalo no crédito do devedor, e é esse um dos principais fatores que levam a altos índices de satisfação da obrigação, pois muitas vezes a interrupção do crédito leva o inadimplente a abandonar sua conduta protelatória para solver a dívida.

Acerca do tempo de permanência das informações restritivas em bancos de dados geridos por entidades de proteção ao crédito, o Superior Tribunal de Justiça, com efeito *erga omnes*, decidiu o seguinte:

---

18. BUENO, Sérgio Luiz José. *O protesto de títulos e outros documentos de dívida* – aspectos práticos. Porto Alegre: Fabris Editor, 2011, p. 28.

"Em razão do respeito à exigibilidade do crédito e ao princípio da veracidade da informação, o termo inicial do limite temporal de cinco anos em que a dívida pode ser inscrita no banco de dados de inadimplência é contado do primeiro dia seguinte à data de vencimento da dívida."[19]

Embora um dos efeitos da lavratura do protesto seja o abalo no crédito do devedor, é preciso ressaltar que há diferenças entre o procedimento para protesto e a negativação pura e simples, tanto do ponto de vista da segurança jurídica, como da eficácia prática de ambos. Vejamos:

O procedimento para protesto é dotado de oficialidade (serviço público), sendo regido primordialmente pelo princípio da segurança jurídica. Na negativação não há o caráter de oficialidade, prevalecendo, ainda que aplicável o Código de Defesa do Consumidor, a natureza privada da relação.

No procedimento para protesto a intimação é realizada com prova de sua entrega no endereço do devedor. Na negativação, basta a prova da remessa de comunicação da existência da dívida, o que limita, portanto, a possibilidade de pagamento e de defesa do devedor, aumentando o risco de judicialização.

No procedimento para protesto ocorre a qualificação, com exame dos requisitos formais do documento, o que diminui a incidência de possível questionamento judicial. Não há na negativação essa análise técnico-jurídica, o que aumenta os riscos de inscrição indevida.

No próprio curso do procedimento para protesto é possível a obtenção de pagamento. No procedimento para negativação, o pagamento somente pode ser feito diretamente ao credor.

Efetuado o pagamento após o protesto, o cancelamento, salvo no caso de protesto indevido, é ônus do devedor, como se vê nesta obra, no capítulo em que tratamos do cancelamento do protesto. Se ocorreu a simples negativação, efetivado o pagamento, incumbe ao credor providenciar a baixa na restrição.

A lavratura do protesto, além de observar os itens acima elencados, também acarreta a negativação junto aos entes de proteção ao crédito, sendo, portanto, medida mais ampla.

---

19. STJ – Resp. 1.630.659 – Rel. Min. Nancy Andrighi.

SEGUNDA PARTE
Abrangência do protesto

4
Objeto do Protesto – Títulos

Como primeiro passo para verificarmos a abrangência do protesto, neste e nos próximos capítulos, delimitaremos seu objeto e depois o classificaremos. Ao tratarmos do objeto, será preenchido o campo sobre o qual se assenta o instituto em seu aspecto material. Principiamos com o estabelecimento horizontal desse objeto, incluindo-se no círculo de sua abrangência as figuras cujo protesto seja admitido por nosso Direito. Em sequência, haverá breve detalhamento para trazer à baila informações específicas sobre o protesto de alguns dos títulos e documentos apresentados aos serviços de protesto.

Sintetizando, atentos ao disposto já no art. 1º da Lei n. 9.492/97, temos que o objeto do protesto é composto por títulos e outros documentos de dívida.

Neste capítulo, trataremos do protesto de títulos.

4.1 O PROTESTO DE TÍTULOS

A lei refere-se aos títulos de crédito. Um conceito legal pode ser encontrado no art. 887, do Código Civil, que, não obstante a farta doutrina existente a respeito desse tema, define a figura em estudo como o *"documento necessário ao exercício do direito literal e autônomo nele contido"*.

Regulam-se, de maneira geral, pelo Código Civil (arts. 887 a 926) ou por leis especiais, como se dá com as cambiais (letra de câmbio e nota promissória) e cambiariformes (duplicata, cheque, *warrant*, cédulas e notas de crédito, e outros eventualmente criados pela legislação).

Sobre a regulação desses títulos, há de prevalecer a regra específica, como dispõe o art. 903, do citado Código: "Salvo disposição diversa em lei especial, regem-se os títulos de crédito pelo disposto neste Código". Além dos que já existem, é possível que a lei crie novos títulos de crédito, mas tanto estes como os que já existiam anteriormente serão regrados pelas normas gerais do Código Civil apenas se outra lei não contiver regramento específico.

Tomemos o seguinte exemplo, ao qual rapidamente nos referimos anteriormente: dita o art. 914 do Código Civil que, "ressalvada cláusula expressa em contrário, constante do endosso, não responde o endossante pelo cumprimento da prestação constante do título". No entanto, o art. 21 da Lei n. 7.357/85 (Lei do Cheque), em orientação oposta, diz o seguinte: *"salvo estipulação em contrário, o endossante garante o pagamento"*. Dessa maneira, ao cheque aplica-se a Lei do Cheque, e não o Código Civil, embora seja posterior.

Os títulos de crédito não se confundem com os títulos de legitimação, que são documentos comprobatórios de um direito obrigacional e também circulam, ainda que por simples tradição, impondo-se ao devedor cumprir essa obrigação em favor do credor originário ou do portador. Como exemplos, são citados ingresso de cinema e bilhete de loteria premiado.

Da mesma forma, não são títulos os documentos de legitimação que se destinam a provar um direito, e não a constituí-lo. A doutrina traz como exemplos a passagem de ônibus, as notas fiscais e o vale-refeição.

Passamos agora ao exame de determinados aspectos de alguns títulos que podem direta ou indiretamente, em razão da qualificação a que estão sujeitos, relacionar-se com o protesto.

4.2 O PROTESTO E A NOTA PROMISSÓRIA

4.2.1 A nota promissória sem data

> "Se a data de emissão da nota promissória, requisito essencial constante do n. 6 do referido artigo, não foi aposta nas cártulas, estas não se constituem em título exigível a amparar o processo de execução."[1]

Porém, se a nota sem data está vinculada a contrato, "descabe extinguir a execução pelo só fato de inexistir data de emissão da nota promissória, quando possível tal aferição no contrato a ela vinculado, mesmo porque 'a cambial emitida ou aceita com omissões, ou em branco, pode ser completada pelo credor de boa-fé antes da cobrança ou do protesto' (Súmula 387/STF)".[2]

4.2.2 A nota promissória vinculada a contrato

Quanto à correção:

> "CORREÇÃO MONETÁRIA. **NOTA PROMISSÓRIA** À VISTA. CONTRATO DE ABERTURA DE CRÉDITO. DATA INICIAL DA CORREÇÃO. A **nota promissória** à vista, emitida em garantia de contrato de financiamento onde estipulada a correção monetária, pode ter seu valor corrigido desde a data do vencimento do contrato. Recurso não conhecido".[3]

Decidiu-se, ainda:

> "DIREITO PROCESSUAL CIVIL. EXECUÇÃO POR TÍTULO EXTRAJUDICIAL. CONTRATO DE EMPRÉSTIMO SEM A ASSINATURA DE DUAS TESTEMUNHAS. EXISTÊNCIA DE NOTA PROMISSÓRIA EMITIDA CONCOMITANTEMENTE À CONTRATAÇÃO, COM BASE NO VALOR DA OPERAÇÃO. POSSIBILIDADE. VALIDADE DO TÍTULO EXECUTIVO. Em linha de princípio, o contrato, ainda que não assinado por duas testemunhas, consubstancia um acordo válido, salvo nas hipóteses expressas previstas em lei. A falta da assinatura das testemunhas somente lhe retira a eficácia de título executivo (art. 585, II, do CPC), não a eficácia de regular instrumento de prova quanto a um ajuste de vontades.

---

1. TJDF, Ap. Cível 20090111146007, Brasília, 2ª Turma Cível, Rel. Des. Nilsoni de Freitas, *DJ* 9-4-2010.
2. STJ, REsp 968.320, Rel. Min. Luis Felipe Salomão.
3. STJ, REsp 174.550, Min. Ruy Rosado de Aguiar.

Sendo válido o contrato de financiamento, a nota promissória emitida como garantia também é válida, em especial se inexistirem elementos capazes de indicar que seu preenchimento se deu em momento posterior ao ajuste, em desconformidade com a vontade do devedor. A ausência de duas testemunhas no contrato, portanto, não retira da cambial sua eficácia executiva. Precedentes do STJ (REsp 999.577/MG)".[4]

Sobre o tema em estudo, dita a Súmula 258, do Superior Tribunal de Justiça: "A nota promissória vinculada a contrato de abertura de crédito não goza de autonomia em razão da iliquidez do título que a originou".

4.2.2.1 Nota promissória pro solvendo e pro soluto

Ainda no campo da nota promissória vinculada a contrato, temos que pode ser ela emitida *pro solvendo*, ou seja, *para pagamento*, ou *pro soluto*, isto é, *em pagamento*.[5] Para melhor compreensão, tomemos o seguinte exemplo: João celebra com Joaquim um contrato de compra e venda de um carro, que deverá ser pago em dez parcelas iguais, todas elas representadas por notas promissórias com natureza *pro solvendo*. Os títulos representam a própria obrigação contratual a que se vinculam. O contrato, no que diz respeito ao preço, será cumprido com o pagamento das notas promissórias. Assim, o inadimplemento tanto pode dar margem, alternativamente, à execução dos títulos não pagos ou à rescisão do contrato e cobrança dos encargos ajustados, inclusive cláusula penal.

Se, no mesmo exemplo, os títulos fossem emitidos *pro soluto*, ou seja, se fossem dados em pagamento pelo bem, e não como figuras representativas das parcelas a pagar, o contrato seria considerado cumprido e já não caberia sua rescisão (dar-se-ia novação). Em caso de inadimplemento, restaria apenas a execução cambial.

Para saber se ocorre uma ou outra hipótese, é necessário analisar o contrato. Nada explicitado, tem-se que a emissão deu-se *pro solvendo*.

A relevância dessa distinção para a qualificação do título apresentado a protesto diz respeito à necessidade de se exigir ou não o contrato vinculado à nota promissória apresentada. Sendo evidente já pelo exame do título a natureza *pro soluto*, dispensável é a apresentação do contrato. Se, ao contrário, inexistir essa evidência ou se estiver patente o caráter *pro solvendo*, impõe-se o cotejo pelo Tabelião do contrato e do título.

Note-se que a vinculação afasta a autonomia, como decidiu o Superior Tribunal de Justiça: "*A vinculação de uma nota promissória a um contrato subtrai a autonomia do título cambial, mas não, necessariamente, a sua executoriedade. A executoriedade do título só estará comprometida se o contrato respectivo não for capaz de refletir uma dívida líquida e exigível, hipótese não observada nos autos*".[6]

---

4. TJMG, Ap. Cível 1.0024.09.725939-4/001, Belo Horizonte, 17ª Câmara Cível, Rel. Des. Lucas Pereira, *DJ* 10-1-2011.
5. ROSA JUNIOR, Luiz Emygdio Franco da. *Títulos de crédito*, p. 506.
6. STJ, AgRg nos Edecl no REsp 1.043.911, Rel. Min. Sidnei Beneti.

4.3 O PROTESTO E A DUPLICATA

4.3.1 A duplicata como título causal e os requisitos para protesto

A duplicata é título causal, ou seja, apenas pode ser emitida em razão de compra e venda mercantil ou de prestação de serviço. Na prática, os tabelionatos têm recebido duplicatas emitidas em razão das duas causas referidas. Normalmente, por essas normas, em relação a ambas, o título apresentado a protesto deve estar acompanhado de prova do vínculo contratual e de comprovantes da entrega e recepção da mercadoria, ou da efetiva prestação do serviço, conforme o caso. Contudo, tem sido admitida declaração substitutiva, ou seja, o apresentante declara que tem em seu poder os documentos comprobatórios referidos, comprometendo-se a apresentá-los, quando exigido.

Uma observação há de ser feita. A prova documental do vínculo nem sempre é possível, mesmo porque boa parte dos contratos que ensejam a extração de duplicatas é *não solene*, podendo, portanto, ter a forma verbal. Dessa maneira, a exigência haveria de ser reavaliada pelo próprio Tabelião, pois muitas vezes a prova do cumprimento do ajuste servirá também para demonstrar sua existência. Nesse aspecto, cada caso deverá ser analisado de per si.

4.3.2 A duplicata virtual

Dispõe o parágrafo 1º do art. 8º da Lei n. 9.492/97: "Poderão ser recepcionadas as indicações a protestos das duplicatas mercantis e de prestação de serviços, por meio magnético ou de gravação eletrônica de dados, sendo de inteira responsabilidade do apresentante os dados fornecidos, ficando a cargo dos Tabelionatos a mera instrumentalização das mesmas".

A Lei do Protesto trouxe ao universo jurídico drástica e benéfica alteração ao introduzir em texto normativo a chamada *duplicata virtual*, ou seja, aquela que é emitida em meio magnético ou de gravação eletrônica de dados. Não há emissão em papel. Desde o primeiro momento, cumpridos os requisitos legais para a emissão, extrai-se a duplicata pelos meios referidos, que assim circula, materializando-se apenas se apresentada a protesto, no tabelionato que a receber.

Não se confunde essa permissão com a do § 1º do art. 13 da Lei n. 5.474/68 nem com a do § 3º do art. 21 da Lei n. 9.492/97. Esses dispositivos tratam das indicações da duplicata extraídas em face da retenção do título enviado para aceite. A duplicata é emitida, sendo enviada ao sacado, que a retém.

O parágrafo único do art. 8º da Lei n. 9.492/97, sem mencionar a necessidade de remessa ao sacado, dita outro procedimento que, pelo exemplo a seguir colacionado, assim pode ser sintetizado: o lojista vende a prazo e emite, por meio de seu sistema de informática, uma duplicata, que passa a existir em arquivo magnético ou eletrônico. Após a emissão, o sacador remete esse arquivo ao banco encarregado da cobrança do título. Essa remessa pode ser feita por meio de qualquer instrumento hábil (disquete, CD, pen drive, internet). O banco recebe o arquivo e inicia o procedimento de cobrança, remetendo ao sacado um boleto com todos os dados do título necessários à sua identificação, inclusive data de vencimento. Se a dívida não for paga, o banco encaminha a duplicata, no meio *virtual* em que se encontra, ao serviço de protesto, que recebe esse arquivo magnético ou eletrônico e instrumenta, ou materializa o título, por meio de sua impressão em papel, seguindo-se o curso normal do procedimento previsto na Lei n. 9.492/97.

E a inovação é oportuna, porque não é possível conceber como viável nos dias de hoje o envio de duplicatas para aceite. Não há como conciliar essa forma arcaica de comunicação com a estonteante velocidade vista nas relações comerciais, empresarias e bancárias.

Avanço semelhante pode ser visto também no Código Civil, que dispõe em seu art. 889, § 3º, que "o título poderá ser emitido a partir dos caracteres criados em computador ou meio técnico equivalente e que constem da escrituração do emitente, observados os requisitos mínimos previstos neste artigo". O legislador, ao trazer a inovação, andou bem e pensou adiante.

Salienta-se que alguns confundem a duplicata virtual com o boleto bancário. São figuras distintas. Aquela é o título com todos os requisitos formais. Este é um aviso de cobrança enviado ao sacado. O que se tem protestado, não obstante os equívocos de algumas decisões, é a duplicata, e não o boleto. Essa confusão, diga-se, por algum tempo prejudicou o reconhecimento da nova figura, porque se dizia: boleto não se protesta.

> "Direito Comercial. Duplicata mercantil. Protesto por indicação de boletos bancários. Inadmissibilidade. I – A retenção da duplicata remetida para aceite é *conditio sine qua non* exigida pelo art. 13, § 1º, da Lei n. 5.474/68 a fim de que haja protesto por indicação, não sendo admissível protesto por indicação de boletos bancários. II – Recurso não conhecido."[7]

Hoje, esse desajuste interpretativo vem se esvaindo e a nova figura ganha reconhecimento e força.

> "Cambial. Duplicatas virtuais. Protesto por indicação. Boletos bancários. Demonstração da prestação dos serviços que embasou o saque das cártulas. Desnecessidade da preexistência física dos títulos e de sua apresentação nessa espécie ao sacado. Artigo 8º, parágrafo único, da Lei n. 9.492/97. Alegação de pagamento das duplicatas não comprovada. Falta de causa para o saque das cambiais não verificada. Apelação desprovida."[8]

O corpo do acórdão cita fonte doutrinária abalizada:

> No dizer de Fábio Ulhoa Coelho: "Com a desmaterialização do título de crédito, tornaram-se as indicações a forma mais comum de protesto. A duplicata, hoje em dia, não é documentada em meio papel. O registro dos elementos que a caracterizam é feito exclusivamente em meio eletrônico e assim são enviados ao banco, para fins de desconto, caução ou cobrança. O banco, por sua vez, expede um papel, denominado 'guia de compensação', que permite ao sacado honrar a obrigação em qualquer agência, de qualquer instituição no país. Se não ocorrer o pagamento, atendendo às instruções do sacador, o próprio banco remete, ainda em meio eletrônico, ao cartório, as indicações para o protesto (nas comarcas mais bem aparelhadas). Com base nessas informações, opera-se a expedição da intimação do devedor. Se não for realizado o pagamento no prazo, emite-se o instrumento de protesto por indicações, em meio papel. De posse desse documento, e do comprovante da entrega das mercadorias, o credor poderá executar o deve-

---

7. STJ, REsp 827.856, Rel. Min. Antônio de Pádua Ribeiro.
8. TJSP, Ap. 0150756-66.2010.8.26.0100, Rel. José Reynaldo.

dor. Ou seja, a duplicata em suporte papel é plenamente dispensável, para a documentação, circulação e cobrança do crédito, no direito brasileiro, em virtude exatamente do instituto do protesto por indicações (in *Curso de direito comercial*, v. 1, 15. ed., São Paulo: Saraiva, 2011, p. 485-486)".

Nesse sentido: "Declaratória – Protesto por indicação – Duplicata – Ausência de envio do título para aceite – Lei n. 5.474/68 – Prática comercial que não mais exige a emissão física do título – Lei n. 9.492/97 – Improcedência da ação – Recurso provido".[9]

O Superior Tribunal de Justiça reiterou:

> "EXECUÇÃO DE TÍTULO EXTRAJUDICIAL. DUPLICATA VIRTUAL. PROTESTO POR INDICAÇÃO. BOLETO BANCÁRIO ACOMPANHADO DO COMPROVANTE DE RECEBIMENTO DAS MERCADORIAS. DESNECESSIDADE DE EXIBIÇÃO JUDICIAL DO TÍTULO DE CRÉDITO ORIGINAL. 1. As duplicatas virtuais – emitidas e recebidas por meio magnético ou de gravação eletrônica – podem ser protestadas por mera indicação, de modo que a exibição do título não é imprescindível para o ajuizamento da execução judicial. Lei 9.492/97. 2. Os boletos de cobrança bancária vinculados ao título virtual, devidamente acompanhados dos instrumentos de protesto por indicação e dos comprovantes de entrega da mercadoria ou da prestação dos serviços, suprem a ausência física do título cambiário eletrônico e constituem, em princípio, títulos executivos extrajudiciais. 3. Recurso especial a que se nega provimento".[10]

Acerca desse último julgado, não obstante a permissão nele contida, destaca-se que não é usual o protesto de boleto, embora nos pareça que a decisão admitiu, na verdade, o protesto da duplicata virtual, ainda que representada pelo boleto, que corresponderia, no caso, às suas indicações. Mas o mesmo Tribunal tem reiterado a legalidade dessa nova figura, decidindo de maneira taxativa que *"protesto por indicação de duplicatas emitidas na forma virtual é admitido em lei"*.[11]

4.3.3 A duplicata escritural

Duplicata escritural é aquela emitida mediante lançamento em sistema eletrônico de escrituração gerido por quaisquer das entidades que exerçam a atividade de escrituração de duplicatas escriturais. (art. 3º, da Lei 13.775, de 20 de dezembro de 2018)

O artigo 4º da referida Lei elenca os aspectos que devem ser registrados no Sistema Eletrônico de Escrituração:

> *Art. 4º Deverá ocorrer no sistema eletrônico de que trata o art. 3º desta Lei, relativamente à duplicata emitida sob a forma escritural, a escrituração, no mínimo, dos seguintes aspectos:*
>
> *I – apresentação, aceite, devolução e formalização da prova do pagamento;*
>
> *II – controle e transferência da titularidade;*
>
> *III – prática de atos cambiais sob a forma escritural, tais como endosso e aval;*
>
> *IV – inclusão de indicações, informações ou de declarações referentes à operação com base na qual a duplicata foi emitida ou ao próprio título; e*
>
> *V – inclusão de informações a respeito de ônus e gravames constituídos sobre as duplicatas.*

---

9. TJSP, Apel. 0095391-80.2003.8.26.0000, Rel. Gil Coelho.
10. STJ, REsp 1.024.691, Rel. Min. Nancy Andrighi.
11. STJ, REsp 1.037.819, Rel. Massami Uyeda.

No tocante ao protesto, o § 2º do artigo 8º, da Lei 9.492/97 estabelece que "os títulos e documentos de dívida mantidos sob a forma escritural nos sistemas eletrônicos de escrituração ou nos depósitos centralizados de que trata a Lei nº 12.810, de 15 de maio de 2013, poderão ser recepcionados para protesto por extrato, desde que atestado por seu emitente, sob as penas da lei, que as informações conferem com o que consta na origem."

4.3.4 A duplicata e a causalidade

a) A duplicata de serviços e a locação de coisa.

Como vimos, a duplicata em sua origem é título causal. Ocorre que teve início a prática de se empregar e emitir essa modalidade de título em razão de locação de coisa móvel, como DVD, veículos etc. Alguns o fazem sob o argumento de que sobre essas locações incide o ISSQN – Imposto Sobre Serviço de Qualquer Natureza.

Não se sabe, e aqui não importa saber, quais os fundamentos tributários para essa hipótese de incidência, mas o certo é que locação não é serviço. São contratos absolutamente distintos. Dessa forma, descabe a emissão de duplicata em razão da locação de coisa móvel, sendo indevido o eventual protesto desse título.

Nossos tribunais assim caminham:

"Não se admite a emissão de duplicata mercantil com base em contrato de locação de bens móveis, uma vez que a relação jurídica que antecede à sua formação não se enquadra nas hipóteses legais de compra e venda mercantil ou de prestação de serviços".[12]

"APELAÇÃO CÍVEL. LOCAÇÃO DE VEÍCULO. AÇÃO DE INEXIGIBILIDADE DE TÍTULOS C/C INDENIZAÇÃO POR DANOS MORAIS. RECONVENÇÃO IMPROCEDENTE. Pacífico o entendimento de impossibilidade da emissão de duplicata decorrente de contrato de locação, pois o contrato de locação de bens móveis não autoriza o saque de duplicatas. Inexistência de compra e venda mercantil ou prestação de serviços, fato incontroverso no feito".[13]

b) A duplicata para cobrança de correção monetária.

Também por força da causalidade, "é inadmissível o saque de duplicata para cobrar parcela correspondente à correção monetária de outra anteriormente sacada".[14]

c) A duplicata e o *leasing*.

"*LEASING*. **Duplicatas**. Protesto. O negócio de *leasing* não admite a emissão de **duplicata**, ainda que avençada, razão pela qual não pode tal título ser levado a protesto. Recurso conhecido em parte e, nessa parte, provido para deferir a liminar de sustação ou cancelamento das **duplicatas** enviadas a cartório".[15]

---

12. STJ, REsp 397.637, Rel. Min. Nancy Andrighi.
13. TJRS, Ap. *70039846316*, Rel. Ana Beatriz Iser.
14. STJ, AgRg no Ag 287.874, Rel. Min. Antônio de Pádua Ribeiro.
15. STJ, REsp 202.068, Rel. Min. Ruy Rosado de Aguiar.

4.3.5 A duplicata, a fatura e a nota fiscal

A duplicata é extraída a partir de uma fatura. Uma fatura pode dar origem a mais de uma duplicata, mas *"uma só duplicata não pode corresponder a mais de uma fatura"* (§ 2º do art. 2º da Lei n. 5.474/68).

Nessa linha, o Superior Tribunal de Justiça deliberou que "a vinculação da **duplicata** a mais de uma fatura retira-lhe requisito essencial sendo inerente à condição da respectiva execução, daí que pode ser examinada diretamente pelo Tribunal, não violando o art. 300 do Código de Processo Civil".[16]

Pela leitura do *caput* do mesmo artigo, vê-se que a extração da duplicata é facultativa (a lei utiliza a palavra *poderá*) e essa extração pode ocorrer em momento posterior à emissão da fatura, embora o mesmo artigo utilize a expressão *no ato da emissão da fatura*, pois, como diz Luis Emygdio, "o título só pode nascer após a extração da fatura e não no mesmo momento".[17]

Nesse sentido: "Direito comercial. Recurso especial. Ação cautelar. Fatura comercial. Data de emissão. **Duplicata**. Saque em data posterior. Possibilidade. – A **duplicata** mercantil pode ser sacada em data posterior à de emissão da fatura comercial. – A menção à data de emissão da fatura (art. 2º da Lei n. 5.474/68) deve ser entendida apenas como o termo *a quo* de saque da **duplicata**, o qual deve ser observado em obediência à natureza causal deste título de crédito".[18]

4.3.6 A duplicata e o aceite em separado

Na duplicata não tem eficácia cambial o aceite em separado, como decidiu o Superior Tribunal de Justiça:

"RECURSO ESPECIAL. COMERCIAL. NEGATIVA DE PRESTAÇÃO JURISDICIONAL. NÃO OCORRÊNCIA. EMBARGOS À EXECUÇÃO. TÍTULOS DE CRÉDITO. DUPLICATA MERCANTIL. ACEITE EM SEPARADO. INADMISSIBILIDADE. ATO FORMAL. AUSÊNCIA DE EFICÁCIA CAMBIAL. FALTA DE EXECUTIVIDADE. PROVA DA RELAÇÃO NEGOCIAL. INSTRUÇÃO DE AÇÃO MONITÓRIA. 1. Cinge-se a controvérsia, a saber, se é possível o aceite em separado na duplicata mercantil. 2. O aceite promovido na duplicata mercantil corresponde ao reconhecimento, pelo sacado (comprador), da legitimidade do ato de saque feito pelo sacador (vendedor), a desvincular o título do componente causal de sua emissão (compra e venda mercantil a prazo). Após o aceite, não é permitido ao sacado reclamar de vícios do negócio causal realizado, sobretudo porque os princípios da abstração e da autonomia passam a reger as relações, doravante cambiárias (art. 15, I, da Lei nº 5.474/1968). 3. O aceite é ato formal e deve se aperfeiçoar na própria cártula (assinatura do sacado no próprio título), incidindo o princípio da literalidade (art. 25 da LUG). Não pode, portanto, ser dado verbalmente ou em documento em separado. De fato, os títulos de crédito possuem algumas exigências que são indispensáveis à boa manutenção das relações comerciais. A experiência já provou que não podem ser afastadas certas características, como o formalismo, a cartularidade e a literalidade, representando o aceite em separado perigo real às práticas cambiárias, ainda mais quando os papéis são postos em circulação. 4. O aceite lan-

---
16. STJ, REsp 577.785, Rel. Carlos Alberto Menezes Direito.
17. ROSA JUNIOR, Luiz Emygdio Franco da. *Títulos de crédito*, p. 676.
18. STJ, REsp 292.355, Rel. Mina. Nancy Andrighi.

çado em separado à duplicata não possui nenhuma eficácia cambiária, mas o documento que o contém poderá servir como prova da existência do vínculo contratual subjacente ao título, amparando eventual ação monitória ou ordinária (art. 16 da Lei nº 5.474/1968). 5. A duplicata despida de força executiva, seja por estar ausente o aceite, seja por não haver o devido protesto ou o comprovante de entrega de mercadoria, é documento hábil à instrução do procedimento monitório. 6. Recurso especial provido."[19]

4.4 O PROTESTO E O CHEQUE

Desde logo, por imposição do art. 6º da Lei n. 9.492/97, reiteramos que a prévia apresentação ao banco sacado é requisito para o protesto, salvo se este tiver por fim instruir medida contra a própria instituição financeira.

Registra-se, ainda, a nota de que ao cheque se aplicam todas as considerações lançadas no capítulo próprio sobre a prescrição. Além disso, o Conselho Nacional de Justiça, por meio do Provimento 30/2013, regulamenta o protesto do título em exame.

4.4.1 O cheque furtado, roubado ou extraviado

Problema que aflige os depositantes ou correntistas de bancos ou instituições financeiras diz respeito ao extravio, furto ou roubo de seus cheques. De fato, não é raro encontrarmos cheques devolvidos pelos bancos por um desses motivos. No tocante ao protesto desses títulos, num primeiro lançar de olhos sobre a situação, facilmente deveríamos concluir pela vedação como forma simples de preservar o correntista, que também acaba sendo vítima. Ocorre que é possível que o cheque tenha circulado por endosso e, como consequência da autonomia das relações cambiárias, o endossante, em regra, responde ao portador.

A Lei do Protesto não dispõe a respeito do assunto.

Diante disso, há regramento normativo das Corregedorias-Gerais da Justiça e do Conselho Nacional de Justiça (Prov. 30/2013) vedando o apontamento de cheques quando estes tiverem sido devolvidos pelo estabelecimento bancário sacado pelos motivos números 20, 25, 28, 30 e 35, que indicam furto, roubo ou extravio das folhas ou dos talonários, ou fraude. Dispõem que, se houver endosso ou aval, o protesto desses cheques não dependerá de intimações e dos assentamentos do serviço de protesto de títulos não deverão constar os nomes e números do CPF dos titulares da respectiva conta corrente bancária, anotando-se, nos campos próprios, que o emitente é desconhecido e elaborando-se índice em separado, pelo nome do apresentante.

Mas vejamos.

Os motivos de devolução são estabelecidos por ato do Banco Central do Brasil. A Resolução 3.972, de 28-4-2011, tratou do cheque, e a Circular 3.535, de 16-5-2011 elencou os motivos a seguir indicados, criando o motivo 70, com as seguintes redações:

---

19. STJ – REsp 1334464/RS, Rel. Ministro Ricardo Villas Bôas Cueva.

Motivo 20 – cheque sustado ou revogado em virtude de roubo, furto ou extravio de folhas de cheque em branco, a ser utilizado na devolução de cheque objeto de sustação ou revogação realizada mediante apresentação de boletim de ocorrência policial e declaração firmada pelo correntista relativos ao roubo, furto ou extravio de folhas de cheque em branco.

Motivo 28 – cheque sustado ou revogado em virtude de roubo, furto ou extravio, a ser utilizado na devolução de cheque efetivamente emitido pelo correntista, objeto de sustação ou revogação realizada mediante apresentação de boletim de ocorrência policial e declaração firmada pelo emitente ou beneficiário relativos ao roubo, furto ou extravio.

Motivo 70 – sustação ou revogação provisória, a ser utilizado na devolução de cheque objeto de sustação ou revogação provisória, cujo prazo de confirmação não tenha expirado e cuja confirmação ainda não tenha sido realizada, nas condições estabelecidas na regulamentação em vigor.

Como veremos em seguida, a devolução pelo motivo 21, popular e impropriamente denominada *devolução por desacordo comercial,* via de regra, não obsta o protesto. Os motivos 20 e 28, com as ressalvas já feitas, normalmente impedem o protesto.

Com a nova sistemática, o correntista vítima de furto, por exemplo, pode solicitar ao banco a sustação ou revogação provisória, mesmo sem comprovar a ocorrência, o que ensejará a devolução pelo motivo 70. Após o registro da sustação provisória, deverá ele, até o término do expediente do segundo dia útil seguinte, confirmar a comunicação, apresentando boletim de ocorrência.

Havendo a comprovação, o cheque, que já foi devolvido pelo motivo 70, se reapresentado, novamente o será, mas agora pelo motivo 20 ou 28. Se não for exibida a prova, a nova devolução ocorrerá pelo motivo 21. Assim, sendo apresentado ao Tabelião um cheque que contenha como único motivo anotado o 70, não se saberá se a sustação ou revogação provisória decorreu de furto, roubo ou extravio, o que normalmente obstaria o protesto (motivos 20 ou 28), ou pelo motivo 21, que não o impediria. Diante da incerteza, ao receber um cheque nessas condições (com uma única devolução pelo motivo 70), o Tabelião não poderá dar curso ao procedimento para protesto, devendo devolvê-lo ao apresentante para que, depois de escoado o prazo mencionado, o reapresente ao banco, a fim de que receba anotação do motivo final, e, com isso, faça nova solicitação de protesto. Nesse segundo momento, o Tabelião avaliará, conforme o motivo aposto em definitivo, se é cabível ou não o seguimento do procedimento.

Vejamos decisão do Superior Tribunal de Justiça sobre o tema:

> "AGRAVO REGIMENTAL. AGRAVO DE INSTRUMENTO. RESPONSABILIDADE CIVIL. FURTO DE TALONÁRIO DE CHEQUES NO INTERIOR DE AGÊNCIA BANCÁRIA. UTILIZAÇÃO POR TERCEIRO. PROTESTO DO TÍTULO E INSCRIÇÃO INDEVIDA EM CADASTRO DE INADIMPLENTES. OCORRÊNCIA DE DANO MORAL. ALTERAÇÃO DO QUANTUM. IMPOSSIBILIDADE. RAZOABILIDADE DO VALOR. 1. A jurisprudência desta Corte Superior tem, reiteradamente, proclamado a responsabilidade civil da instituição financeira quando terceiro faz uso indevido de cheque oriundo de talonário furtado no interior de agência bancária, mormente se tal fato acarretar o protesto do título e a inclusão do nome do consumidor no órgão de restrição ao crédito".[20]

---

20. AgRg no Ag 792.100, Agravo Regimental no Agravo de Instrumento 2006/0138917-4, Rel. Vasco Della Giustina.

4.4.2 O cheque pós-datado

Conceitualmente, cheque é ordem de pagamento à vista e, de fato, em sua origem cumpria suas finalidades com essa característica. Ocorre que no Brasil passou a ser utilizado menos como pagamento à vista e mais como garantia de pagamento ou como forma de pagamento a prazo. Essa se tornou uma realidade que hoje não se pode negar. Assim, se por um lado, em razão de natureza original, o cheque pós-datado é pago pelo banco mesmo sendo apresentado antes da data anotada, porque é válido e exigível para fins cambiais, por outro, diante da moderna finalidade de sua emissão, se a antecipada apresentação causar dano ao emitente, o portador será civilmente responsável por ele, tendo em vista o desrespeito ao acordo celebrado entre as partes para o retardamento da satisfação da obrigação.

Fábio Ulhoa é taxativo e destaca: "o cheque pós-datado é importante instrumento de concessão de crédito ao consumidor. Embora a pós-datação não produza efeitos perante o banco sacado, na hipótese de apresentação para liquidação, ela representa um acordo entre tomador e emitente. A apresentação precipitada do cheque significa o descumprimento do acordo".[21] Gladston Mamede segue a mesma trilha.[22]

Esse é o posicionamento sumulado do Superior Tribunal de Justiça: "Caracteriza dano moral a apresentação antecipada de cheque pré-datado" (Súmula 370). Eis o pensamento daquele Tribunal: "Agravo regimental – recurso especial – ação de indenização por danos morais em razão da apresentação antecipada de cheque pré-datado, ensejando a inscrição do nome do emitente no Banco Central – procedência – prova do dano – desnecessidade – incidência do enunciado n. 83/STJ – *quantum* indenizatório – razoabilidade – recurso improvido".[23]

Ora, se a apresentação antecipada pode causar dano, principalmente de natureza moral, e se, como citado na decisão transcrita, a inscrição do nome do emitente em cadastro negativo é uma das causas de responsabilização do apresentante, o protesto também se mostra desaconselhável nesses casos, pois seria, sem dúvida, um motivador de gravame ao emitente.

Não é possível, pois, o protesto de cheque pós-datado apresentado ao banco sacado antes da data anotada e presumidamente ajustada pelas partes.

A conclusão será essa, ainda que o motivo de devolução não seja a insuficiência de fundos, pois o que importa saber não é esse motivo, mas se a apresentação antecipada configura ou não ato ilícito, e para essa tipificação basta que sejam demonstrados os requisitos exigidos, entre eles o dano e o nexo causal.

Assim, por exemplo, se o emitente comprovar que, tendo sido advertido pelo portador de que faria apresentação antecipada e que por isso provocou junto ao banco a devolução pelo motivo 21 (vista no próximo item), poderia ele evocar a Súmula 370 para promover a responsabilização do apresentante que levou o título a protesto (não

---

21. COELHO, Fábio Ulhoa, *Curso de direito comercial*, p. 441.
22. MAMEDE, Gladston. *Títulos de crédito*. 6. ed. São Paulo: Atlas, 2011, p. 201.
23. STJ, AgRg no REsp 1.222.180, Rel. Min. Massami Uyeda.

vedado pela aposição do motivo 21) e, consequentemente, deu azo à inclusão de seu nome em cadastro negativo.

Mas imaginemos duas outras situações: a) o cheque é apresentado ao banco antes da data anotada, sendo devolvido pelo motivo 11. Depois dessa data, dá-se nova apresentação, sobrevindo então uma segunda devolução pelo motivo 12. Em seguida, é apresentado a protesto. b) após a primeira devolução pelo motivo 11 (apresentação antes da data anotada) o cheque é apresentado a protesto, sendo devolvido pelas razões já vistas. Depois da data anotada é novamente depositado, sem pagamento pelo banco sacado em razão do motivo 12. A seguir, é uma vez mais apresentado a protesto. Nessas duas hipóteses, seria possível o protesto?

A segunda apresentação ao banco ocorreu depois da data anotada. Assim, em relação a ela, inexistiu quebra do acordo celebrado. Aqui devemos pensar no dano decorrente ou agravado pelo protesto (não pela inclusão, por exemplo, no Cadastro de Emitentes de Cheques sem Fundos – CCF, que decorre automaticamente da devolução pelo motivo 12). Também é preciso ter em vista que a ação, no caso, não é apenas *a apresentação ao banco*, mas a *apresentação ao banco em tal data*. Assim, a segunda apresentação é dotada de licitude, pois se inclui, sob o aspecto temporal, na esfera do que as partes ajustaram, não podendo o protesto nela embasado ser considerado causa de eventual dano que dele possa decorrer ou por ele ser agravado.

O acordo celebrado entre as partes estabelecia ao beneficiário o dever de respeitar o prazo ajustado e ao emitente a obrigação de, na data aprazada, manter provisão de fundos. A primeira devolução decorreu de descumprimento do ajuste pelo beneficiário, o que obsta o protesto, se apenas ela estiver anotada (eventual dano seria causado pelo beneficiário). A segunda foi motivada pela falta de fundos na data avençada, imputável ao emitente, o que não impede o protesto (eventual dano seria causado pelo próprio emitente). Assim, o protesto (e eventual dano dele decorrente ou por ele agravado) foi causado pela falta de fundos na data aprazada.

Dessa maneira, respondemos de forma afirmativa às duas questões apresentadas. É possível o protesto.

A circunstância de ser o cheque pós-datado não afeta o curso do lapso prescricional:

> "DIREITO PRIVADO. CHEQUE PRÉ OU PÓS-DATADO. PRESCRIÇÃO. *TERMO A QUO*. CONTAGEM. DEFINIÇÃO PELA CORTE DE ORIGEM NO SENTIDO DE QUE PREVALECE A DATA INSERIDA NA CÁRTULA. PRETENDIDA REFORMA. ALEGAÇÃO DE QUE DEVE PREVALECER A DATA EM QUE DEVERIA SER APRESENTADO O CHEQUE E NÃO DA EMISSÃO. RECURSO ESPECIAL NÃO CONHECIDO. O julgamento da Corte de origem se amolda à jurisprudência desta Corte Superior de Justiça, no que concerne à prescrição de cheque pré ou pós-datado, ao estabelecer que prevalece a data consignada no sobredito título de crédito, mesmo quando expressa data futura".[24]

Recentemente, o Superior Tribunal de Justiça confirmou essa mesma tendência:

> "RECURSO ESPECIAL REPRESENTATIVO DE CONTROVÉRSIA. DIREITO CAMBIÁRIO E PROTESTO EXTRAJUDICIAL. CHEQUE. ORDEM DE PAGAMENTO À VISTA. CÁRTULA ESTAMPANDO, NO

---

24. STJ, REsp 767.055, Rel. Min. Hélio Quaglia Barbosa.

CAMPO ESPECÍFICO, DATA DE EMISSÃO DIVERSA DA PACTUADA PARA SUA APRESENTAÇÃO. CONSIDERA-SE, PARA CONTAGEM DO PRAZO DE APRESENTAÇÃO, AQUELA CONSTANTE NO ESPAÇO PRÓPRIO. PROTESTO, COM INDICAÇÃO DO EMITENTE DO CHEQUE COMO DEVEDOR, AINDA QUE APÓS O PRAZO DE APRESENTAÇÃO, MAS DENTRO DO PERÍODO PARA AJUIZAMENTO DE AÇÃO CAMBIAL DE EXECUÇÃO. POSSIBILIDADE. 1. As teses a serem firmadas, para efeito do art. 1.036 do CPC/2015 (art. 543-C do CPC/1973), são as seguintes: a) a pactuação da pós-datação de cheque, para que seja hábil a ampliar o prazo de apresentação à instituição financeira sacada, deve espelhar a data de emissão estampada no campo específico da cártula; b) sempre será possível, no prazo para a execução cambial, o protesto cambiário de cheque, com a indicação do emitente como devedor. 2. No caso concreto, recurso especial parcialmente provido".[25]

4.4.3 O cheque sustado ou revogado por qualquer motivo

A Resolução 3.972, de 28-4-2011, e a Circular 3.535, de 16-5-2011, indicam o motivo de devolução 21:

> Motivo 21 – cheque sustado ou revogado, a ser utilizado na devolução de cheque objeto de sustação ou revogação realizada mediante declaração firmada pelo emitente ou portador legitimado, por qualquer motivo por ele alegado.

Por razões óbvias o protesto desse cheque não é vedado. O emitente pode alegar qualquer motivo para obstar o pagamento, o que pode corresponder à absoluta falta de motivos.

> "AGRAVO DE INSTRUMENTO. DIREITO PRIVADO NÃO ESPECIFICADO. AÇÃO DE NULIDADE DE TÍTULO CUMULADA COM SUSTAÇÃO DOS EFEITOS DO PROTESTO. ANTECIPAÇÃO DE TUTELA. A prova documental juntada à exordial não demonstra ser verossímil a alegação do autor. No documento emitido pelo banco sacado, denominado de 'ordem para sustar cheques', consta como justificativa para a contraordem o desacordo comercial devido ao não cumprimento do contrato, sendo que tal justificativa vai de encontro com o alegado extravio de talões. Agravo a que se nega seguimento".[26]

4.4.4 O cheque apresentado com indícios de abuso de direito

O Conselho Nacional de Justiça[27], assim como normas regulamentares de alguns Estados, regulamenta o tema. Em suma, há indícios de abuso de direito se não há antecipação de emolumentos pelo apresentante em relação a cheques com datas antigas e valores irrisórios, sendo eles apresentados, isoladamente ou em lote, por terceiros que não sejam seus beneficiários originais ou emitidos sem indicação do favorecido, ou se houver indicação de endereço onde o emitente não residir, feita de modo a inviabilizar a intimação pessoal. Pode haver variação quanto às causas de configuração de abuso nos diversos regramentos normativos do país. Nesses casos, não se admite, a princípio o protesto facultativo do cheque.

---

25. STJ, Recurso Especial Representativo de Controvérsia 1.423.464, Rel. Min. Luis Felipe Salomão.
26. TJRS, Agravo de Instrumento 70048220073, Rel. Umberto Guaspari Sudbrack.
27. CNJ, Prov. 39 de 16-4-2013.

O tabelião lavrará nota devolutiva expondo as razões de devolução e pode exigir, de forma escrita e fundamentada, que o apresentante preste esclarecimentos sobre os motivos que justificam o protesto, assim como apresente provas complementares do endereço do emitente, arquivando na serventia a declaração e os documentos comprobatórios que lhe forem apresentados. Não se convencendo do cabimento do protesto, o tabelião novamente devolverá o cheque sem protesto ao apresentante que poderá requerer, em procedimento administrativo, a revisão dessa devolução ao Juiz Corregedor Permanente, ou ao Juiz competente na forma da organização local, que poderá mantê-la ou determinar a lavratura do instrumento de protesto.

5
Objeto do Protesto – Documentos de Dívida

5.1 CONCEITO DE DOCUMENTO DE DÍVIDA

Dando prosseguimento ao exame do objeto do protesto, veremos agora que a Lei n. 9.492/97 estendeu o protesto comum a *outros documentos de dívida* e, propositadamente, deixou ao intérprete, assim compreendidos doutrinadores, Tabeliães e Juízes, a missão de delimitar o conteúdo da norma. O que ou quais são, afinal, os documentos de dívida trazidos pelo legislador?

Também aqui a exposição há de ser detalhada e conclusiva, pois ultrapassa o campo da praticidade. Se esta obra tendesse apenas à análise de aspectos práticos do protesto, seriam desnecessárias maiores digressões, pois bastaria verificar o posicionamento local sobre o tema. Assim, em São Paulo, sem delongas, seria possível dizer que podem ser protestados, além dos considerados títulos executivos, outros documentos de dívida (documentos que contenham a expressão de uma dívida), desde que líquidos, certos e exigíveis, pois é essa a posição da Corregedoria-Geral da Justiça daquele Estado.

Em atendimento aos fins e ao plano desta obra, é pertinente maior aprofundamento.

Debruça-se a doutrina sobre o assunto, sendo possível encontrar opiniões mais, ou menos, liberais, sem que exista ainda pacificação do tema.

Carlos Henrique Abrão é por uma aplicação mais abrangente: "Refletidamente, portanto, quaisquer títulos ou documentos que alicerçam obrigações líquidas, certas, exigíveis, fazem parte dos indicativos instrumentalizados ao protesto, cujo exame primeiro de suas condições caberá ao Tabelião, formalizando o ato ou recusando sua lavratura".[1]

Na mesma linha, tem sido realçado, com propriedade, o aspecto histórico-social para emprestar à expressão em estudo compreensão dilatada. Diz Eduardo Pacheco Ribeiro de Souza: "Considerando que a lei foi editada no momento em que a busca por meios simples, rápidos e menos onerosos para os interessados solucionarem conflitos de interesses é evidente, considerando que a realidade das relações jurídicas envolvendo débito e crédito exige segurança e solução célere para os conflitos, e considerando que não há palavras inúteis na lei, que se refere em diversos dispositivos aos documentos de dívida, não se pode emprestar à expressão interpretação restritiva sem amparo na

---

1. ABRÃO, Carlos Henrique. *Protesto:* caracterização da mora, inadimplemento obrigacional. 4. ed. São Paulo: Atlas, 2011, p. 14.

lei".[2] O mesmo autor refuta a restrição da expressão aos títulos executivos: "não procede a afirmação de alguns de que apenas os títulos executivos devem ser considerados documentos de dívida, pois não há qualquer disposição inserta na Lei n. 9.492/97, ou em outra lei, que preste limite ao conceito de documento de dívida".[3]

Depreende-se do trecho transcrito que o enquadramento do documento apresentado ficaria totalmente ao arbítrio do Tabelião, sem qualquer tipificação prévia.

Mas há pensamento mais restrito. Referindo-se à Lei Estadual (SP) 10.710/2000, Emanoel Macabu Moraes conclui que "em face da análise sistemática e mesmo teleológica da legislação pátria, parece-nos que o legislador paulista está no caminho correto. Só será possível protestar documentos de dívida que configurem título executivo judicial ou extrajudicial".[4]

Cabe reiterar o registro informativo de que em São Paulo o protesto dos documentos de dívida foi regulamentado por norma administrativa local e hoje abrange, além dos títulos executivos, outros documentos que contenham a expressão de uma dívida líquida, certa e exigível, sob *particular atenção* do Tabelião, sem embargo, é claro, de permissão mais ampla estabelecida por lei.

Diante de pontos de vista diferentes, ainda que não opostos, pois um é apenas mais restritivo que o outro, impõe-se que busquemos, afinal, a delimitação almejada.

O maior problema a ser enfrentado diz respeito ao ponto de equilíbrio entre a finalidade atual do procedimento para protesto, que justifica o pensamento extensivo e a segurança, imposição legal e condição de credibilidade do instituto, que afinal, de maneira cíclica, fomenta sua maior utilização para os fins referidos. É necessário ampliar, porém sem banalizar. É preciso dar aos credores um mecanismo ágil para recuperação de seus créditos, mas também devemos voltar olhos à segurança do procedimento e de seu ato final, normalmente o pagamento ou o protesto.

José Antonio de Paula Santos Neto, Magistrado Paulista, em judicioso parecer reiteradamente citado neste trabalho, procurando o equilíbrio, com tom doutrinário, assim se manifesta:[5]

> "Eis sua explicação detalhada, à guisa de fundamento da assertiva: 'A Lei n. 9.492, de 10.09.97, definiu com maior amplitude a competência e a regulamentação dos serviços concernentes ao protesto de títulos e outros documentos de dívida. Além do maior detalhamento procedimental, essa lei inovou quanto aos títulos protestáveis, que tradicionalmente eram apenas os títulos cambiários e outros títulos de crédito similares e, eventualmente, algum outro documento expressamente arrolado em lei especial. Com a Lei n. 9.492 passaram a ser protestáveis, genericamente, 'os documentos de dívida', a par dos títulos de crédito. Uma vez, porém, que o protesto visa a comprovar a mora do devedor e como esta pressupõe 'dívida líquida e exigível' (Código Civil, art. 397), não será qualquer documento de dívida que se apresentará como protestável, mas apenas o que retratar obrigação líquida, certa e exigível. Em outros termos, no regime da Lei n. 9.492 a expressão 'outros documentos de dívida' corresponde aos papéis a que se atribui a qualidade de título executivo judicial ou extrajudicial, para fins de exe-

---

2. SOUZA, Eduardo Pacheco Ribeiro de. *Noções fundamentais de direito registral e notarial*, p. 185.
3. SOUZA, Eduardo Pacheco Ribeiro de. *Noções fundamentais de direito registral e notarial*, p. 186.
4. MORAES, Emanoel Macabu. *Protesto extrajudicial*. Rio de Janeiro: Lumen Juris, 2004, p. 35.
5. CGJSP, Proc. 864/2004, Parecer 076/2005.

cução por quantia certa (CPC, arts. 584 e 585), dentre os quais se destacam a própria sentença civil condenatória, a escritura pública, e qualquer documento público assinado pelo devedor, ou particular assinado pelo devedor e duas testemunhas, desde que atendam às exigências de liquidez, certeza e exigibilidade (art. 586) (ob. cit., p. 266-267)".

"Assim, para Míriam Comassetto Wolffenbüttel, 'a posição que ocupa espaço, hodiernamente, é no sentido de que o legislador, ao se referir a 'outros documentos de dívida' fez alusão a qualquer documento de dívida passível de execução, ou seja, que este documento seja líquido, certo e exigível. Portanto, infere-se que uma das inovações introduzidas pela Lei n. 9.492, de 10 de setembro de 1997, diz respeito à amplitude dos títulos sujeitos a protesto cambiário, uma vez que a lei referiu-se a 'outros documentos de dívida', não restringindo, portanto, a prática deste ato específico aos títulos de crédito e contas judicialmente verificadas, como ocorria anteriormente ao advento desta legislação (*O protesto cambiário como atividade notarial*, São Paulo: Labor Juris, 2001, p. 75)".

"Do mesmo alvitre, Pedro Luiz Pozza assevera que 'a interpretação mais lógica é no sentido de entender-se que documento de dívida é todo título executivo, judicial ou extrajudicial' (Algumas linhas sobre a Lei n. 9.492/97, *Caderno de Doutrina da Tribuna da Magistratura*, São Paulo, jan./fev. 1999)."

"Não está solteira, pois, a manifestação do magistrado Venício Antonio de Paula Salles no ensejo antes mencionado, quando ressaltou 'os laços que tornam intrinsecamente inseparáveis o protesto e a execução judicial, (...) pois em princípio todo e qualquer título executável, deve permitir o protesto. Os pressupostos de um e de outro, por óbvio, são os mesmos, posto que se exige certeza e liquidez da dívida, tanto para o protesto como para o embasamento judicial'".

"Sobre o tema pronunciou-se Sílvio de Salvo Venosa: 'Se levarmos em conta a tradição e a origem histórica do protesto, é evidente que não é qualquer documento representativo de obrigação que pode ser protestado. O legislador não foi expresso a esse respeito e parece evidente que sua intenção não foi tornar o protesto uma panaceia ou um placebo jurídico. Considerando que o protesto de origem cambiária sempre foi utilizado para títulos representativos de dívida líquida e certa que autorizam a ação de execução; essa mesma teleologia deve ser aplicada a esses outros documentos citados pela novel lei. Desse modo, o protesto é utilizável somente para os títulos cambiários e para os demais títulos executivos judiciais e extrajudiciais, que estão elencados nos arts. 584 e 585 do Código de Processo Civil' (ob. cit., p. 468). Na sequência, anotou que a lei paulista sufraga a doutrina exposta (ob. cit., p. 470)".

O parecer referido reconheceu e ao mesmo tempo limitou o protesto dos documentos de dívida aos títulos executivos, o que se tem como plenamente justificado, mas não esgota o deslinde da questão, tanto que a própria Corregedoria-Geral da Justiça de São Paulo, como dito anteriormente, ampliou o rol dos documentos de dívida protestáveis.

Há documentos, como aquele que materializa a obrigação condominial, cuja executividade é discutida, que poderiam, com segurança e em conformidade com os fins do instituto, ser objeto de protesto. Exemplifica-se, ainda, com as faturas de serviços públicos. São inúmeras as figuras que poderiam ser objeto de protesto, se líquidas, certas e exigíveis, mesmo não se enquadrando na categoria título executivo.

Dessa forma, é salutar que se possibilite o protesto também desses outros documentos, permissão que agora se defende, com a ressalva de que a inclusão ou exclusão de certa figura no conceito documento de dívida não deve ficar a critério do aplicador imediato do direito, seja ele o Tabelião ou o Juiz.

Há entraves relevantes a essa inclusão caso a caso, pois, diante da amplitude das possibilidades, dificilmente haveria uniformidade, procedendo cada qual conforme seu entendimento.

Mas há razão de maior relevo a ser considerada. Sustentamos a necessidade de conciliar a ampliação do rol dos documentos protestáveis (utilidade), porém sem abrir mão da segurança referente à existência, em tese, da obrigação e das circunstâncias que a envolvem. O Tabelião, sabemos, está limitado na qualificação que realiza aos aspectos formais do documento. Assim, a protestabilidade deve passar por um crivo preliminar de plausibilidade jurídica (pressupondo avaliação abstrata de liquidez, certeza e exigibilidade), que, além de propiciar exame acerca dos aspectos a serem postos em equilíbrio (utilidade-segurança), dará efeito normativo (com a consequente uniformidade) à inclusão.

Esse prévio exame tanto pode decorrer de processo legislativo (lei), como de estudos com cunho administrativo (normas regulamentares), pois sempre caberá o regulamento para aplicar conceito aberto contido na lei. Assim, tanto a lei como as Corregedorias-Gerais de Justiça, ou os Tribunais, por meio de atos normativos, poderão autorizar o protesto deste ou daquele documento, que já não seja título executivo. Ao Tabelião caberá, nos termos da lei, o exame dos requisitos formais, inclusive, agora em concreto, da liquidez, certeza e exigibilidade.

Assim, poderíamos afirmar que documento de dívida é todo título executivo (judicial ou extrajudicial) ou outro documento cujo protesto seja permitido por lei ou por norma regulamentar.

Com isso, tem-se posição temperada e intermediária entre aquelas antes colacionadas. Uma sustenta que documentos de dívida são apenas os títulos executivos. No outro extremo, inclui-se mais que isso, para abranger quaisquer documentos que exprimam obrigação líquida, certa e exigível, cabendo ao Tabelião o enquadramento. Assentamo-nos entre as duas.

Após a publicação das edições anteriores deste trabalho, o que se vê é a franca tendência das Corregedorias-Gerais da Justiça de estabelecerem apenas um limite mínimo de protestabilidade. É documento protestável aquele que contenha a expressão de uma dívida líquida, certa e exigível. Essa postura não dá ensejo à modificação de nossa posição, mas a ela impõe ajustes, que agora passamos a considerar.

Diante desse novo quadro, tem-se, ainda, que a definição de documento de dívida tem sido realizada pelas Corregedorias, partindo-se de posição mais ampla. O que se vê na prática, contudo, é a prolação de decisões variadas, vedando o protesto de certos documentos, o que acaba corroborando nossa posição inicial, com a diferença de que, com acerto, as normas regulamentares não delimitam o rol dos documentos protestáveis de maneira restritiva, nem contém enumeração taxativa, mas decisões administrativas, caso a caso, exercem essa função.

Assim, com o ajuste necessário, é possível afirmar que documento de dívida é todo título executivo (judicial ou extrajudicial) ou outro documento que expresse dívida líquida, certa e exigível, cujo protesto não seja vedado por lei, por norma regulamentar ou por decisão administrativa ou jurisdicional.

5.2 ASPECTOS GERAIS DO PROTESTO DE DOCUMENTO DE DÍVIDA

Vista a abrangência da expressão documento de dívida, destacam-se como requisitos básicos para o protesto de todas as figuras a exigibilidade, aliada à liquidez e certeza, mesmos atributos requeridos para a execução.

Bem por isso (iliquidez), a Súmula 233 do Superior Tribunal de Justiça, por via indireta, veda o protesto do contrato de abertura de crédito rotativo: "O contrato de abertura de crédito, ainda que acompanhado de extrato da conta corrente, não é título executivo".

Necessário se mostra comentar algumas outras nuances formais.

Uma advertência prévia: por vezes há diferença no tratamento normativo do assunto. Assim, no tocante aos aspectos formais da apresentação e da qualificação de documentos de dívida, bem como da admissibilidade do protesto desta ou daquela figura, pode haver diferenças em unidades diversas da Federação. Assim, este trabalho baseia-se na disciplina verificada com maior incidência, e recomenda-se sempre a consulta às normas locais. Mas lancemos algumas considerações iniciais.

Tem sido permitido que os documentos de dívida sejam apresentados no original ou em cópia autenticada ou cópia digitalizada, mediante arquivo assinado digitalmente, no âmbito do ICP-Brasil, sendo de responsabilidade do apresentante o encaminhamento indevido ao Tabelionato. Há de ser verificado, contudo, o regramento de cada Estado.

O Provimento 87, de 11 de setembro de 2019, da Corregedoria Nacional de Justiça – CNJ ampliou a possibilidade de apresentação a protesto por indicação e o parágrafo 1º de seu artigo 2º assim dispôs:

> *1º Os títulos e outros documentos de dívida podem ser apresentados, mediante simples indicação do apresentante, desde que realizados exclusivamente por meio eletrônico, segundo os requisitos da "Infraestrutura de Chaves Públicas Brasileira – ICP Brasil" ou outro meio seguro disponibilizado pelo Tabelionato, autorizado pela respectiva Corregedoria-Geral de Justiça, e com a declaração do apresentante, feita sob as penas da lei, de que a dívida foi regularmente constituída e que os documentos originais ou suas cópias autenticadas, comprobatórios da causa que ensejou a apresentação para protesto, são mantidos em seu poder, comprometendo-se a exibi-los sempre que exigidos no lugar onde for determinado, especialmente se sobrevier sustação judicial do protesto.*

Se o objeto da apresentação for reprodução digitalizada do documento de dívida, quando permitida, o apresentante deve firmar declaração garantindo a origem e integridade do documento digitalizado, bem como sua posse, e comprometendo-se a exibi-lo sempre que exigido, especialmente na hipótese de sustação judicial do protesto.

Os documentos de dívida assinados digitalmente, no âmbito do ICP-Brasil, podem ser enviados a protesto na forma eletrônica..

Decorrido o tríduo legal, sobrevindo pagamento ou protesto, o documento será restituído ao apresentante, se apresentar outros direitos passíveis de exercício por ele. Nesse caso, ao devedor que pagar não será entregue o documento de dívida apresentado. Receberá ele uma quitação em apartado.

Havendo encargos contratuais ou legais a incidir sobre a dívida original, o apresentante que pretender incluí-los no valor a protestar deverá apresentar planilha de cálculo, com a indicação deles e a forma pela qual chegou à quantia final indicada.

5.2.1 A irrelevância da existência de execução em curso

Há quem sustente que a existência de execução em curso, versando sobre o documento, é obstáculo a sua submissão ao procedimento para protesto. Não há, contudo, regra que o impeça, de maneira que, em atenção ao Princípio da Legalidade, não se pode afastar do credor a possibilidade de exercitar seu direito legal de apresentar o documento a protesto (ninguém será obrigado a fazer algo senão em virtude de lei).

Dessa forma, não há empecilho ao protesto de um contrato (ou de qualquer outro documento de dívida), mesmo que esteja em curso execução nele fundada. Perceba-se que a responsabilidade pela apresentação é do credor, inclusive por eventual recebimento de valor indevido. Dispõe o art. 940, do Código Civil, que "aquele que demandar por dívida já paga, no todo ou em parte, sem ressalvar as quantias recebidas ou pedir mais do que for devido, ficará obrigado a pagar ao devedor, no primeiro caso, o dobro do que houver cobrado e, no segundo, o equivalente do que dele exigir, salvo se houver prescrição". Dessa forma, incumbe ao credor o dever de obstar o protesto se lograr o recebimento na execução, ou vice-versa. Ao Tabelião recomenda-se apenas que comunique ao juízo da execução, se dela tiver conhecimento, que houve a protocolização e qual seu desfecho.

De qualquer forma, a decisão judicial e a certidão extraída dos autos da execução são – elas mesmas – documentos de dívida protestáveis, respeitados os requisitos legais exigidos..

5.2.2 O protesto de contratos

a) As testemunhas instrumentárias.

A partir da terceira edição, em face do entendimento predominante que tem sido adotado pelas Corregedorias-Gerais dos Estados, fez-se necessária tomada de posição diversa daquela vista nas edições anteriores.

Nos Estados em que se adotou o conceito amplificado de documento de dívida, o que hoje parece preponderar, não ficando ele limitado aos títulos executivos, há de ser afastada a exigência de testemunhas instrumentárias, requisito necessário apenas para que o documento alcance o *status* de título hábil a embasar a execução, conforme se depreende do art. 784, III, do Código de Processo Civil.

Registra-se que a postura agora adotada justifica-se tão somente pelo predomínio da posição mais abrangente em relação ao conceito de documento de dívida, consumado após a publicação das edições anteriores. Se já não é mais necessário que o documento seja título executivo, inexigível se mostra, para fins de apresentação a protesto, a indicação de testemunhas instrumentárias.

b) A prova da prestação devida pelo apresentante nos contratos bilaterais.

Contrato bilateral, também denominado sinalagmático, é aquele que estabelece obrigações recíprocas entre as partes. Assim, exemplificando, a Empresa Alfa celebra contrato com João, para a prestação de serviços de dedetização em sua residência, mediante o pagamento de certo valor. Alfa tem a obrigação de prestar o serviço e João deve pagar o preço.

Pois bem, se Alfa pretende exigir de João o valor devido pela prestação do serviço, deve, nos termos do art. 476 do Código Civil, comprovar que cumpriu a prestação que lhe incumbia.

> "Em tese, verificada a reciprocidade e equivalência das prestações, que devem ocorrer simultaneamente – essência dos contratos bilaterais –, e autorizadoras da oposição de exceção de contrato não cumprido, cada um dos contratantes sujeita-se ao cumprimento estrito das cláusulas avençadas, sendo certo que, se uma das partes não cumpre a sua obrigação, na hipótese, – realizar a obra nos termos em que previsto no projeto e contrato respectivos –, pode a outra recusar ao cumprimento da sua, que seria o pagamento das parcelas restantes, sob o fundamento da inexecução do contrato, ou ainda, pela execução defeituosa, também abrangida pela norma prevista no art. 1.092 do CC/16 (correspondência: art. 476 do CC/02)."[6]

Se Alfa, no exemplo dado, apresentasse a protesto o contrato de prestação de serviço referido e se ele mencionasse a reciprocidade e simultaneidade das obrigações (realizado o serviço, dar-se-ia o pagamento), esse documento de dívida deveria vir acompanhado de prova escrita de que o serviço (dedetização) foi efetivamente prestado. Essa prova documental pode ser feita por qualquer meio em direito admitido, tal como declaração de quem recebeu o serviço, comprovante de recepção dos serviços anexado (canhoto) à nota fiscal, com assinatura desse tomador etc.

Note-se que, neste ponto, em face da já noticiada consolidação do entendimento de que documento de dívida não precisa, necessariamente, ser título executivo, é pertinente destacar que o fundamento para a exigência aqui mencionada encontra fundamento no citado art. 476 do Código Civil e não no art. 798, I, d, do Código de Processo Civil, que estatui pressuposto para a execução, agora desnecessário para a apresentação a protesto.

A respeito do contrato de prestação de serviços educacionais, a prova de que o serviço foi efetivamente prestado se dá ordinariamente por meio de lista de frequência assinada pelo aluno. Não se admitirá declaração unilateral firmada pela escola prestadora do serviço, salvo se esta declarar expressamente ser essa a forma de controle regimentalmente adotada por ela, em atendimento ao disposto no inciso VI do art. 24 da Lei n. 9.394/96.

Tratamos em seguida do protesto de algumas espécies de contrato.

---

6. STJ, REsp 706.417, Rel. Mina. Nancy Andrighi.

5.2.2.1 O protesto do contrato de locação de imóveis

a) Discussões acerca da admissibilidade do protesto.

O contrato de locação escrito é título executivo, por força do art. 784, VIII, do Código de Processo Civil. Dessa maneira, sendo líquido, certo e exigível, é possível seu protesto.

Existe uma decisão do Superior Tribunal de Justiça, aliás prolatada por maioria, em que se encontra manifestação contrária ao protesto em questão. Em suma, diz o voto vencedor, da lavra do Desembargador convocado Adilson Vieira Macabu, que a inovação processual que possibilitou o protesto do contrato de locação foi motivada pelo afastamento da necessidade de tutela de conhecimento, em face da presunção de certeza contida nesse contrato. Frisa, porém, "que o título executivo passível de execução, que é uma ação judicial, será alcançado pelo princípio da ampla defesa e, até mesmo, do contraditório, principalmente, de dívida ilíquida, o que não acontece em um protesto". Em seguida, afirma o voto que a dívida será líquida se depender de simples cálculos aritméticos e que essa liquidez deve existir independente de liquidação futura. Por fim, conclui que o contrato de locação não é líquido.[7]

O julgado mencionado comporta observações e não vemos razões para dar à locação, no tocante ao protesto, tratamento distinto daquele dado a todos os demais títulos executivos. Se genericamente admitirmos que não se contém nele uma dívida líquida, devemos rejeitar, também com conotação geral, a execução. Se pudermos acreditar que a transformação legal desse contrato em título executivo teve por fim exclusivo simplificar procedimentos, e se o legislador assim o fez sem uma mínima avaliação de segurança material, também poderemos crer que a lei prejudicou a segurança jurídica e a isonomia, pois todos os demais títulos executivos, seguramente, comportam procedimento mais célere, não porque o legislador quis uma solução rápida para a satisfação da obrigação, mas porque esses documentos têm uma força material que dispensa o credor de buscar a tutela de conhecimento.

Cremos que o contrato de locação apresenta, sim, uma força que justifica sua inclusão no rol dos títulos executivos e, mesmo que sua elevação a essa categoria tenha se fundado na necessidade de maior celeridade, em razão da finalidade do procedimento de protesto, hoje figura de reconhecida eficácia na recuperação de crédito, haveria de ser evocado o mesmo fundamento para a admissão do protesto.

No julgamento citado foi proferido voto vencido da Ministra Laurita Vaz, admitindo o protesto do contrato de locação: "A partir da leitura dos dispositivos legais acima elencados, tenho que a melhor interpretação a ser adotada quanto à *vexata quaestio* é aquela segundo a qual o legislador, quando estendeu para além dos títulos cambiários, a possibilidade de protesto de "outros documentos de dívida", teve a intenção de que fazê-lo também para abarcar os títulos executivos judiciais e extrajudiciais previstos na Lei Adjetiva, inserido, nessa hipótese, o contrato de locação".

---

7. STJ, Recurso em Mandado de Segurança 17.400-SP (2003/0204744-1) (f), Rel. Mina. Laurita Vaz, R. p/acórdão: Min. Adilson Vieira Macabu (Des. convocado do TJ/RJ).

A Ministra evoca a doutrina e em sua conclusão afirma: "'(...) Desse modo, embora haja quem à primeira vista possa sufragar a opinião mais extensiva, o dispositivo do art. 1º deve ser interpretado restritivamente no sentido de que o protesto é utilizável somente para os títulos cambiários e para os demais títulos executivos judiciais e extrajudiciais, que estão elencados nos arts. 584 e 585 do Código de Processo Civil. Desse modo, doravante, devem ser admitidos a protesto todo o rol elencado nesses dispositivos, entre outros, (...), crédito decorrente de aluguel ou renda de imóvel, (...), desde que comprovado por contrato escrito. Desse modo, por exemplo, o débito resultante da locação de imóvel, comprovado por contrato escrito, pode ser objeto de protesto, tanto quanto ao inquilino como quanto ao fiador, pois a fiança é modalidade de caução e se insere entre os títulos executivos extrajudiciais. (...)' (VENOSA, Sílvio de Salvo. O Protesto de Documentos de Dívida in Novo Código Civil. Interfaces no Ordenamento Jurídico Brasileiro, Coordenadora Giselda Maria Fernandes Novaes Hironaka. 1. ed., Belo Horizonte: Del Rey, 2004, p. 124-125; sem grifos no original)".

Mesmo com esforço extremo, não logramos êxito em encontrar qualquer justificativa para propalada iliquidez em relação aos aluguéis. É óbvio que em cada caso concreto esse requisito há de ser verificado, mas nos parece equivocada a afirmação genérica de que nenhum contrato de locação pode ser líquido.

Há, ainda, julgado do Tribunal de Justiça de São Paulo, que adotou precedente decisão de controle difuso em que se decidiu pela inconstitucionalidade da Lei Estadual 13.160/2008, que expressamente admite o protesto em exame: "AÇÃO DECLARATÓRIA DE NULIDADE DE PROTESTO. Relação comercial locatícia. Débitos protestados oriundos de aluguel, condomínio e IPTU. Lei Estadual n. 13.160, de 21.07.2008. Inconstitucionalidade declarada pelo Órgão Especial desse E. Tribunal. Subsistência do protesto não legitimada. Legislação federal que não traz autorização para protesto de créditos oriundos de contrato de locação. Ação julgada improcedente. Sentença reformada. Recurso provido".[8]

A propósito, em face da decisão citada no julgado transcrito (que declarou a inconstitucionalidade da Lei Estadual 13.160, de 21-7-2008), temos que é necessário examiná-la em sua essência, pois ela própria acaba dando subsídios relevantes ao protesto ora estudado.

Originada em discussão acerca da protestabilidade do contrato de locação de imóveis, a decisão adentrou o campo da lei estadual mencionada, que se refere ao protesto daquele contrato. Dita a ementa: "Incidente de Inconstitucionalidade. Arguição suscitada pela 36ª Câmara de Direito Privado. Lei Estadual n. 13.160/2008, na parte que alterou os itens 7 e 8, das Notas Explicativas da Tabela IV – Dos Tabelionatos de Protestos de Títulos da Lei n. 11.331/2002. Matéria de Direito Civil e Comercial. Competência legislativa privativa da União. Extrapolação, pelo Estado, do âmbito de abrangência de sua competência material. Procedência. Inconstitucionalidade declarada".[9]

---
8. TJSP, Ap. 0169993-23.2009.8.26.0100, Rel. Irineu Fava.
9. TJSP, Arguição de Inconstitucionalidade 990.10.209782-0, Rel. Des. José Roberto Bedran.

Em seu voto vencedor, o próprio Desembargador José Roberto Bedran ressalva: "Na verdade, **sem prejuízo da interpretação que lhes venha a dar a competente orientação normativa administrativa** e o Poder Judiciário no exercício da sua típica função jurisdicional, só à lei federal, ou decreto regulamentar federal – o ato normativo expresso, específico e competente do direito positivo, tão enfaticamente reclamado nos ilustrados pareceres da Eg. Corregedoria-Geral da Justiça –, caberia disciplinar, definir e conceituar quais e de que forma seriam sujeitos a protesto 'os outros documentos de dívida'" (grifo nosso).

O Desembargador Cauduro Padin, por sua vez, em voto vencido, reporta-se justamente à decisão prolatada no Proc. 864/2004 da Corregedoria-Geral da Justiça de São Paulo, que acolheu o Parecer 076/2005, a que já nos reportamos, dizendo, em suma, que há regramento normativo a possibilitar o protesto discutido. Conclui o prolator: "vê-se, portanto, que a lei impugnada traz instrumentalização para o regime de custeio dos registros notariais do estado dentro da permissão na expressão 'outros documentos de dívida' referidos na Lei n. 9.492/97, ausente qualquer ofensa ao pacto federativo ou competência federal".

A decisão citada (Proc. 864/2004), por outro lado, em trecho transcrito para o voto vencido referido, reporta-se a outra, também de cunho administrativo:

> "Partindo-se dessa premissa e considerando que, há muito tempo, é pacificamente admitido para efeitos falimentares o protesto de títulos executivos judiciais e extrajudiciais sem feição estritamente cambial (o que não deixou de ser reconhecido naqueles pareceres proferidos no proc. CG n. 2.374/97 e no proc. CG n. 1.500/02, com reiteração no proc. CG n. 168/03), a generalização dessa possibilidade, corolário da equiparação decorrente da sistemática atual, não representará novidade especialmente inusitada no âmbito do serviço delegado, pois estes outros documentos de dívida, embora apenas para aquela peculiar finalidade, já vêm sendo protestados.
>
> Quanto, por exemplo, ao crédito resultante do aluguel de imóveis comprovado por contrato escrito (CPC, art. 585, IV), a viabilidade do protesto, conquanto então circunscrito ao dito alvo especial, já foi consolidada no âmbito desta Corregedoria-Geral há mais de vinte anos, com supedâneo em minucioso parecer do MM. Juiz Narciso Orlandi Neto, prolatado no processo CG n. 183/84, em 25 de setembro de 1984.
>
> Reputou 'indeclinável' a medida quando tenha o contrato de locação 'acompanhado dos recibos', o que prevalece até o presente: 'O contrato de locação contém o reconhecimento, pelo locatário, das parcelas que constituem seu débito, declaradas nos recibos: principal, multa, correção monetária, juros e impostos. É a ele que a lei empresta liquidez e certeza. Poder-se-ia argumentar, em sentido contrário, com a necessidade de cálculo para apuração do *quantum*, mas aqui vale a presunção de veracidade do afirmado pelo credor. Guardada a distância existente entre o simples protesto e a execução do título extrajudicial, é aplicável o que já decidiu o E. Primeiro Tribunal de Alçada Civil: 'Existe em favor do locador uma presunção *juris tantum* de que aquilo que alega como sendo quantia líquida e certa de seu crédito é a verdade, assistindo ao devedor o ônus de destruir a presunção' (*Julgados*, v. 78, p. 296). Se as quantias declaradas pelo apresentante do título a protesto forem indevidas, ou estiverem pagas, incumbe ao devedor, destruindo aquela presunção, sustar o protesto, assim como lhe competiria, na execução, embargá-la".

Ora, se o acórdão expressamente ressalvou a validade e a eficácia de interpretação de cunho administrativo-normativo para definir o que é documento de dívida, é possível chegarmos à conclusão de que a decisão analisada, na verdade, não vedou o protesto e teve caráter eminentemente formal, ao acolher a arguição de inconstitucionalidade.

A propósito, o próprio Tribunal de Justiça de São Paulo deixou antever a possibilidade do protesto no seguinte julgado:

> "Tabelião. Indenização. Protesto de título realizado com observância dos requisitos formais a tanto estabelecidos. Contrato de locação. Data de vencimento constante do protesto que corresponde à do vencimento do último aluguel. Demais questões estranhas à qualificação tabelioa. Improcedência de rigor. Sentença mantida. Recurso desprovido".[10]

A mesma sinalização deu o Superior Tribunal de Justiça (dispensando a assinatura de testemunhas), ao reconhecer a força executiva do contrato.

> "PROCESSUAL CIVIL. AGRAVO INTERNO. AGRAVO EM RECURSO ESPECIAL. CONTRATO DE LOCAÇÃO. TÍTULO EXECUTIVO EXTRAJUDICIAL. ASSINATURAS DE DUAS TESTEMUNHAS. DESNECESSIDADE. 1. O contrato de locação não precisa estar assinado por duas testemunhas para servir como título executivo extrajudicial. 2. Agravo interno a que se nega provimento".[11]

O contrato de locação, assim, pode tecnicamente ser objeto de protesto, ainda que encontre alguma resistência pretoriana. Não obstante essa colocação, observa-se que o Tabelião de Protesto está sempre adstrito à observância das normas regulamentares e decisões administrativas baixadas pelos Tribunais e Corregedorias locais. Havendo vedação, há de ser respeitada. Além disso, naturalmente, deve cumprir as decisões judiciais lançadas em relação a contratos submetidos a seu exame.

b) Requisitos formais para o protesto.

Partindo da premissa da admissibilidade do protesto, já expressa em algumas unidades da Federação (mesmo porque os julgados referidos apenas produziram efeitos em relação às partes), vejamos aspectos formais e procedimentais do documento e do protesto.

Nesse caso, a eficácia executiva também independe da existência de testemunhas instrumentárias, pois não há exigência legal.

O valor a protestar pode incluir os aluguéis e demais acessórios indicados no instrumento (e não vedados por lei), bem como os que decorram diretamente da lei, embora não previstos no ajuste. A locação de imóvel é regida pela Lei n. 8.245/91. Assim, é possível incluir, desde que líquidas e exigíveis, contas de energia elétrica, de gás, despesas ordinárias de condomínio, IPTU, multa pelo atraso no pagamento do aluguel etc.

Por outro lado, em razão de iliquidez, não é possível incluir valor referente a danos ao imóvel ou a benfeitorias realizadas pelo locador.

A multa moratória não se vincula aos limites do Código de Defesa do Consumidor. "O Superior Tribunal de Justiça entende ser incabível a aplicação das disposições do Código de Defesa do Consumidor às relações locatícias regidas pela Lei 8.245/91, porque se trata de microssistemas distintos, pertencentes ao âmbito normativo do direito privado".[12]

---

10. TJSP, Ap. 0029173-52.2011.8.26.0562, Rel. Des. Claudio Godoy.
11. Agravo interno no AREsp 970.755/RS, Rel. Ministra Maria Isabel Gallotti, 4ª Turma, julgado em 21-3-2017, *DJe* 7-4-2017.
12. STJ, AgRg. no Ag. 660.449, Rel. Mina. Maria Thereza de Assis Moura.

No tocante à multa por descumprimento do contrato, deve-se fazer uma distinção. Se for líquida (mesmo que dependa de cálculos aritméticos) pode ser incluída. É o que se dá, exemplificando, com a devolução antecipada do imóvel. A multa, ainda que proporcional, normalmente é de fácil apuração. Consigna-se, contudo, a existência de dissenso acerca dessa possibilidade.

Por outro lado, sendo ilíquida a multa, naturalmente não pode ser incluída. Imagine-se que o contrato contenha cláusula prevendo que o locatário não deve alterar a cor do imóvel. Ele, no entanto, modifica a cor de algumas partes ou paredes, mantendo a de outras. Nesse caso, o valor da multa não pode ser apurado por simples cálculos, descabendo sua inclusão no valor a protestar.

Nos julgados a seguir transcritos, emanados do Superior Tribunal de Justiça, pode-se apreender os cuidados exigidos para avaliação da possibilidade de incidência da multa compensatória e sua cumulação com a moratória.

> "É firme a jurisprudência do Superior Tribunal de Justiça no sentido de ser possível a cumulação das multas moratória e compensatória quando tiverem elas origem em fatos geradores diversos, como ocorrido no caso concreto."[13]

> "Esta Eg. Corte, em reiterados julgamentos, tem se manifestado pela possibilidade de execução conjunta de encargos decorrentes do aluguel, bem como de eventual multa decorrente do descumprimento do contrato de locação, desde que expressamente prevista e delimitada no instrumento. Precedentes."[14]

> "Para aferição da possibilidade, ou não, de se exigir a multa compensatória prevista no contrato de locação sem a prévia apreciação em processo de conhecimento, faz-se necessária a interpretação das cláusulas contratuais pertinentes à forma de fixação do valor da indigitada multa compensatória. Incidência da Súmula 5/STJ. Precedentes."[15]

Dessa maneira, se o apresentante pretende incluir a multa compensatória no valor a protestar, é necessário que indique a cláusula violada, explicitando o fato que a afronta, a fim de possibilitar o exame de liquidez e também o cabimento de cumulação com a multa moratória. É inviável essa cumulação, por exemplo, se o descumprimento se refere ao atraso no pagamento do aluguel, pois ocorreria um *bis in idem*. Não olvidemos, porém, que a inclusão da pena pecuniária compensatória somente é possível se houver liquidez e que não cabe ao Tabelião avaliar questões relativas à configuração do fato que ensejou sua incidência. Havendo qualquer dúvida sobre essa ocorrência, não se deve admitir que seja incluída.

Com o contrato, deve ser apresentada planilha de cálculo com especificação de todos os itens e valores a protestar, bem como da aplicação de correção e juros cabíveis, mas não se exige a prova da propriedade, como entende o Superior Tribunal de Justiça: "O entendimento deste Superior Tribunal de Justiça é no sentido de que é possível a cobrança dos aluguéis pelo locador, sem a exigência de prova da propriedade, sendo

---

13. STJ, REsp 832.929, Rel. Min. Arnaldo Esteves Lima.
14. STJ, AgRg. no Ag. 778.592, Rel. Min. Felix Fischer.
15. STJ, REsp 487.572, Rel. Min. Arnaldo Esteves Lima.

suficiente a apresentação do contrato de locação para a instrução da execução extrajudicial. Precedentes".[16]

O contrato cuja vigência for automaticamente prorrogada, pode ser protestado. "PROCESSUAL CIVIL. LOCAÇÃO. CONTRATO. ART. 585, IV, DO CPC. Nos termos do art. 585, IV, do CPC, constitui título executivo judicial o contrato de locação escrito, devidamente assinado pelos contratantes, ainda que vencido o prazo locatício e prorrogado por tempo indeterminado. Recurso provido."[17]

Tem sido reconhecido o caráter de título executivo do contrato escrito de locação de espaço em *shopping center*, inclusive no tocante aos encargos:

> "EMENTA: Locação. Espaço em shopping center. Execução: – Extinção do processo com base no art. 267, VI, Cód. Proc. Civil. Necessidade apenas do contrato escrito de locação. Abrangência, inclusive, dos encargos da locação e do fundo de promoção. Presença dos requisitos de liquidez, certeza e exigibilidade. Existência de título. Recurso provido".[18]

> "Locação comercial – Shopping Center – Execução – Título executivo extrajudicial – Contrato escrito – Aluguéis e encargos – Inclusão – Admissibilidade – Exceção de pré-executividade rejeitada – Recurso provido. Atribuindo exequibilidade ao crédito decorrente de aluguel, a lei não afasta a possibilidade de se incluir no título executivo extrajudicial os valores dos demais encargos de locação e contratualmente estabelecidos".[19]

c) O fiador como devedor para fins de protesto.

Impõe-se desde logo trazer aspectos referentes à limitação temporal da responsabilidade do fiador.

O art. 39 da Lei n. 8.245/91 dispõe: "Salvo disposição contratual em contrário, qualquer das garantias da locação se estende até a efetiva devolução do imóvel, ainda que prorrogada a locação por prazo indeterminado, por força desta Lei". Mas o inciso X do art. 40 da mesma lei permite ao locador exigir nova garantia em caso de "prorrogação da locação por prazo indeterminado uma vez notificado o locador pelo fiador de sua intenção de desoneração, ficando obrigado por todos os efeitos da fiança, durante 120 (cento e vinte) dias após a notificação ao locador".

Por outro lado, o art. 835 do Código Civil permite: "O fiador poderá exonerar-se da fiança que tiver assinado sem limitação de tempo, sempre que lhe convier, ficando obrigado por todos os efeitos da fiança, durante sessenta dias após a notificação do credor".

Dizem os tribunais:

> "A Terceira Seção deste Tribunal firmou entendimento no sentido da validade de cláusula de contrato de locação por prazo certo que prorrogue a fiança até a entrega das chaves do imóvel, se expressamente aceita pelo fiador que não se exonerou do encargo na forma do art. 835 do Diploma Civil atual, correspondente ao art. 1.500 do Código Civil de 1916. Precedentes (AgRg nos EREsp. 921.723/SP, Rel. Min. MARIA THEREZA DE ASSIS MOURA, *DJe* 21-8-2009)".[20]

---

16. STJ, REsp 706.594, Rel. Mina. Laurita Vaz.
17. STJ, REsp 176.422, Rel. Felix Fisher.
18. TJSP, Apel. 1.121.689-0/0, Rel. Kioitsi Chicuta.
19. TJSP, Agravo de Instrumento 1.254.592-0/3, Rel. Des. Orlando Pistoresi.
20. STJ, AgRg no Ag. 1.182.791, Rel. Min. Napoleão Nunes Maia Filho.

Fundamentando a extensão da garantia, em voto acolhido, o Superior Tribunal de Justiça assim se expressou:[21]

"Quanto ao mais, cediço que o contrato de fiança, de fato, não admite interpretação extensiva, haja vista sua natureza benéfica.

"No entanto, havendo cláusula contratual no sentido de que a responsabilidade dos fiadores se estende até a entrega das chaves, o seu cumprimento é medida que se impõe, sob pena de invalidar a norma legalmente prevista no artigo 39 da Lei n. 8.245/1991, que assim dispõe: Art. 39. Salvo disposição contratual em contrário, qualquer das garantias da locação se estende até a efetiva devolução do imóvel. Na esteira desse entendimento é que a Terceira Seção do Superior Tribunal de Justiça, no julgamento do EREsp. 566.633/CE, em sessão de 22.11.2006 (dia seguinte ao do precedente indicado nas contrarrazões dos recorridos), modificou a compreensão sobre o tema.

"Naquela ocasião, assentou a jurisprudência no sentido de que o fiador que não se exonerou, na forma da lei civil, continua garantidor do contrato prorrogado por prazo indeterminado quando houver cláusula expressa de responsabilidade fidejussória até a entrega das chaves."

Essa é a posição que tem prevalecido e nesse sentido é a Súmula 7 do Tribunal de Justiça de São Paulo: "Nos contratos de locação, responde o fiador pelas suas obrigações mesmo após a prorrogação do contrato por prazo indeterminado se não se exonerou na forma da lei".

Já nos termos da Súmula 214 do Superior Tribunal de Justiça, "o fiador na locação não responde por obrigações resultantes de aditamento ao qual não anuiu".

Já se decidiu, no entanto, que "prorrogado o contrato de locação por prazo indeterminado, o superveniente aditamento referente a valores dos aluguéis, por não se tratar de alteração substancial na avença original, não implica a exoneração total da fiança prestada, mas apenas do excesso decorrente do aditamento, ficando a garantia preservada relativamente aos valores originalmente pactuados, pois caso não houvesse o aditamento, a responsabilidade do fiador se estenderia até a entrega das chaves".[22]

Tratemos agora da possibilidade de ser o fiador indicado isoladamente como devedor, para fins de protesto do contrato de locação.

Sua inclusão ao lado do locatário não demanda maiores considerações, por ser francamente admitida, como vimos. A questão surge ao indagarmos sobre a possibilidade de figurar como devedor sem que o locatário também seja apontado como tal.

A fiança tem natureza subsidiária; a solidariedade não se presume e tampouco comporta interpretação extensiva. Dessa maneira, a simples existência da fiança não gera presunção de solidariedade.

O art. 568, IV, do Código de Processo Civil anterior, que se referia apenas ao fiador judicial, não possibilitava a execução ou o protesto somente em relação ao fiador extrajudicial, de maneira que a opção entre ele (fiador) e o locatário deveria decorrer de seu enquadramento como devedor principal (inciso I do mesmo artigo). Para que isso ocorresse, seria necessário que o contrato expressamente o designasse *devedor solidário*, ou *coobrigado*, ou empregasse outra expressão equivalente.

---
21. STJ, REsp 1.106.195, Rel. Min. Jorge Mussi.
22. STJ, Edecl nos EdREsp 299.251, Rel. Mina. Laurita Vaz.

No Código de Processo Civil agora vigente, o fiador tem legitimidade passiva para figurar na execução, por força do disposto no art. 779, IV, que expressamente menciona o "fiador do débito constante em título extrajudicial", de maneira que não mais se faz impositiva a exigência mencionada no parágrafo anterior. Hoje, portanto, o fiador pode ser isoladamente indicado devedor para fins de protesto, ainda que não figure no contrato como principal pagador.

A alteração legislativa impõe nova reflexão acerca do benefício de ordem, pois a obrigatoriedade anterior da caracterização do fiador como principal devedor diminuía a relevância daquele benefício. Hoje, contudo, sob pena de tornar letra morta o art. 827 do Código Civil, se o fiador não for qualificado como principal pagador, o protesto será possível se renunciou ele ao benefício de ordem.

Em síntese, tem-se o seguinte: a) o fiador pode ser indicado devedor em conjunto com o locatário; b) o fiador pode ser indicado devedor isoladamente se figurar no contrato como codevedor principal ou como devedor solidário e nessa hipótese, afastado o caráter subsidiário da obrigação, é desnecessária a renúncia ao benefício de ordem; c) o fiador pode ser isoladamente indicado devedor, mesmo quando não figure no contrato como codevedor principal ou como devedor solidário, desde que tenha renunciado ao benefício de ordem.

5.2.2.2 O protesto do leasing

Como regra, salvo no caso de contrato para abertura de crédito rotativo, os contratos bancários ou financeiros que preencham os requisitos já mencionados podem ser protestados. O *leasing*, contudo, tem aspectos próprios que precisam ser avaliados em cada caso.

O *leasing* é título executivo enquadrado no inciso II do art. 784 do Código de Processo Civil e, portanto, pode ser protestado, se líquido, certo e exigível, com os demais requisitos a que nos reportamos ao tratarmos de contratos em geral.

O parágrafo único do art. 1º da Lei n. 6.099/74 define: "Considera-se arrendamento mercantil, para os efeitos desta Lei, o negócio jurídico realizado entre pessoa jurídica, na qualidade de arrendadora, e pessoa física ou jurídica, na qualidade de arrendatária, e que tenha por objeto o arrendamento de bens adquiridos pela arrendadora, segundo especificações da arrendatária e para uso próprio desta".

Marcelo Bertoldi explica que esse arrendamento se dá mediante o pagamento de aluguel e que o arrendatário pode optar por adquirir ou não o bem.[23]

Assim, enquanto o bem estiver em poder do arrendatário será devida a contraprestação, cessando a obrigação de pagamento desta com a retomada pelo arrendador. Como consequência de sua natureza, temos que, retomado o bem, a prestação do arrendatário deixa de ser devida.

---

23. BERTOLDI, Marcelo M.; RIBEIRO, Márcia Carla Pereira. *Curso avançado de direito comercial*, p. 811.

"Segundo Jurisprudência consolidada neste STJ, ocorrendo a resolução do contrato de *leasing* por inadimplemento do arrendatário e sendo retomado o bem, não se permite que o arrendador exija o pagamento das prestações vincendas".[24]

Não é possível, como se depreende, o vencimento antecipado de parcelas. Para melhor compreensão, afiguremos um exemplo: o contrato prevê o pagamento de trinta e seis parcelas. Depois de pagas as dez primeiras, o devedor torna-se inadimplente e o arrendador apresenta o contrato a protesto mesmo antes da retomada. Somente poderão integrar o valor a protestar as parcelas que venceram até a data da apresentação; afinal, a inclusão das vincendas tornaria incerta e ilíquida a obrigação, uma vez que o bem tanto poderia ser retomado no dia seguinte à apresentação, como depois de um ou de dez meses. E, como já dissemos, depois da retomada ou entrega, as prestações serão indevidas.

Partindo do mesmo exemplo, imaginemos que o bem foi retomado em 10 de fevereiro e a apresentação a protesto se deu em 20 de setembro do mesmo ano. Somente será possível incluir no valor a protestar as parcelas vencidas até a retomada (10-2).

Mas há outro aspecto a considerar. Para abordá-lo, tomamos de empréstimo a solução cogitada no seguinte julgado:

"Cláusula resolutória. Subsistência do contrato até a entrega efetiva do veículo. Obrigação de devolução das parcelas pagas a título de VRG. Restituição condicionada à existência de saldo em favor do arrendatário, após a venda do bem e abatimento do valor contratualmente disponibilizado ao devedor. Provimento, com observação".[25]

No corpo do acórdão, o procedimento é explicado: "Portanto, devolvido o bem objeto da garantia, a devolução das quantias pagas a título de Valor Residual Garantido ao arrendatário somente ocorrerá se o valor da venda extrajudicial do bem for superior ao valor contratualmente disponibilizado ao devedor, autorizada a compensação deste montante com eventual crédito da empresa arrendante, tudo a ser avaliado em liquidação ou pelas vias ordinárias, sendo de rigor o provimento do recurso nesta parte, invertida a sucumbência uma vez que a autora decaiu de parte mínima do pedido".

Dessa forma, é fácil perceber que o valor da venda do bem, promovida pelo arrendante, é de fundamental importância na apuração de eventual saldo a pagar ou a restituir. Há julgado do Superior Tribunal de Justiça que, embora se refira a contrato de financiamento, aplica-se perfeitamente ao *leasing* sob esse aspecto:

"PROCESSUAL CIVIL. ALIENAÇÃO FIDUCIÁRIA. VENDA EXTRAJUDICIAL DO BEM. AJUIZAMENTO DA EXECUÇÃO, CONTRA O AVALISTA. COBRANÇA DO SALDO DEVEDOR REMANESCENTE. AUSÊNCIA DE LIQUIDEZ E CERTEZA. Seguindo os precedentes da Turma 'a venda extrajudicial do bem, independentemente de prévia avaliação e de anuência do devedor quanto ao preço, retira ao eventual crédito remanescente a característica de liquidez, e ao título dele representativo, em consequência, a qualidade de título executivo. Em casos tais, pelo saldo devedor somente responde pessoalmente, em processo de conhecimento, o devedor principal'. Recurso especial conhecido e provido".[26]

---

24. STJ, REsp 236.699, Rel. Min. Waldemar Zveiter.
25. TJSP, Ap. 0049399-33.2010.8.26.0071, Rel. Luis Fernando Nishi.
26. STJ, REsp 142.984, Min. Cesar Asfor Rocha.

A compensação que envolve o valor apurado com a venda do bem também foi indicada no seguinte julgado relativo ao *leasing*, inclusive no que diz respeito ao valor residual garantido (VRG):

> "Tendo o bem sido reintegrado na posse da arrendante e vendido extrajudicialmente, só poderá ser exigido dos arrendatários o pagamento das parcelas vencidas até o momento da entrega, com os encargos pactuados no contrato de *leasing*, porém com isenção do valor residual garantido, que também deverá ser abatido das prestações pagas, já que afastada a prerrogativa de compra do veículo".[27]

Diante disso, tem-se como ilíquido e, portanto, não protestável o contrato de *leasing* em que houve a venda extrajudicial do bem sem a anuência do devedor em relação ao valor apurado. Se não houver prova dessa concordância, não terá força executiva o contrato, e a questão demandará discussão no juízo ordinário.

Conclui-se, portanto, que a apresentação do contrato de *leasing* a protesto deve vir acompanhada de declaração do arrendante que contenha informação de não retomada ou da data em que ela ocorreu. Se houve retomada, deve ser apresentada prova de que o devedor anuiu ao valor da venda. Caberia, sobre este último requisito, declaração substitutiva firmada pelo apresentante, sob sua responsabilidade, de que tem em seu poder essa prova, mas cada regramento normativo estadual deve regular essa possibilidade.

5.2.2.3 O protesto do contrato de honorários advocatícios

Já sustentamos outrora a impossibilidade desse protesto e assim o fizemos lastreados na regra contida no art. 42 do Código de Ética e Disciplina da OAB de 1995. Sobreveio, contudo, interpretação do Órgão Especial do Pleno do Conselho Federal da OAB que, por unanimidade, assim decidiu: "Consulta. Protesto de contrato de honorários advocatícios. Cabimento, como documento de dívida de natureza não mercantil. Ausência de ofensa ao artigo 42 do Código de Ética e Disciplina. Exercício regular de um direito".[28] Tendo em vista que a interpretação atual decorreu do mesmo órgão que havia, em última análise, imposta a vedação, há de prevalecer o pensamento recente. Hoje há de ser admitida a apresentação a protesto.

Nesse sentido:

> "PROTESTO – CONTRATO DE HONORÁRIOS ADVOCATÍCIOS – Nova redação do art. 52 do Código de Ética e Disciplina da Ordem dos Advogados do Brasil – Art. 24 da lei 8.906/94 – Admissibilidade do protesto, desde que o contrato esteja acompanhado de declaração firmada pelo advogado, sob sua responsabilidade, de que tentou receber amigavelmente a quantia de que se diz credor."[29]

5.2.3 O protesto de encargos de condomínio

Divergiam os estudiosos do direito sobre a possibilidade do protesto da chamada quota ou contribuição condominial, ou seja, do crédito do condomínio formalmente

---
27. STJ, REsp 211.570, Rel. Min. Waldemar Zveiter.
28. CONSULTA 49.0000.2011.001955-3. Ementa 0158/2011/OEP, Rel. Conselheiro Federal Luiz Saraiva Correia.
29. Corregedoria Geral da Justiça de São Paulo – Proc. **2017/171359**.

constituído em relação ao proprietário do imóvel que partilha da área comum, por meio de fração que lhe é outorgada.

Trata-se hoje de matéria superada em face do que expressamente consta do art. 784, inciso X, do Código de Processo Civil. O documento mencionado é título executivo extrajudicial e como tal pode ser objeto de apresentação a protesto.

E justifica-se plenamente a medida, pois a inadimplência causa prejuízo aos que cumprem regularmente sua obrigação e afronta o senso moral do homem médio, na medida em que uns pagam para que outros usufruam sem a respectiva contrapartida. No mais, basta olhar para nossos tribunais e verificar que a quase totalidade das ações de cobrança de contribuições condominiais não apresentam contestação com a mínima fundamentação jurídica e resultam não raro em acordos para a prorrogação da dívida, ou seja, o Judiciário não é utilizado para a defesa contra abusos do condomínio, mas para *dar um fôlego maior* aos inadimplentes.

Ensina Flauzilino Araújo dos Santos: "a utilização do tabelionato de protestos como forma de solução extrajudicial para cobrança dos débitos condominiais em atraso representa celeridade, custos reduzidos e segurança jurídica para os condomínios que se valerem de serviço público extrajudicial a delegado, prestado por profissional do direito, cuja atuação é marcada por imparcialidade, controle e fiscalização do Poder Judiciário".[30]

O citado autor, antes de destacar a possibilidade do preenchimento dos requisitos de liquidez, certeza e exigibilidade dessa obrigação, assevera que "não se pode tolerar demora na satisfação dos encargos e despesas, de cuja solução depende a manutenção dos bens comuns, a prestação dos serviços em benefício de toda a comunidade e, em suma, a sobrevivência do próprio condomínio".[31]

É merecedor de registro o fato de que atualmente as Normas de Serviço da Corregedoria-Geral da Justiça de São Paulo, como outras do país, autoriza e regulamentam o protesto dos encargos de condomínio:

> 20.7. Para protesto do crédito referente às contribuições ordinárias ou extraordinárias de condomínio edilício, o Condomínio deverá apresentar planilha, assinada pelo síndico, na qual conste a especialização do crédito condominial, convenção do condomínio para comprovação da previsão das contribuições ordinárias ou extraordinárias ou a aprovação destas em assembleia geral, bem como a indicação do nome, endereço e CPF ou CNPJ do condômino-devedor.
>
> 20.7.1. A apresentação a protesto será feita perante o Tabelião do local da unidade condominial ou do domicílio do devedor.

O Tribunal de Justiça de São Paulo corroborou esse pensamento.

> "DESPESAS DE CONDOMÍNIO – Pretensão de cancelamento de protesto e de indenização – Protesto efetivado com base em exercício regular de direito amparado em lei estadual cuja inconstitucionali-

---

30. SANTOS, Flauzilino Araújo dos. *Condomínio e incorporações no registro de imóveis:* teoria e prática. São Paulo: Mirante, 2011, p. 187.
31. SANTOS, Flauzilino Araújo dos. *Condomínio e incorporações no registro de imóveis*, p. 188.

dade foi reconhecida apenas incidentalmente nos autos – Ausência de responsabilidade dos réus pela pretendida reparação – Sentença de procedência parcial mantida – Recurso não provido."[32]

Com a premissa de possibilidade, tracemos alguns aspectos do protesto da contribuição ou dos encargos de condomínio.

Os débitos condominiais devem ser apresentados a protesto pelo condomínio, representado pelo síndico ou por administrador que possa fazê-lo.

Devedor é o proprietário ou promissário comprador, e não o locatário ou comodatário, tendo em vista que se trata de obrigação *propter rem*.

Havendo previsão no ajuste de locação, como vimos, poderão os encargos condominiais (despesa ordinária) ser incluídos no valor a protestar quando o objeto do protesto for o contrato. Assim, o condomínio pode cobrar os encargos do proprietário (protesto dos encargos condominiais), que por sua vez pode pleiteá-los do locatário.

Têm legitimidade para o protesto os condomínios regulares, que não se confundem com os loteamentos fechados, onde o que se deve não é parcela de condomínio, mas, sim, contribuição associativa. Aqueles são constituídos com formalidades que dão maior segurança ao instituto, a justificar, assim, o protesto.

Os seguintes documentos devem ser apresentados por cópia, salvo regramento normativo diverso: ata de eleição do síndico ou daquela em que se autorizou a administração por terceiro; documento com especificação do valor indicado e encargos que o integram, servindo esse como materialização da obrigação; a ata em que foi estabelecido o valor dos encargos condominiais; prova de que o devedor indicado é condômino (proprietário ou promissário comprador), além dos documentos normais exigidos para a apresentação a protesto. Havendo permissão legal ou normativa, esses documentos poderão ser substituídos por declaração firmada pelo apresentante no sentido de que os tem em seu poder e se compromete a apresentá-los quando exigido.

5.2.4 O protesto de decisões judiciais

As decisões judiciais, podem ser objeto de protesto, se líquidas e exigíveis.

Apenas as decisões com trânsito em julgado, excepcionando-se as que impõem o pagamento de alimentos - que não exigem esse requisito, já transcorrido o prazo para pagamento voluntário, podem ser protestadas.

O protesto é atualmente regulado, em termos gerais, pelo Código de Processo Civil. A normatização encontra-se no art. 517 e, no tocante à obrigação de pagar alimentos, no § 1º do art. 528.

A apresentação de decisão que reconhece a exigibilidade de obrigação de prestar alimentos pode ser realizada de ofício pelo juízo, que, nesse caso, a remeterá diretamente ao tabelião.

---

32. TJSP – Ap. nº 0002594-47.2011.8.26.0116 – Rel. Des. Sá Duarte.

A inclusão do instituto do protesto nas medidas voltadas a obter o cumprimento da sentença realça o fim atual do procedimento para protesto, como forma de obtenção de satisfação de obrigações e desafogo do Poder Judiciário.

Temos sustentado a possibilidade da apresentação a protesto das seguintes decisões e certidão extraída dos autos de execução por título extrajudicial:[33]

a) No processo de conhecimento que não tem por objeto a concessão de alimentos

a.1) Decisões proferidas e cumpridas no juízo cível

– sentenças, acórdãos, decisões unipessoais e decisões interlocutórias de mérito que não impõem obrigação de pagar alimentos.

– sentenças prolatadas em ação coletiva

– sentença que fixa astreintes em processo de conhecimento que tem por objeto obrigação de fazer, de não fazer, ou de dar coisa.

a.2) Sentenças proferidas em outros juízos, mas cumpridas no juízo cível

– Sentença penal

– Sentença arbitral

a.3) Sentença proferida e cumprida na Justiça do Trabalho

– Sentença trabalhista

b) No processo de conhecimento (procedimento especial) que tem por objeto a concessão de alimentos

– sentença, acórdãos e decisões unipessoais

– decisão que concede alimentos provisórios (com a nota de que estes, mantida a protestabilidade, podem ser fixados também em outras ações).

c) Na execução por título extrajudicial

– certidão extraída dos autos (não é decisão, mas sua inclusão neste trabalho justifica-se por se tratar de documento judicial)

– decisão que fixa astreintes quando a execução tem por objeto obrigação de fazer, de não fazer ou de dar coisa que não seja dinheiro.

d) Na ação monitória

– decisão que determina a expedição do mandado monitório.

e) No procedimento de tutela provisória

– decisão que concede tutela de urgência

– decisão que concede tutela de evidência

Como destaca a obra citada, a apresentação a protesto de cada uma dessas decisões deve observância a requisitos próprios, partindo-se, via de regra, dos artigos 517 e 528, § 1º do Código de Processo Civil.

---

33. BUENO. Rafael Gouveia. Bueno. Sérgio Luiz José. *Protesto de sentença e outras decisões judiciais*. Indaiatuba: Foco, 2020, p. 35-36.

É fundamental a correta interpretação da expressão "transitada em julgado" contida no artigo 517, pois a compreensão equivocada pode restringir indevidamente a aplicação da figura em exame. Considera-se transitada em julgado a decisão quando contra ela não cabe mais recurso. E o trânsito em julgado, em alguns casos, não se confunde com a definitividade do direito de fundo.

> "Como se vê, não podemos confundir a imutabilidade do direito reconhecido na decisão interlocutória, com a imutabilidade do direito a ser reconhecido por sentença. A decisão interlocutória, pode, em alguns casos, transitar em julgado, sem que seu conteúdo (a tutela concedida) seja alcançado pela coisa julgada."[34]

5.2.5 O protesto da certidão de dívida ativa

O tema foi objeto de grande controvérsia, hoje superada em face de expressa previsão legislativa, cuja constitucionalidade foi reconhecida pelo Supremo Tribunal Federal.

A Lei Federal n. 12.767, de 27 de dezembro de 2012, por seu art. 25, acrescentou o parágrafo único ao art. 1º da Lei n. 9.492/97, com a previsão de que as certidões da dívida ativa incluem-se entre os documentos protestáveis.

Questionando a constitucionalidade da mencionada lei, foi proposta a Ação Direta de Inconstitucionalidade n. 5.135, julgada improcedente. O Supremo Tribunal Federal reconheceu a constitucionalidade da norma e a legalidade do protesto. Encerra-se, assim, a controvérsia.

A citada lei, a propósito, surgiu como mero reforço à possibilidade do protesto, plenamente justificável mesmo antes de sua edição, servindo predominantemente para demonstrar a vontade do Legislativo e do Executivo na utilização do protesto, almejando que o Estado cumpra sua função de arrecadar com eficácia. A vontade manifesta daqueles Poderes é parte da luta contra a sonegação e o inadimplemento hoje tão danosos ao país, com prejuízo – sempre – das camadas mais pobres da sociedade, sujeitas à precária prestação de atendimento à saúde, educação, segurança e moradia (apenas para exemplificar).

Vários julgados mencionados neste capítulo antecedem a citada permissão legislativa, o que demonstra o cabimento anterior do protesto.

Está claro que o protesto da Certidão da Dívida Ativa não se justifica por sua necessidade formal, o que não afasta sua obrigatoriedade social e moral. Tributo custeia a saúde, a educação, a segurança e os maiores prejudicados com a sonegação ou indefinida protelação de pagamento são os mais pobres, quase sempre com o odioso favorecimento dos mais astutos, dentre grandes contribuintes que acabam não contribuindo. Os contribuintes realmente lesados em seu direito (não o de protelar, porque a isso não têm direito) poderão sempre obstar o protesto pelos meios processuais adequados.

---

34. BUENO. Rafael Gouveia. Bueno. Sérgio Luiz José. *Protesto de sentença e outras decisões judiciais*, cit., p. 45.

Dessa maneira, é forçoso concluir que a inovação trazida pela Lei n. 12.767/2012 vem a consolidar, por meio de inclusão em texto legal, a medida que antes já era plenamente justificada pelo Direito em termos gerais. A positivação configurou mero reforço interpretativo. Esse é, aliás, o posicionamento do Superior Tribunal de Justiça:

> "TRIBUTÁRIO. PROTESTO DE CERTIDÃO DE DÍVIDA ATIVA. PARÁGRAFO ÚNICO DO ART. 1º DA LEI N. 9.492/97, INCLUÍDO PELA LEI N. 12.737/2012. APLICAÇÃO A SITUAÇÕES ANTERIORES À ALTERAÇÃO LEGISLATIVA. POSSIBILIDADE. NATUREZA MERAMENTE INTERPRETATIVA. 1. A orientação da Segunda Turma deste Tribunal Superior é no sentido de admitir o protesto da CDA, mesmo para os casos em que o crédito foi inscrito em Dívida Ativa em período anterior à inserção do parágrafo único do art. 1º da Lei n. 9.492/1997, levada a efeito pela Lei n. 12.737/2012, tendo em vista o caráter meramente interpretativo da novel legislação. Precedente: REsp 1.126.515/PR, Rel. Ministro Herman Benjamin, Segunda Turma, julgado em 3-12-2013, *DJe* 16-12-2013. 2. Recurso especial provido".[35]

5.2.6 O protesto do termo de ajuste de conduta

Termos de ajuste de conduta são instrumentos de resolução negociada de conflitos que envolvem direitos difusos, coletivos e individuais homogêneos relacionados a meio ambiente, defesa do consumidor, regularidade das relações de trabalho, entre outros.

Dispõe o art. 5º, § 6º, da Lei n. 7.347/85 que "os órgãos públicos legitimados poderão tomar dos interessados compromisso de ajustamento de sua conduta às exigências legais, mediante cominações, que terá eficácia de título executivo extrajudicial". Trata-se, portanto, de título executivo, que contém a expressão de dívida (originária ou convertida). Sendo esta em dinheiro, dotada de liquidez, certeza e exigibilidade, constitui-se documento de dívida, cujo protesto é admitido por força do art. 1º da Lei. n. 9.492/97.

A Corregedoria-Geral da Justiça de Santa Catarina decidiu pela protestabilidade, estabelecendo regulamentação própria.

> "Termo de Ajustamento de Conduta. Título executivo extrajudicial com múltiplas espécies de obrigações. Protesto da obrigação principal de pagar e da obrigação acessória (multa) cominada ao descumprimento da obrigação de pagar, fazer, ou não fazer. Analogia às ações executivas quanto à independência entre as obrigações. Requisitos de certeza, exigibilidade e liquidez. Possibilidade. Autos n. 0010705-72.2014.8.24.0600".[36]

O ajuste, via de regra, contém uma obrigação principal, que pode ter por objeto obrigação de pagar certa quantia, de fazer ou de não fazer (estas mais comuns) e uma obrigação acessória, de natureza cominatória (multa), que se torna exigível se aquela for descumprida. Normalmente, o TAC estipula como beneficiária dessas obrigações uma instituição atuante na área do direito violado. A indicação nominal dessa instituição pode se dar no próprio termo ou em momento posterior, caso haja o descumprimento.

Podem ser objeto de protesto a obrigação principal de pagar quantia em dinheiro (quando for o caso) e a obrigação acessória (multa) cominada pelo descumprimento

---

35. STJ, REsp 1.596.379/PR, Rel. Ministra Diva Malerbi.
36. TJSC, Circular 127/2014, da Corregedoria-Geral da Justiça.

daquela (mais comum). Não deve ser objeto de protesto, porém, a obrigação subsidiária (perdas e danos) decorrente do descumprimento da obrigação principal.

Se o valor a protestar for diverso daquele indicado no TAC (seja por sofrer correção, seja por cumprimento parcial anterior), deve ser apresentada planilha de cálculo singelo que possibilite ao tabelião compreender como se apurou a quantia indicada.

Caso se pretenda o protesto com a inclusão de valor relativo à multa cominatória, deve ser apresentada a prova de descumprimento da obrigação principal. Essa prova pode ser feita pela apresentação de relatório de vistoria. Cremos ser possível que a prova decorra da apresentação de certidão extraída do procedimento administrativo, em razão da fé pública de que será dotado esse documento.

6
Classificação do Protesto

Deste capítulo está excluída a distinção entre protesto necessário e facultativo, trazida por alguns autores em tópico classificatório com distinção em razão da *função*, dos *efeitos gerados ao portador*, ou simplesmente dos *efeitos*. Por estar diretamente relacionada aos efeitos do protesto, no capítulo referente a esses é que se incluiu neste trabalho a distinção com as considerações necessárias.

Mais uma vez, anota-se que a realidade pátria será considerada, de maneira que não se fará neste item diferenciação entre figuras cambiárias e não cambiárias, salvo nas considerações explicativas, se necessário for, pois o protesto vem sendo tratado nesta obra de forma abrangente, abarcando todos os títulos e documentos protestáveis.

Em síntese, a classificação está assim distribuída:

Quanto ao motivo:

Protesto por falta de pagamento;

Protesto por falta de aceite;

Protesto por falta de devolução;

Protesto por falta de data de aceite.

Quanto ao tipo:

Protesto comum;

Protesto especial:

Para fins falimentares.

6.1 CLASSIFICAÇÃO QUANTO AO MOTIVO DO PROTESTO

Essa abordagem leva em conta a espécie de insatisfação que impele o apresentante a pleitear o protesto (ato), ou seja, o fato de não ter o devedor cumprido a obrigação estabelecida no título ou documento de dívida, ou caso se trate de letra de câmbio ou duplicata, de não haver o sacado lançado seu aceite, ou mesmo de haver retido esses títulos que lhe foram remetidos para aposição do aceite.

Naturalmente, como tratamos do ato de protesto, não nos voltaremos neste ponto ao fim do procedimento, qual seja, a recuperação de crédito.

Desde logo, vejamos o que diz a Lei n. 9.492/97:

Art. 21. O protesto será tirado por falta de pagamento, de aceite ou de devolução.

§ 1º O protesto por falta de aceite somente poderá ser efetuado antes do vencimento da obrigação e após o decurso do prazo legal para o aceite ou a devolução.

§ 2º Após o vencimento, o protesto sempre será efetuado por falta de pagamento, vedada a recusa da lavratura e registro do protesto por motivo não previsto na lei cambial.

§ 3º Quando o sacado retiver a letra de câmbio ou a duplicata enviada para aceite e não proceder à devolução dentro do prazo legal, o protesto poderá ser baseado na segunda via da letra de câmbio ou nas indicações da duplicata, que se limitarão a conter os mesmos requisitos lançados pelo sacador ao tempo da emissão da duplicata, vedada a exigência de qualquer formalidade não prevista na Lei que regula a emissão e circulação das duplicatas.

A lei cambial muitas vezes estabelece prazos para apresentação a protesto, que podem variar conforme seu motivo. Esses prazos, salvo quando em algum ponto específico deste trabalho, não serão aqui versados; primeiro, porque a matéria específica do Direito Cambiário não é objeto deste estudo e, segundo, porque ao Tabelião de Protesto não incumbe sua verificação, que normalmente tem reflexos no direito de regresso a ser exercitado pelo portador. O protesto, de qualquer forma, se afastado o fim conservatório, terá ainda o móvel probatório. Além disso, pode estar o apresentante apenas procurando obter a satisfação de seu crédito, finalidade reconhecida e hoje predominante do procedimento para protesto.

6.1.1 O protesto por falta de pagamento

Tem por fim comprovar que o valor constante do título ou documento protestável não foi pago na data do vencimento. Assim, busca-se a demonstração da impontualidade do devedor.

Note-se que, por esse motivo, o protesto apenas pode ser lavrado, naturalmente, após o vencimento (art. 21, § 2º). Com exceção da letra de câmbio, em relação à qual há restrições a considerar, todos os demais títulos, incluindo a duplicata não aceita e documentos de dívida, podem ser protestados por falta de pagamento.

Anotamos que o protesto por falta de pagamento da duplicata sem aceite expresso também se presta a lastrear o exercício do direito de ação contra o sacado, nos termos do art. 15, II, *a*, da Lei n. 5.474/68. Consequência diversa ocorre com a letra de câmbio, que ensejará somente o exercício do direito de regresso contra os coobrigados.

6.1.1.1 Algumas notas sobre o protesto por falta de pagamento da letra de câmbio não aceita

A questão relativa ao protesto por falta de pagamento da letra de câmbio não aceita tem gerado discussões.

Antes de abordarmos o tema, são necessárias breves considerações sobre a situação do sacado não aceitante e sobre o vencimento desse título cambial, com a advertência de que são anotações superficiais que não dispensam estudo aprofundado sobre esse título, ou sobre os títulos de crédito em geral, cuja apreensão não constitui o objeto específico deste trabalho, que a eles se reportará apenas no que for essencial para o exame de questões relacionadas ao protesto.

Se o sacado não lança seu aceite, não é considerado devedor, de maneira que contra ele não será possível a cobrança por meio de ação cambial, embora realizável por meios ordinários, se causa houver para que seja considerado um dos responsáveis pelo pagamento. De qualquer forma, deve-se ressaltar que o portador poderá voltar-se, em ação cambial, contra os coobrigados, que são o sacador, os endossantes e respectivos avalistas, e para tanto será necessário o protesto, como se verá. Se a letra estiver vencida, já não caberá o protesto por falta de aceite (art. 21, § 1º) e surge a indagação: é possível o protesto por falta de pagamento?

A resposta é negativa, como já dito, se a pretensão é de inclusão do sacado não aceitante como devedor e o § 5º do art. 21 da Lei n. 9.492/97 veda expressamente o protesto.

Antes de buscarmos a resposta em relação a coobrigados, cabe breve digressão sobre o vencimento. No vencimento ordinário, a letra pode ser à vista (na apresentação ao sacado), a dia certo (em data especificamente indicada. Exemplo: no dia 31-3-2011), a tempo certo da data (prazo fixo que conta a partir da emissão. Exemplo: em sessenta dias), ou a tempo certo da vista (prazo fixado que conta a partir da data do aceite. Exemplo: em trinta dias do aceite ou *da vista*). Neste último caso, diz-se que o aceite é obrigatório, pois marca o termo inicial do prazo para vencimento.

Há também casos de vencimento extraordinário (antecipado), que se dá em razão da falta ou recusa de aceite (provada pelo protesto) ou da falência do aceitante (art. 19, II, do Decreto n. 2.044/1908). Nesta última hipótese, dá-se o que alguns denominam protesto extraordinário por decorrência da falência, que não se confunde com o protesto especial para fins falimentares. Aquele é necessário para o requerimento da quebra, este, que pressupõe a falência já decretada, serve ao fim de consumar a antecipação de vencimento para o exercício da ação cambiária.

As anotações sobre o vencimento são relevantes porque essa circunstância tem sido considerada na aferição da possibilidade ou não do protesto por falta de pagamento da letra de câmbio não aceita.

Doutrina e jurisprudência discutem a possibilidade do protesto por falta de pagamento de letra de câmbio sem aceite, e por vezes divergem.

Fran Martins, defendendo a possibilidade do protesto em questão, afirma: "Aceita ou não a letra, aceitante ou sacado poderá cumprir a ordem nela contida. Se não o fizer, seja por recusa, seja por não ter sido encontrado, esse ato de não pagamento deverá ser comprovado se, naturalmente, como já foi explicado, o portador desejar utilizar-se do mesmo (para garantir o direito regressivo, para requerer a falência do aceitante, se esse for comerciante etc.), visto como o protesto, não criando direitos, é um ato voluntário do portador da letra".[1]

O Tribunal de Justiça de São Paulo decidiu pela impossibilidade do protesto:

> "Recurso adesivo. Protesto. Letra de câmbio. Sacado que somente se obriga cambialmente com a aposição do aceite no título. Letra de câmbio levada a protesto pela corré que não continha o aceite do sacado. Protesto do título que se mostrou indevido. Dano moral configurado. Indenização arbitrada na sentença em R$ 5.450,00. Recurso adesivo da corré desprovido".[2]

---

1. MARTINS, Fran. *Títulos de crédito*. 15. ed. Rio de Janeiro: Forense, 2010, p. 196.
2. TJSP, Apel. 3002928-10.2010.8.26.0037, Rel. José Marcos Marrone.

Quanto a letra à vista, o Superior Tribunal de Justiça admitiu o protesto:

"Direito comercial. Recurso especial. Letra de câmbio sacada à vista. Protesto. Falta de pagamento. Aceite. Prescindível. É viável o protesto por falta de pagamento de letra de câmbio sacada à vista, mesmo sem o aceite do sacado. Precedentes. Recurso especial conhecido e provido".[3]

O mesmo Tribunal disse possível o protesto, atrelando essa possibilidade à verificação e comprovação da existência do negócio subjacente:

"É possível o protesto da letra de câmbio por falta de pagamento, mesmo que não tenha havido aceite pelo sacado. Precedentes. Hipótese em que o título, atrelado a negócio subjacente devidamente comprovado, não circulou. Recurso especial provido".[4]

No mesmo sentido:

"PROTESTO. LETRA DE CÂMBIO. TÍTULO CAUSAL. NEGÓCIO JURÍDICO SUBJACENTE. DÉBITO COMPROVADO. NOTIFICAÇÃO CARTORÁRIA. ACEITE. PRESCINDÍVEL. PROTESTO. VIÁVEL. O aceite na letra de câmbio não é requisito essencial à sua validade, podendo a cártula circular sem a assinatura do sacado. São requisitos para validar a Letra de Câmbio: o nome do sacado, a quantia a ser paga, o nome do credor, a data em que foi sacada e assinatura do sacador. É viável o protesto por falta de pagamento de letra de câmbio sacada à vista, mesmo sem o aceite do sacado. Patenteada a causa debendi, não há que se falar em falta de lastro para a emissão da cambial, capaz de gerar sua nulidade ou a inexigibilidade da obrigação".[5]

Com os elementos coligidos, é possível concluir que o protesto por falta de pagamento da letra de câmbio não aceita poderá ser tirado se estiver vencida. Isso exclui desde logo a hipótese de vencimento a certo tempo da vista.

Na hipótese de letras à vista e, se vencidas, com data certa, ou a certo tempo da data, sempre destacando dissídio doutrinário e jurisprudencial, é possível concluir pela protestabilidade. Nessa hipótese, contudo, é preciso lembrar que o sacado não é considerado devedor e como tal não poderá figurar no termo, no índice, ou em certidões que informem esse protesto.

Tem sido considerada, como dissemos anteriormente, sobretudo em estatutos normativos estaduais, a vedação de protesto por falta de pagamento das letras de câmbio sem aceite, nas quais o sacador e o beneficiário-tomador sejam a mesma pessoa, salvo se tiverem circulado por endosso.

6.1.2 O protesto por falta de aceite

Aqui se compreende também o protesto por recusa de aceite e o campo de abordagem restringe-se, naturalmente, à letra de câmbio e à duplicata, que poderão ser protestadas por esse motivo, sempre que não estiverem vencidas e se já houver passado o prazo para aceite (art. 21, § 1º).

---

3. STJ, REsp 646.519, Rel. Min. Nancy Andrighi.
4. STJ, REsp 765.309, Rel. Min. Castro Filho.
5. TJMG, Ap. Cível 1.0137.06.000233-4/001, Rel. Des. José Antônio Braga.

6.1.2.1 Algumas notas sobre o protesto por falta de aceite da duplicata

Guardam diferenças os protestos por falta de aceite das letras de câmbio e das duplicatas, embora objetivem comprovar a diligência do apresentante. Em ambos, o protesto serve para possibilitar o exercício do direito de regresso do portador contra o sacador (que na falta do aceite é alçado a devedor direto) e devedores indiretos. Em relação à duplicata, essa é uma das finalidades do protesto, que também pode servir para possibilitar a execução contra o sacado não aceitante.

Contudo, na letra de câmbio o aceite, em regra, não é obrigatório, como vimos, enquanto na duplicata, por ser título causal (somente é emitida em razão de compra e venda mercantil e prestação de serviços), existe a obrigatoriedade, de maneira que o sacado somente pode recusá-lo nos casos dos arts. 8º e 21 da Lei n. 5.474/68. Assim, nesses casos, o aceite poderá ser recusado e o título não poderá ser protestado por falta de aceite.

Note-se, porém, que a comprovação dos motivos de recusa deve se dar em juízo, não podendo o Tabelião de Protesto deixar de praticar o ato em razão da alegação de existência e até de prova deles, sob pena de violar a regra do art. 9º da Lei n. 9.492/97, que a ele permite e impõe o exame dos requisitos formais do título, afastando da qualificação protestual apreciações sobre o negócio subjacente.

Se a duplicada foi sacada para pagamento à vista, descabe o protesto por falta de aceite, pois não há apresentação para esse fim (aceite), uma vez que o título vence ao ser apresentado ao sacado.

O Superior Tribunal de Justiça decidiu o seguinte: "DUPLICATA. Aceite. Protesto. Não pode ser protestada por falta de aceite duplicata que não foi enviada ao aceite do sacado, especialmente se este, tomando conhecimento de um boleto bancário, comunica que não recebeu a mercadoria a que se refere o título. Recurso conhecido e provido".[6] Note-se que o protesto por falta de pagamento, contudo, como se vê no estudo da *duplicata virtual*, dispensa esse envio prévio.

6.1.2.2 Algumas notas sobre o protesto por falta de aceite da letra de câmbio

Além das observações já lançadas, anota-se que o protesto por falta de aceite das letras de câmbio é admitido, porém com a ressalva de que esse ato não deve constar da certidão em forma de relação de protestos encaminhada aos órgãos de proteção ao crédito, como decidido pelo Conselho Nacional de Justiça.[7]

Dentre os vários aspectos que envolvem o aceite e que via de regra não serão tratados neste trabalho, um há de receber atenção, pois deve ser observado pelo Tabelião. O sacador pode, ao emitir a letra, estabelecer data ou prazo certo para a apresentação a aceite, que deveria se dar ordinariamente até o vencimento. Pode ainda inserir a cláusula que proíbe a apresentação para aceite (antes do vencimento) e que surge, normalmente,

---
6. STJ, REsp 499.516, Rel. Min. Ruy Rosado.
7. CNJ, Pedido de Providências 0001477-05.2011.2.00.0000, Rel. Cons. Jeferson Luis Kravchychyn, *DJ* 24-8-2011.

com as expressões *sem aceite*, ou *não aceitável*. Pois bem, no primeiro caso, o protesto por falta de aceite somente pode ser tirado com observância da data estabelecida e, no segundo, não poderá ser lavrado, sendo aplicável o que já foi dito sobre o protesto por falta de pagamento.

6.1.3 O protesto por falta de devolução

Esse motivo abrange também a recusa de devolução. Justifica-se o protesto se o título é remetido ao sacado para que nele aponha seu aceite, sem que haja a restituição, no prazo legal, do documento remetido. Nesse caso, tem aplicação o § 3º do art. 21, antes transcrito, que autoriza que seja o protesto lavrado com base na segunda via da letra de câmbio e nas indicações da duplicata. O protesto prova a diligência do portador, e a não devolução do título.

A permissão contida na parte final do dispositivo referido decorre do fato de que o original do título não está em poder do apresentante. Sobre a letra de câmbio, não há maiores dificuldades.

6.1.3.1 Algumas notas sobre o protesto por falta de devolução da duplicata

A duplicata não restituída poderá ser protestada *por indicações* ou, como se poderia também dizer, *com base em suas indicações* (arts. 13, § 1º, e 14 da Lei n. 5.474/68, c.c. art. 19 do Decreto n. 2.044/1908). Pode o portador optar, no entanto, pelo protesto da triplicata, extraída em conformidade com o art. 23 da mesma lei, pois, como assevera Fábio Ulhoa, "embora a retenção da duplicata não corresponda a nenhuma das situações previstas legalmente, não existe prejuízo para as partes na emissão da triplicata também nesse caso".[8] Assim, torna-se opção do portador solicitar o protesto da triplicata, ou, o que é mais comum, das indicações da duplicata.

Mas é muito importante reiterar que o protesto agora mencionado, que tem por motivo a falta ou recusa de devolução, não se confunde com aquele cujo objeto é a chamada *duplicata virtual* e não apresenta qualquer relação com a remessa do título ao sacado, da qual prescinde. São figuras absolutamente distintas, como se vê no exame de outras peculiaridades do protesto da duplicata a descortinar-se em capítulo próprio.

6.1.4 O protesto por falta de data de aceite

Esta não é a classificação usualmente encontrada na doutrina, mas por não se incluir nos outros casos, cabe citar neste trabalho.

Há uma hipótese em que a letra de câmbio está aceita, mas ainda assim é necessário o protesto a fim de que se possibilite a definição de seu vencimento. Nas letras a tempo certo de vista, se o aceite foi aposto sem data não se terá parâmetros para definição do vencimento. Assim, nos termos do art. 25 da Lei Uniforme, faz-se necessário o protesto

---

8. COELHO, Fábio Ulhoa. *Curso de direito comercial*, p. 461.

para se determinar a data a partir da qual corre o prazo para o vencimento, sem prejuízo da finalidade de possibilitar o exercício de ação cambiária contra os coobrigados.

6.2 CLASSIFICAÇÃO QUANTO AO TIPO DE PROTESTO

Em coerência com o plano deste trabalho, ainda aqui é oportuno destacar que não se considera o protesto encontrado no Direito Brasileiro figura substancialmente cambiária, pois essa classificação não distingue os fins do protesto conforme recaia ele sobre cambiais e cambiariformes, ou sobre outros documentos.

O que se considera neste ponto é apenas a distinção entre a finalidade precípua de prova, conservação ou recuperação de crédito ou, além dela, de pretensão mais específica, como o requerimento da falência do devedor. Assim, o protesto de um contrato ou de uma sentença (documentos de dívida) tanto pode ser classificado como comum, se tiver apenas a primeira função mencionada, ou especial, se lavrado com o fim específico de instruir pedido de falência. Um protesto comum, segundo o enfoque dado neste trabalho, não tem necessariamente relação com situações cambiárias.

6.2.1 Protesto comum

É aquele lavrado com o fim de testificar o descumprimento da obrigação ou uma circunstância cambiária relevante. Pode ser lavrado por falta de pagamento ou, em relação às letras de câmbio e duplicatas, por falta de aceite, de devolução ou de data de aceite. É a figura mais comum nos serviços de protesto.

Abrange todo o objeto do protesto tal como o vimos nos capítulos próprios.

6.2.2 Protesto especial

Em consonância com a explicação posta no início deste tópico, como modalidade de protesto especial veremos apenas aquele lavrado para fins falimentares, mas deve ser feito o registro de que, para os que dividem os fins do protesto em cambiais e extracambiais, como Vicente Amadei, também é considerado especial (extracambial) aquele que incide sobre o contrato de câmbio.[9]

Dispõe o art. 94 e seu inciso I da Lei n. 11.101/2005: "Art. 94. Será decretada a falência do devedor que: I – sem relevante razão de direito, não paga, no vencimento, obrigação líquida materializada em título ou títulos executivos protestados cuja soma ultrapasse o equivalente a 40 (quarenta) salários mínimos na data do pedido de falência".

A Lei n. 9.492/97, por sua vez, em seu art. 23, parágrafo único, refere-se ao protesto em exame: "Somente poderão ser protestados, para fins falimentares, os títulos ou documentos de dívida de responsabilidade das pessoas sujeitas às consequências da legislação falimentar".

---

9. AMADEI, Vicente de Abreu; DIP, Ricardo (Coord.) et al. *Introdução ao direito notarial e registral*, p. 80.

Assim, o protesto por falta de pagamento é pressuposto para o requerimento da falência motivada pela impontualidade. Algumas considerações são necessárias, em face das várias peculiaridades desse tipo de protesto.

a) A prova do protesto.

O protesto lavrado pode ser provado tanto por meio do instrumento de protesto como por certidão que o mencione, expedida pelo Tabelião. A prova por certidão foi admitida pelo Superior Tribunal de Justiça: "a mora do devedor é comprovada pela certidão de protesto".[10]

b) A questão do valor explicitado pela lei.

O valor mencionado no inciso transcrito não é limitativo do protesto, mesmo porque, segundo dispõe o § 1º do mesmo art. 94, os "credores podem reunir-se em litisconsórcio a fim de perfazer o limite mínimo para o pedido de falência com base no inciso I do *caput* deste artigo".

c) As figuras do apresentante e do devedor.

A Lei n. 11.101/2005 indica aqueles que se sujeitam à sua aplicabilidade (arts. 1º e 2º). O Código Civil, em seu art. 966, considera "empresário quem exerce profissionalmente atividade econômica organizada para a produção ou circulação de bens ou de serviços. E o parágrafo único exclui de tal condição quem exerce profissão intelectual, de natureza científica, literária ou artística, ainda com o auxílio de auxiliares ou colaboradores, salvo se o exercício da profissão constituir elemento de empresa". O empresário, nos termos do art. 967 do mesmo Código, deve ter o registro na Junta Comercial. Nos termos do art. 971 do referido Estatuto, se registrado na forma da lei, o empresário rural equipara-se a empresário comercial. O art. 97, IV, da mesma lei diz que qualquer credor pode requerer a quebra do devedor.

Considerando-se o espírito da norma, que se volta ao empresário e à empresa, *a Lei n. 11.101/2005 não se aplica à sociedade simples*, como enuncia a Súmula 49, do Tribunal de Justiça de São Paulo.

Assim, sobretudo no tocante à figura do devedor, existe limitação a ser considerada, o que pode provocar indefinições, uma vez que parte da doutrina entende que a prática de atos de empresa, mesmo sem registro, qualifica a pessoa como empresária.

d) O lugar da apresentação a protesto.

Por aplicação do art. 3º da Lei n. 11.101/2005, o protesto deve ser lavrado no lugar do principal estabelecimento do devedor.

Carlos Henrique Abrão observa: "Conquanto siga o protesto falimentar a regra ditada pelo comum, não se pode olvidar que os seus elementos formadores desenham uma assunção de risco maior e o grau de certeza e segurança jurídicas determinam exame aprofundado, a fim de se evitar incorreção ou irregularidade a perseguir o ato notarial".[11]

E conclui:

---
10. STJ, AgRg no Ag 1.073.663, Rel. Min. Luis Felipe Salomão.
11. ABRÃO, Carlos Henrique. *Do protesto*. 3. ed. São Paulo: Juarez de Oliveira, 2004, p. 106.

"Uma vez que a primacial função do protesto é atribuição de efeitos voltados para o requerimento falimentar, inconteste que o protesto especial necessita ser lavrado no cartório competente, sob pena de invalidar o pedido de quebra e impossibilitar a presença de condição da ação.

"De fato, o principal estabelecimento do devedor comerciante é aquele no qual será feito o protesto de obrigação certa, líquida e exigível, culminando por corolário na circunstância adstrita à competência que governará o requerimento falimentar, erradicando a possibilidade do conhecimento ficto daquela realidade".[12]

Essa é uma importante distinção com o protesto comum que, via de regra, deve ser lavrado na praça de pagamento, com as ressalvas feitas no estudo da atribuição territorial para a apresentação a protesto.

Mas é relevante destacar que o principal estabelecimento do devedor nem sempre é a matriz. Dessa maneira, cabe ao apresentante, sob sua responsabilidade, indicar o lugar do protesto, registrando-se, de qualquer forma, que o Superior Tribunal de Justiça reconhece a unidade patrimonial da empresa.

"PROCESSUAL CIVIL E TRIBUTÁRIO. EXECUÇÃO FISCAL. DÍVIDAS TRIBUTÁRIAS DA MATRIZ. PENHORA, PELO SISTEMA BACEN-JUD, DE VALORES DEPOSITADOS EM NOME DAS FILIAIS. POSSIBILIDADE. ESTABELECIMENTO EMPRESARIAL COMO OBJETO DE DIREITOS E NÃO COMO SUJEITO DE DIREITOS. CNPJ PRÓPRIO DAS FILIAIS. IRRELEVÂNCIA NO QUE DIZ RESPEITO À UNIDADE PATRIMONIAL DA DEVEDORA. 1. No âmbito do direito privado, cujos princípios gerais, à luz do art. 109 do CTN, são informadores para a definição dos institutos de direito tributário, a filial é uma espécie de estabelecimento empresarial, fazendo parte do acervo patrimonial de uma única pessoa jurídica, partilhando dos mesmos sócios, contrato social e firma ou denominação da matriz. Nessa condição, consiste, conforme doutrina majoritária, em uma universalidade de fato, não ostentando personalidade jurídica própria, não sendo sujeito de direitos, tampouco uma pessoa distinta da sociedade empresária. Cuida-se de um instrumento de que se utiliza o empresário ou sócio para exercer suas atividades. 2. A discriminação do patrimônio da empresa, mediante a criação de filiais, não afasta a unidade patrimonial da pessoa jurídica, que, na condição de devedora, deve responder com todo o ativo do patrimônio social por suas dívidas, à luz de regra de direito processual prevista no art. 591 do Código de Processo Civil, segundo a qual "o devedor responde, para o cumprimento de suas obrigações, com todos os seus bens presentes e futuros, salvo as restrições estabelecidas em lei". 3. O princípio tributário da autonomia dos estabelecimentos, cujo conteúdo normativo preceitua que estes devem ser considerados, na forma da legislação específica de cada tributo, unidades autônomas e independentes nas relações jurídico-tributárias travadas com a Administração Fiscal, é um instituto de direito material, ligado à questão do nascimento da obrigação tributária de cada imposto especificamente considerado e não tem relação com a responsabilidade patrimonial dos devedores prevista em um regramento de direito processual, ou com os limites da responsabilidade dos bens da empresa e dos sócios definidos no direito empresarial. 4. A obrigação de que cada estabelecimento se inscreva com número próprio no CNPJ tem especial relevância para a atividade fiscalizatória da administração tributária, não afastando a unidade patrimonial da empresa, cabendo ressaltar que a inscrição da filial no CNPJ é derivada do CNPJ da matriz. 5. Nessa toada, limitar a satisfação do crédito público, notadamente do crédito tributário, a somente o patrimônio do estabelecimento que participou da situação caracterizada como fato gerador é adotar interpretação absurda e odiosa. Absurda porque não se concilia, por exemplo, com a cobrança dos créditos em uma situação de falência, onde todos os bens da pessoa jurídica (todos os estabelecimentos) são arrecadados para pagamento de todos os credores, ou com a possibilidade de responsabilidade contratual subsidiária dos sócios

---

12. ABRÃO, Carlos Henrique. *Do protesto*, p. 106.

pelas obrigações da sociedade como um todo (v.g. arts. 1.023, 1.024, 1.039, 1.045, 1.052, 1.088 do CC/2002), ou com a administração de todos os estabelecimentos da sociedade pelos mesmos órgãos de deliberação, direção, gerência e fiscalização. Odiosa porque, por princípio, o credor privado não pode ter mais privilégios que o credor público, salvo exceções legalmente expressas e justificáveis.
6. Recurso especial conhecido e provido. Acórdão submetido ao regime do art. 543-C do CPC e da Resolução STJ n. 8/08."[13]

e) A intimação.

Neste ponto, o procedimento do protesto para fins falimentares também guarda peculiaridades em relação ao comum. O Tabelião, ao realizar a intimação no endereço do devedor, deve identificar a pessoa que a recebeu, anotando essa informação no termo de protesto e respectivo instrumento, bem como em certidão da qual conste o ato praticado. Trata-se de requisito exigido para o decreto da falência.

É o que diz expressamente a Súmula 361 do Superior Tribunal de Justiça: "A notificação do protesto, para requerimento de falência da empresa devedora, exige a identificação da pessoa que a recebeu", mas deve ficar registrado que mesmo no protesto para fins falimentares não se exige a entrega da intimação pessoalmente, ou nas mãos do devedor ou de quem o represente, bastando a entrega em seu endereço.

Corroborando esse entendimento, diz a Súmula 52 do Tribunal de Justiça de São Paulo, a que nos referimos em outro capítulo: "Para a validade do protesto basta a entrega da notificação no estabelecimento do devedor e sua recepção por pessoa identificada".

Se a entrega da intimação no endereço do devedor se tornou inviável, apresentando-se uma das hipóteses em que deva ser realizada por edital, não há impedimento a que se adote essa forma para o cumprimento da intimação, embora nesse caso não se atenda à imposição sumulada, por ser obviamente impossível. Caso se pensasse de maneira diversa, o protesto estaria inviabilizado, prejudicando-se o direito do credor de pleitear a falência do devedor.

Nossos tribunais admitem essa exceção: "A tentativa de notificação do protesto, em primeiro lugar, deve ser feita pessoalmente no endereço fornecido pelo apresentante e contar, especialmente no caso de futuro requerimento de falência, com a identificação do nome do recebedor da intimação. Todavia, quando a notificação pessoal do protesto não logra obter a identificação de quem se recusou a assinar a carta registrada, é de rigor a realização da intimação do protesto por edital como requisito necessário para sustentar o pedido de falência, tudo conforme o art. 15 da Lei n. 9.492/97 e os princípios da preservação e conservação da empresa, como *in casu*".[14]

E, ainda: "Falência. Extinção do feito nos termos do art. 267, I e IV, do Código de Processo Civil, por irregularidade no protesto dos títulos que embasaram o pedido. Intimação do ato extrajudicial que ocorreu por edital, observando, porém, que houve a tentativa de providenciá-la pessoalmente e no endereço da requerida. o caso é de inti-

---
13. STJ – Resp. 1.355.812 – Rel. Min. Mauro Campbell Marques.
14. STJ, REsp 1.052.495, Rel. Massami Uyeda.

mação da devedora, não de seus sócios, que com ela não se confundem. protesto regular. Extinção do processo afastada. Recurso provido para esse fim."[15]

Esse é o pensamento contido na Súmula 51 do Tribunal de Justiça de São Paulo, que assim deliberou: "No pedido de falência, se o devedor não for encontrado em seu estabelecimento será promovida a citação editalícia independentemente de quaisquer outras diligências".

Observa-se que o protesto para fins falimentares será lavrado e registrado no mesmo livro destinado à lavratura e ao registro dos protestos comuns, pois hoje é adotado apenas um, inexistindo livro específico para os protestos especiais, como se depreende da leitura do art. 23 da Lei n. 9.492/97: "Os termos dos protestos lavrados, inclusive para fins especiais, por falta de pagamento, de aceite ou de devolução serão registrados em um único livro e conterão as anotações do tipo e do motivo do protesto, além dos requisitos previstos no artigo anterior".

Consigne-se, por último, que o protesto comum que atenda aos requisitos vistos pode embasar o requerimento de falência. Essa, inclusive, é a posição sumulada do Tribunal de Justiça de São Paulo: Súmula 41 – "O protesto comum dispensa o especial para o requerimento de falência".

Expondo fundamentos, assim decidiu o mesmo Tribunal: "Para a decretação da falência basta o protesto do título nos termos da lei específica, independentemente de o ato ter sido praticado para o fim especial de falência, uma vez que o mesmo procedimento é adotado pelo Cartório de Protestos para o protesto comum ou para o especial (art. 94, *caput*, I, da Lei 11.101, de 9 de fevereiro de 2005, c.c. o art. 23, *caput*, da Lei 9.492, de 10 de setembro de 1997). A respeito, Fábio Ulhoa Coelho, após anotar que 'não se deve desconsiderar a hipótese de um protesto não poder ser tirado com específica finalidade falimentar por insuficiência de informações ou mesmo por imprecisão do cartório', leciona: 'Em vista dessa dificuldade e também levando em conta a completa inutilidade da distinção prevista na lei entre protesto em geral e para fim falimentar –, qualquer protesto deve ser admitido na instrução do pedido de falência fundado na impontualidade injustificada' (*Comentários à nova Lei de Falências e de recuperação de empresas*, São Paulo: Saraiva, 2005, p. 263)".[16]

O Superior Tribunal de Justiça seguiu esse pensamento: "É prescindível o protesto especial para a formulação do pedido de falência".[17]

Esses posicionamentos decorrem, vimos anteriormente, da natureza unitária do protesto, mas é preciso ressalvar, uma vez mais, que o protesto comum somente será admitido para o decreto da quebra se atender aos requisitos específicos do protesto especial, ainda que assim não tenha sido designado expressamente pelo apresentante e, consequentemente, no termo de protesto.

---

15. TJSP – Ap. 4005968-91.2013.8.26.0161 – Rel. Des. Araldo Telles.
16. TJSP, Ap. sem Revisão 9079141-71.2007.8.26.0000, Rel. Lino Machado.
17. STJ, REsp 1.052.495, Rel. Massami Uyeda.

E essa ressalva aponta as dificuldades práticas da aceitação do protesto comum, pois o Tabelião não dará tratamento diferenciado a ele, que, diante disso, pode não atender aos pressupostos específicos exigidos para aquele destinado a instruir a postulação de quebra. Nesse caso, o protesto será imprestável ao fim mencionado.

Há, contudo, hipótese em que é possível suprir omissão do termo de protesto e respectivo instrumento sobre a identificação da pessoa que recebeu a intimação. Tendo o Tabelião essa informação devidamente documentada e arquivada poderá, a requerimento do interessado, expedir certidão com esses dados, de maneira a complementar o instrumento de protesto.

Na mesma linha de raciocínio, se o requerente da quebra optar por instruir o pedido de falência com certidão do protesto comum (ao invés de apresentar o instrumento), esta já poderá conter a mesma informação (dados de quem recebeu a intimação), ainda que o termo de protesto seja omisso a esse respeito.

TERCEIRA PARTE
O serviço de protesto

7
O TABELIÃO

Neste capítulo será vista a figura do Tabelião, primeiro sob o espectro da natureza e da legitimidade para o exercício da atividade tabelioa, discorrendo-se depois sobre suas atribuições e abordando aspectos da responsabilidade penal, tributária, administrativa e civil a ele imputáveis.

7.1 A NATUREZA DO SERVIÇO NOTARIAL E REGISTRAL

A Constituição Federal, em seu art. 236, estabelece: "os serviços notariais e de registro são exercidos em caráter privado, por delegação do Poder Público". A partir desse dispositivo é possível chegar-se à natureza da atividade notarial e registral.

O eminente Juiz Paulista Luís Paulo Aliende Ribeiro destaca "a natureza pública da função notarial e de registro e a imperatividade de sua delegação pelo Poder Público ao particular para seu exercício em caráter privado".[1]

Mais adiante, explica: "mas os notários e registradores, embora exercentes de função pública, não são funcionários públicos, nem ocupam cargos públicos efetivos, tampouco se confundem com os servidores e funcionários públicos integrantes da estrutura administrativa estatal, por desempenharem função que somente se justifica a partir da presença do Estado – o que afasta a ideia de atividade exclusivamente privada –, inserem-se na ampla categoria de agentes públicos, nos termos acolhidos de forma pacífica pela doutrina brasileira de direito administrativo".[2]

Esse serviço, na verdade, é singular, exercido como nenhum outro.

7.2 A OUTORGA DA DELEGAÇÃO

"A outorga da delegação de notas e de registro à pessoa natural guarda correspondência com a atividade jurídica relativa a tais profissões oficiais (ou profissões públicas independentes). A aferição da capacitação do profissional de direito por meio de concurso de provas e títulos é requisito necessário não somente para a constatação de que o candidato possui o conhecimento jurídico necessário ao desempenho de tais atribuições, mas também para o atendimento do comando constitucional que a impõe para o ingresso em qualquer função pública."[3]

---

1. RIBEIRO, Luís Paulo Aliende. *Regulação da função pública notarial e registral*, p. 42.
2. RIBEIRO, Luís Paulo Aliende. *Regulação da função pública notarial e registral*, p. 54.
3. RIBEIRO, Luís Paulo Aliende. *Regulação da função pública notarial e registral*, p. 60.

O concurso referido e os demais requisitos para a outorga da delegação estão previstos nos arts. 14 a 19 da Lei n. 8.935/94, com regulamentação pela Resolução 81, de 9 de junho de 2009, do Conselho Nacional de Justiça. Outorgada a delegação, dá-se a investidura, com o início do exercício da atividade.

Em cada serviço (tabelionato) há apenas um *Tabelião*, aquele que recebeu a outorga na forma da lei. Em razão disso, é imprópria a expressão *Tabelião substituto*. De fato, o *Tabelião* tem um substituto para os casos de ausência ou impedimento (§ 5º do art. 20 da Lei n. 8.935/94), mas este é o *escrevente substituto designado* para aqueles fins. Assim, há um *substituto do Tabelião* (escrevente), mas não um *Tabelião substituto*.

A propósito, o passar de olhos pela referida Lei n. 8.935/94 demonstra um padrão. Quem registra é denominado *oficial ou registrador* e quem lavra é nomeado *tabelião ou notário*. O delegatário atuante em serviço de protesto lavra o ato e também o registra, mas essa lei, assim como a Lei n. 9.492/97, para designá-lo emprega a denominação *tabelião*. Trata-se, pois, do *Tabelião de Protesto*, sendo impróprio nomeá-lo *oficial de protesto* e defeso chamá-lo *escrivão de protesto*.

7.3 ATRIBUIÇÕES

Reiterando a conotação privativa da atuação do protestador, já contida no art. 11 da Lei dos Notários e Registradores (Lei n. 8.935/94), a Lei n. 9.492/97, em seu art. 3º, sintetiza as atribuições do Tabelião de Protesto ao dizer que competem privativamente a ele "a protocolização, a intimação, o acolhimento da devolução ou do aceite, o recebimento do pagamento, do título e de outros documentos de dívida, bem como lavrar e registrar o protesto ou acatar a desistência do credor em relação ao mesmo, proceder às averbações, prestar informações e fornecer certidões relativas a todos os atos praticados, na forma desta Lei".

O citado artigo acaba mencionando os vários atos que se encadeiam no procedimento para protesto, somando-se a eles as averbações, informações e certidões. O dispositivo enumera como atribuição do Tabelião, hoje a principal, o recebimento do pagamento, fim colimado pelo apresentante na quase totalidade dos casos.

O desempenho dessas atribuições é privativo, ou seja, apenas o Tabelião de Protesto tem poderes para delas se desincumbir. Nenhuma pessoa do povo, nem mesmo algum agente público, outro notário ou registrador, pode fazê-lo.

Vicente Amadei, reafirmando o caráter privativo da atuação, comenta: "Logo se vê que a testificação do protesto não pode ficar a cargo de qualquer um, mas sim de alguém que esteja em condições de imprimir ao seu testemunho a marca da fé pública, i.e., 'o caráter de autenticidade próprios dos actos de autoridade pública'. Afastar, pois, o protesto de quem é delegado de serviço público investido no poder de certificar com o caráter da fé pública importa em abalo à segurança jurídica protestual".[4] Eis a síntese do Princípio da Oficialidade a que nos referimos em outro capítulo.

---

4. AMADEI, Vicente de Abreu; DIP, Ricardo (Coord.) et al. *Introdução ao direito notarial e registral*, p. 92.

Essas atribuições, todas geradoras de graves efeitos, impõem ao delegatário o constante estudo e aperfeiçoamento visando cumprir com segurança sua missão. Bem por isso, é profissional do direito, assim definido no art. 3º da Lei n. 8.935/94.

Está sujeito ao poder correcional dos Tribunais de Justiça Estaduais, exercido por meio das Corregedorias-Gerais da Justiça ou dos Juízes Corregedores Permanentes (art. 37 da Lei n. 8.935/94), mas goza de independência na qualificação que realiza (art. 28 da referida lei), de maneira que mesmo um título judicial poderá, se materializado vício que impeça o protesto, ser devolvido com anotação de irregularidade. Isso pode ocorrer, por exemplo, se uma sentença é de duvidosa liquidez.

Não se furta o Tabelião à necessária fundamentação de seus atos decisórios, como podemos denominar a devolução por vício formal, sempre precedida da qualificação, no caso negativa.

Se o Tabelião tem os direitos assegurados no art. 29 da citada lei, deve atenção aos muitos deveres por ela impostos (art. 30). Assim, há de manter em rigorosa ordem os livros e papéis sob sua guarda, dedicando-se a atender às partes com eficiência e presteza, sempre com urbanidade e respeito àquele que busca seus serviços. Deve "proceder de forma a dignificar a função exercida, tanto nas atividades profissionais como na vida privada", e "observar os emolumentos fixados para a prática dos atos do seu ofício". Esses, entre muitos outros, são deveres do Tabelião.

O dever contido no inciso VI do mesmo art. 30 ("guardar sigilo sobre a documentação e os assuntos de natureza reservada de que tenham conhecimento em razão do exercício de sua profissão") ganha especial relevo em relação à atividade de protesto, pois é restrita a publicidade dos atos praticados em decorrência dela. Não se pode expedir certidão do livro do protocolo ou de protesto cancelado, salvo nas hipóteses legais (por requerimento do devedor e ordem judicial). A violação desse dever pode gerar responsabilidade administrativa ao Tabelião transgressor.

7.4 QUALIDADES ESSENCIAIS DA ATUAÇÃO DO TABELIÃO

Neste ponto, uma vez mais, é preciso tratar do assunto de maneira diversa daquela que poderia ser utilizada na abordagem de aspectos práticos. Sob o ponto de vista da práxis, poderíamos, como faz a Lei do Protesto, tratar todas as figuras de seu art. 2º como atributos relativos ao serviço ou à atividade de protesto. Contudo, como exposto no curso deste trabalho, distinguimos protesto como ato, do serviço e do procedimento para protesto. Como consequência dessa distinção, temos como qualidades da atuação do Tabelião, como forma geral de proceder, a autenticidade e a segurança.

A publicidade é, em regra, característica do ato de protesto lavrado, registrado e não cancelado. É, pois, atributo do protesto, e não do serviço. Não obstante, por razões de didática, será vista no capítulo destinado ao exame das certidões, cuja expedição (ato de expedir) se relaciona com o serviço.

No tocante à eficácia, deixando-se à parte a finalidade do procedimento para protesto, que tem se demonstrado poderoso instrumento de recuperação de crédito e de desafogo do Poder Judiciário, tem-se que o ato de protesto é eficaz no sentido de mostrar-se apto a produzir os efeitos a ele atribuídos por lei, como o exercício do direito de regresso, ou a possibilidade de requerer-se a falência do devedor, entre tantos outros vistos nesta obra. A eficácia está, portanto, diluída em vários pontos deste trabalho.

Aqui serão vistas, assim, a autenticidade e a segurança.

O Tabelião de Protesto exerce pessoalmente a delegação, embora possa valer-se do auxílio de prepostos. Sua atuação, ao se desincumbir das atribuições vistas, deve, assim como em relação aos demais notários e registradores, necessariamente, garantir autenticidade e segurança no tocante aos atos de sua alçada (art. 2º da Lei n. 9.492/97).

a) Autenticidade: autêntico, nas atividades notariais e registrais, é o ato cuja autoria se atribui ao agente que tenha autorização legal para praticá-lo. Dessa forma, os atos que integram o procedimento para protesto, assim como a expedição de certidões e informações, são dotados de autenticidade porque praticados por Tabelião de Protesto.

Atrelada a esse caráter autêntico do ato está a fé pública de que é dotada a atividade do Tabelião e que consiste na presunção relativa de certeza e verdade do ato. Segundo Ceneviva, a fé pública, no que é aplicável ao protesto, "corresponde à confiança atribuída por lei ao que o delegado declare ou faça, no exercício da função, com presunção de verdade".[5]

Mas essa autenticidade se refere tão somente aos requisitos do ato do Tabelião, sem abranger a substância do ato da parte. Dessa forma, a lavratura e o registro do protesto não confirmam a existência da dívida ou os requisitos de validade do negócio celebrado entre os contratantes.

O Tabelião limita-se ao exame dos requisitos formais do título ou documento, e não à sua essência. A lavratura do protesto, exemplificando, não gera sequer presunção de certeza sobre a veracidade do endereço do devedor, ou de outros dados fornecidos, cuja informação é da responsabilidade do apresentante, como veremos.

b) Segurança: no tocante à segurança, de maneira geral, Ceneviva a trata como "libertação do risco",[6] e justifica: "A primeira segurança é a da certeza quanto ao ato e sua eficácia. Quando o ato não corresponder à garantia, surge o segundo elemento de segurança: a de que o patrimônio prejudicado será devidamente recomposto".[7]

Especificamente em relação ao protesto, Amadei é enfático: "o protesto prova com segurança jurídica, ou seja, de forma precisa, certa, isenta de dúvidas, digna de fé, autêntica, solene, formal, oficial, notarial, com a marca da fé pública".[8]

Bem por isso, o credor que opta pelo protesto, ao invés de simplesmente incluir o nome do devedor em cadastro de maus pagadores ou em órgãos de proteção ao crédito, tem a certeza de que o procedimento legal será observado, inclusive com a intimação

---

5. CENEVIVA, Walter. *Lei dos notários e dos registradores comentada*. 8. ed. São Paulo: Saraiva, 2010, p. 51.
6. CENEVIVA, Walter. *Lei dos notários e dos registradores comentada*, p. 46.
7. CENEVIVA, Walter. *Lei dos notários e dos registradores comentada*, p. 47.
8. AMADEI, Vicente de Abreu; DIP, Ricardo (Coord.) et al. *Introdução ao direito notarial e registral*, p. 76.

regular, de maneira que a segurança do ato, inerente à atuação do Tabelião de Protesto, estará sempre presente. Além dessa, é claro, há ainda a inegável vantagem de buscar o pagamento, que em muitos casos acaba ocorrendo no tabelionato.

A segurança, vê-se, mais que simples atributo da atividade ou do procedimento para protesto, é um de seus fins.

7.5 RESPONSABILIDADE

7.5.1 A responsabilidade penal

Dispõe o *caput* do art. 24 da Lei n. 8.935/94, que a "responsabilidade criminal será individualizada, aplicando-se, no que couber, a legislação relativa aos crimes contra a administração pública". O parágrafo único estabelece que a "individualização prevista no *caput* não exime os notários e os oficiais de registro de sua responsabilidade civil".

Notários e registradores, para fins penais, são equiparados a funcionários públicos, nos termos do art. 327 do Código Penal. "Considerado funcionário público para efeitos penais (art. 327 do Código Penal), pode o titular praticar crimes contra a administração pública (arts. 312 a 326) e infrações em outras normas penais incriminadoras".[9]

Essa responsabilidade, porém, em face de sua natureza penal, é pessoal. Assim, se um preposto pratica delito ao realizar atividade típica do serviço de protesto, sem que para ele tenha concorrido o Tabelião, não responde este penalmente pelo fato.

A responsabilidade civil e a criminal são independentes (art. 23 da mesma lei).

7.5.2 A responsabilidade tributária

A legislação estadual, a quem compete reger em caráter específico a matéria atinente a custas e emolumentos, normalmente estabelece que parte dessas custas são devidas ao Estado, ao Tribunal de Justiça, ou a outros órgãos. Tendo essas custas natureza de taxa, como já pacificado pelo Supremo Tribunal Federal, o Tabelião assume a posição de responsável tributário por substituição ou de substituto tributário. Assim, o delegatário recebe do usuário o valor das custas e deve efetuar o recolhimento ao Estado ou órgão designado por lei, sob pena de responder ele mesmo pelo pagamento do tributo.

7.5.3 A responsabilidade administrativa

Pela violação dos deveres que são impostos a ele, o Tabelião pode sofrer penalidades, sempre respeitado o devido processo legal e assegurada ampla defesa como pressupostos para a apenação. O art. 32 da Lei n. 8935/94 elenca as seguintes penalidades: I – repreensão; II – multa; III – suspensão por noventa dias, prorrogável por mais trinta; IV – perda da delegação, aplicáveis nos casos e com as condições dos arts. 33 a 36 da mesma lei.

---

9. SOUZA, Eduardo Pacheco Ribeiro de. *Noções fundamentais de direito registral e notarial*, p. 32.

E o Tribunal de Justiça de São Paulo reconheceu o cabimento da sujeição de notários e Registradores à Lei de Improbidade Administrativa:

> "APELAÇÃO IMPROBIDADE ADMINISTRATIVA Imputação de atos de improbidade administrativa capitulados nos artigos 9º e 11, da Lei Federal nº 8429/92 Lei de Improbidade Administrativa à Tabeliã Interina Notários e Tabeliões que se vergam às normas da Lei Federal nº 8429/92 Lei de Improbidade Administrativa Exercício privado de delegação de serviço público, consoante a previsão encartada no artigo 236, *caput*, da Constituição Federal Deveres vinculados às diretrizes de direito público Tese de atos ímprobos decorrentes do pagamento de despesas privadas e pagamento de salários a maior a Tabelião Substituto, com numerário colhido do exercício da atividade notarial Inexistência de ato de improbidade."[10]

7.5.4   A responsabilidade civil

Com o advento da Lei n. 13.816/2016 esvazia-se o debate a respeito da natureza jurídica da responsabilidade civil do Tabelião de Protesto. De qualquer forma, mantém-se nesta edição análise mais detida neste ponto, primeiro no tocante à responsabilidade de notários e registradores em geral e depois no campo específico do protesto, como justificativa histórica para a positivação da posição aqui defendida.

7.5.4.1   *A responsabilidade civil dos notários e registradores em geral*

Antes de iniciar o exame específico da responsabilidade civil do Tabelião de Protesto, é oportuno compreendermos a responsabilidade genérica de notários e registradores.

Dita o art. 22 da Lei n. 8.935/94 que "os notários e oficiais de registro são civilmente responsáveis por todos os prejuízos que causarem a terceiros, por culpa ou dolo, pessoalmente, pelos substitutos que designarem ou escreventes que autorizarem, assegurado o direito de regresso".

E dispõe o art. 37, § 6º, da Constituição Federal: "As pessoas jurídicas de direito público e as de direito privado prestadoras de serviços públicos responderão pelos danos que seus agentes, nessa qualidade, causarem a terceiros, assegurado o direito de regresso contra o responsável nos casos de dolo ou culpa".

Notários e registradores não são pessoas jurídicas e também não são servidores públicos. No entanto, porque exercem em caráter privado a delegação recebida, são considerados agentes públicos, equiparáveis sob vários aspectos a eles. Sendo agente público, o notário ou registrador, nos termos do mesmo § 6º do art. 37 da Carta Constitucional, apenas responde se agir com dolo ou culpa. O Estado é que responderá de forma objetiva, caso seja acionado judicialmente pelo prejudicado.

A redação anterior do art. 22 da Lei n. 8.935/94 não especificava a responsabilidade subjetiva, o que dava margem a interpretações equivocadas acerca do assunto.

O Desembargador Ricardo Dip, um dos grandes conhecedores da atividade notarial e registral, manifestou-se sobre a correta interpretação da redação anterior do art.

---

10. TJSP – Ap. 1003072-87.2013.8.26.0271 – Rel. Marcos Pimentel Tamassia.

22 da Lei dos Notários e Registradores, no voto didático proferido na Apelação Cível 170.183-5-9: "Dessa maneira, os prejudicados por danos originários de atos dos notários, registradores ou seus prepostos podem eleger a via da reparação contra o Poder Público ou a trilha da responsabilização subjetiva, provando culpa ou dolo, contra o delegado. E ao Poder Público assegura a norma constitucional direito de regresso contra o responsável, por igual, com prova de dolo ou culpa".[11]

No referido voto, o Magistrado fundamenta sua posição:

> "O binômio serviço público-gestão privada, de cariz tensivo, propicia a lógica de uma dúplice vertente para o tema da responsabilidade civil dos registradores públicos e dos notários, matéria, de resto, não só referível à CF/88 (art. 236, § 1º), senão que expressa já em lei ordinária, a Lei 8.935/1994, de 18-11, cujo art. 22 dispõe: 'Os notários e oficiais de registro responderão pelos danos que eles e seus prepostos causem a terceiros, na prática de atos próprios da serventia, assegurado aos primeiros direito de regresso no caso de dolo ou culpa dos prepostos'.

Esse preceito deve interpretar-se em conformidade com a normativa constitucional, cujo art. 37, § 6º, enuncia:

> 'As pessoas jurídicas de direito público e as de direito privado prestadoras de serviços públicos responderão pelos danos que seus agentes, nessa qualidade, causarem a terceiros, assegurado o direito de regresso contra o responsável nos casos de dolo ou culpa'.

> A compaginação desses preceitos – constitucional, um, o outro, subconstitucional – remonta à possibilidade de uma dupla ordem de responsabilização: 1/ objetiva, a constitucional, e voltada contra o Poder Público, na forma do art. 37, § 6º, CF/88 – ou acaso alguma vez subjetiva para atender à discutível coexistência dessa forma de responsabilização do Estado por atos omissivos (cfr., a propósito, *brevitatis causa*: **REsp 210.607** – STJ – 4ª Turma – Ministro SÁLVIO DE FIGUEIREDO TEIXEIRA); 2/ subjetiva, a proveniente da norma infraconstitucional inscrita no art. 22 da Lei 8.935/1994 (assinalável, a propósito, é que a previsão aí existente de regresso direcionado ao 'responsável nos casos de dolo ou culpa' não faz inferir, *a contrario sensu*, ser objetiva a responsabilidade dos notários e oficiais de registro a que se refere o mesmo dispositivo do art. 22)".

A responsabilidade civil de notários e registradores pelos danos causados a terceiros é, pois, subjetiva e seu reconhecimento depende, portanto, de prova de culpa em sentido amplo.

O Desembargador Rui Stoco, reconhecido estudioso da responsabilidade civil, discorre sobre o tema e defende com sólidos argumentos a responsabilidade subjetiva: "a) Os Notários e Registradores, titulares de serventias extrajudiciais, sob a vigência da Lei 8.935/94, devem ser considerados 'agentes públicos', equiparados, pois aos servidores públicos típicos; b) O Poder Público responderá objetivamente pelos danos que os titulares das serventias extrajudiciais, enumerados no art. 5º da Lei n. 8935/94, ou seus prepostos, nessa qualidade causarem a terceiros; c) Nos termos do art. 22 dessa lei e do art. 6º, do art. 37 da CF/88, os Notários e Registradores responderão, por via de regresso, perante o Poder Público, pelos danos que eles e seus prepostos causarem a terceiros, nos casos de dolo ou culpa, assegurando-se-lhes o direito de ação regressiva em face do funcionário causador direto do prejuízo; d) Nada impede, contudo, que o

---

11. TJSP, Ap. Cível 170.1835-9, Rel. Des. Ricardo Dip.

prejudicado ajuíze a ação diretamente contra o titular do cartório, desde que se disponha a provar-lhe a culpa (*lato sensu*), posto que, contra o Estado, tal seria dispensado, bastando a demonstração do nexo de causalidade e do dano".[12]

Carlos Roberto Gonçalves, sobre a responsabilidade civil de notários e registradores, escreveu: "Como já por nós anotado, a ação pode ser direcionada diretamente contra o Estado, baseada na responsabilidade objetiva consagrada no art. 37, § 6º, da Constituição Federal, ou diretamente contra o notário ou registrador, desde que o autor se proponha, neste caso, a provar culpa ou dolo destes".[13]

A Jurisprudência tem se avolumado no sentido da responsabilidade subjetiva:

> "INDENIZAÇÃO. Registro. Ato notarial realizado mediante documento falso. Ação proposta contra o tabelião. Necessidade de comprovação da culpa. Responsabilidade subjetiva. A par do contido no art. 22 da Lei n. 8.935/94 e art. 37, § 6º, da CF, os notários e registradores responderão regressivamente pelos danos causados a terceiros, nos casos de dolo ou culpa, restando objetiva, tão somente, a responsabilidade do Poder Público. Se a parte intenta a demanda ressarcitória unicamente contra o titular do cartório, resta-lhe o ônus de comprovar a culpa deste".[14]

O Superior Tribunal de Justiça assim se manifestou, evidenciando a necessidade de comprovação de culpa (desídia) do notário:

> "Desse modo, para verificar se o reconhecimento da firma no segundo mandato foi ou não escorreito ou para constatar se o cartorário procedeu com desídia, imperioso seria o reexame da matéria fático-probatória coligida no feito e aventada, com detalhes, pelas recorrentes em seu apelo especial. Entretanto, tal como reza a Súmula n. 7 desta Corte: 'A pretensão de simples reexame de prova não enseja recurso especial'".[15]

Em voto com extensa fundamentação do Ministro Massami Uyeda, uma vez mais, verifica-se essa tendência de entendimento do Superior Tribunal de Justiça: "RECURSO ESPECIAL. Ação anulatória de escritura de compra e venda. Negativa de prestação jurisdicional. Inocorrência. Denunciação da lide. Exercício do direito de regresso contra o tabelião. Possibilidade, na espécie. Observância dos princípios da instrumentalidade, celeridade e da economia processual. Responsabilidade civil dos titulares de serviços notariais e de registro. Necessidade de demonstração de culpa ou dolo. Responsabilidade subjetiva. Recurso provido".[16]

O próprio Supremo Tribunal Federal já decidiu reiteradamente pela responsabilidade subjetiva: "Constitucional. Servidor público. Tabelião. Titulares de ofício de justiça: Responsabilidade Civil. Responsabilidade do estado. c.f., art. 37, § 6º. I. – Natureza estatal das atividades exercidas pelos serventuários titulares de cartórios e registros extrajudiciais, exercidas em caráter privado, por delegação do Poder Público. Responsabilidade objetiva do Estado pelos danos praticados a terceiros por esses servidores no exercício

---

12. STOCO, Rui. Responsabilidade civil dos notários e registradores: comentários à Lei n. 8.935, de 18.11.94. *Revista dos Tribunais*, n. 714/44, abr. 1995, p. 53.
13. GONÇALVES, Carlos Roberto. *Responsabilidade civil*. São Paulo: Saraiva, 2005, p. 487.
14. TJSC, Ap. Cível 98.007746-0, Rel. Des. Carlos Prudêncio.
15. STJ, REsp 161.434, Rel. Min. Barros Monteiro.
16. STJ, REsp 1.027.925, Rel. Min. Massami Uyeda.

de tais funções, assegurado o direito de regresso contra o notário, nos casos de dolo ou culpa (CF, art. 37, § 6º). II. – Negativa de trânsito ao RE. Agravo não provido".[17] Há outro julgado no mesmo sentido.[18]

Note-se que o Supremo Tribunal Federal, embora tenha afastado dos notários e registradores a imposição de aposentadoria compulsória, mantém-se firme na trilha da responsabilidade subjetiva destes.

Assim, mesmo antes da alteração do art. 22 da Lei n. 8.935/94 era inegável o caráter subjetivo da responsabilidade civil de notários e registradores em geral. Hoje essa natureza decorre da lei.

Por fim, registre-se que em decisão recente, ao reconhecer a responsabilidade objetiva do Estado pelos danos causados a terceiros por atos de notários e registradores, o Supremo Tribunal Federal reforça a responsabilidade subjetiva destes. Eis a tese:

> "O Estado responde, objetivamente, pelos atos dos tabeliães e registradores oficiais que, no exercício de suas funções, causem dano a terceiros, assentado o dever de regresso contra o responsável, nos casos de dolo ou culpa, sob pena de improbidade administrativa".[19]

7.5.4.2 A responsabilidade civil específica dos tabeliães de protesto

Dispõe o art. 38 da Lei do Protesto:

> Art. 38. Os tabeliães de protesto de títulos são civilmente responsáveis por todos os prejuízos que causarem, por culpa ou dolo, pessoalmente, pelos substitutos que designarem ou Escreventes que autorizarem, assegurado o direito de regresso.

Luiz Emygdio F. da Rosa Jr. comenta o art. 38 da Lei n. 9.492/97: "A responsabilidade do oficial decorre, portanto, de sua culpa ou dolo na execução do protesto, quando não o tenha lavrado no prazo legal ou por ter deixado de observar a forma prescrita em lei".[20]

O Tribunal de Justiça do Rio de Janeiro assim decidiu: "a responsabilidade do titular de cartório extrajudicial é verificada na modalidade subjetiva, de forma que para a sua verificação deve ser comprovada ao menos a culpa. Não cabe ao Tabelião de Protesto investigar a ocorrência de prescrição, conforme o disposto no artigo 9º da Lei 9.492. Assim, não questionados os requisitos formais da cártula, não há que falar em responsabilidade da tabeliã. O acesso de cadastros restritivos de crédito a relações nominais de devedores de títulos protestados se dá por ordem e com os efeitos previstos na Lei n. 9.492/97, não por iniciativa do tabelião, que o deve permitir, sob pena de incidir em violação de dever funcional. Sentença que se mantém. Nega-se seguimento à apelação, por ser manifestamente improcedente e contrária à dominante jurisprudência".[21]

---

17. STF, RE 209.354, Rel. Min. Carlos Velloso.
18. STF, RE 518.894, Rel. Min. Ayres Britto.
19. RE 842846 -Rel. Min. Luiz Fux – Tema 777.
20. ROSA JUNIOR, Luiz Emygdio Franco da. *Títulos de crédito*, p. 402.
21. TJRJ, Ap. Cível 0132505-98.2010.8.19.0001, Rel. Des. Maria Augusta Vaz.

Esse pensamento é compartilhado pelo Tribunal de Justiça do Rio Grande do Sul: "RESPONSABILIDADE CIVIL. Protesto indevido. Ilegitimidade do tabelião. A responsabilidade do tabelião por seus atos, assim como de seus prepostos, está regulamentada na Lei 9.492/97, nos artigos 8º e 38. O tabelião não tem responsabilidade pelos documentos que lhe são apresentados e sua responsabilização é subjetiva, pressupondo a comprovação de culpa pelo evento danoso. Não é o caso dos autos, onde o protesto se deu em razão da ausência de cautela da Cooperativa demandada ao cadastrar, de forma equivocada, o CPF do autor como sendo o do real devedor. Dano moral *in reipsa*. *Quantum* majorado para atender os parâmetros adotados por esta turma. Sentença modificada. Recurso parcialmente provido".[22]

Dessa maneira, tanto sob a ótica geral quanto sob a específica, está claro que a responsabilidade civil do Tabelião de Protesto é subjetiva.

7.5.4.3 A responsabilidade do tabelião e o abuso do apresentante

O Tabelião não deve ser responsabilizado pela má-fé do apresentante, nem por abusos que este cometa. Se o Tabelião de Protesto cumpriu firmemente sua função e realizou a qualificação detida do título ou documento, sem encontrar vícios formais que pudessem obstar o protesto, mesmo que o ato cause dano a qualquer das partes, o delegatário não deve ser responsabilizado por ele. O Tabelião não vai além do exame dos elementos formais, realizando cognição restrita do título ou documento, não adentrando seus aspectos intrínsecos e assim procede em respeito ao art. 9º da Lei do Protesto.

Apenas ao apresentante será atribuída responsabilidade pela má-fé que o move ou pelos abusos que cometa. Dita o parágrafo único do art. 5º da Lei n. 9.492/97: "Ao apresentante será entregue recibo com as características essenciais do título ou documento de dívida, sendo de sua responsabilidade os dados fornecidos". E diz a mesma lei: "Aquele que fornecer endereço incorreto, agindo de má-fé, responderá por perdas e danos, sem prejuízo de outras sanções civis, administrativas ou penais" (§ 2º do art. 15).

Referindo-se ao Tabelião, ensina Luiz Emygdio F. da Rosa Jr.: "Não tem, portanto, responsabilidade, pela lavratura de protesto requerido por portador com abuso de poder porque, como notário, não tem função de julgador, e por isso não tem competência para avaliar a legalidade ou não do protesto que lhe é requerido".[23]

Nesse sentido:

"Dano moral. Protesto de letra de câmbio sacada, em nome do autor, sem correspondência a qualquer relação subjacente. Pretensão de responsabilizar, além do sacador, o delegado do serviço público. Ausência, no caso, de qualquer conduta indevida que lhe seja imputável".[24]

"RESPONSABILIDADE CIVIL. Ação de declaratório de nulidade de protesto c.c. indenização por dano moral. Nota Promissória. Protesto indevido. Não comprovação da existência do crédito, uma vez afastada a presunção de certeza do título de crédito pela impugnação oferecida. Dano moral

---
22. TJRS, Recurso Cível 71001150424, 3ª T. Recursal Cível, Turmas Recursais, Rel. Carlos Eduardo Richinitti.
23. ROSA JUNIOR, Luiz Emygdio Franco da. *Títulos de crédito*, p. 402.
24. TJSP, Apel. Proc. 0118815-64.2011.8.26.0100, Rel. Claudio Godoy.

configurado. Responsabilidade do apresentante da cambial, excluindo-se a do Tabelião de Protestos por ter procedido nos limites da sua Delegação. Recurso provido em parte".[25]

Está evidente, portanto, a responsabilidade exclusiva do apresentante em caso de abuso, salvo se o Tabelião agir com dolo ou culpa.

7.5.4.4 Outros aspectos da responsabilidade civil

Sobre a exclusão do nome do devedor dos cadastros de proteção ao crédito, o Superior Tribunal de Justiça decidiu: "1. Cuida-se, originariamente, de ação de indenização por supostos danos morais decorrentes de permanência do nome da ora recorrida em órgão de proteção ao crédito, mesmo após o cancelamento do protesto no Tabelionato de Protesto de Títulos. 2. Nos termos do art. 29 da Lei 9.492/1997, o envio de informações concernentes aos protestos tirados e aos cancelamentos efetuados pelos cartórios fica condicionado à solicitação da entidade interessada, pois o Tabelião lida com informação reservada, sendo-lhe defeso dar publicidade por imprensa, ainda que de forma parcial. Em razão do caráter confidencial das informações prestadas pelo Cartório de Protestos de Títulos, compreensível o condicionamento do repasse de informações ao requerimento do órgão de proteção ao crédito. 3. Esta interpretação decorre de preceito reitor da Administração Pública, qual seja, o princípio da legalidade, segundo o qual aos agentes públicos só é lícito atuar nos termos das normas regedoras. 4. Recurso Especial provido".[26]

Decidindo nesse sentido, porém com acréscimo de fundamentos, o Tribunal de Justiça de São Paulo, no voto acolhido, anotou: "bem andou o juiz 'a quo', ao consignar, em suma, que conforme se depreende da Lei 9.492/1997 a exclusão do nome do autor dos cadastros do SCPC não é competência do Tabelião de Protestos de Títulos; que o autor poderia ter se valido de certidão relativa aos atos do protesto e apresentá-la ao órgão restritivo para exclusão de seu nome; que os documentos de fls. 74/77 indicam que o réu cumpriu as formalidades legais providenciando a listagem dos protestos cancelados, inclusive o ora debatido, e tal relação foi recebida pela Associação Comercial de Mogi das Cruzes alguns dias depois do cancelamento. Assim sendo, não há mesmo que se atribuir culpa ao réu por eventuais prejuízos sofridos pelo requerente".[27]

A simples intimação, se realizada no endereço, não caracteriza dano moral: "CIVIL. APELAÇÃO CÍVEL. AÇÃO DE COMPENSAÇÃO POR DANOS MORAIS. PROTESTO DE TÍTULOS. APONTAMENTOS DOS TÍTULOS PARA PROTESTO. DANOS MORAIS. INOCORRÊNCIA. MERO DESCONFORTO. 1. Se a notificação do devedor, prevista no art. 14 da Lei n. 9.492/97, for feita por portador de Tabelionato ou por correspondência, não há publicidade do apontamento do título para protesto e, por isso, não causa danos morais. 2. Recurso conhecido e provido".[28]

---

25. TJSP, Ap. 0346320-26.2009.8.26.0000, Rel. Des. Alcides Leopoldo e Silva Júnior.
26. STJ, REsp 1.156.188, Rel. Min. Herman Benjamin.
27. TJSP, Ap. Cível 9228529-48.2007.8.26.0000, Rel. Des. Jovino Sylos.
28. TJPI, Ap. Cível 05.000866-8, Rel. Des. Nildomar Silveira Soares.

Com maior razão, também não caracteriza dano a simples apresentação (apontamento): "A notificação para pagamento ou, ainda, o apontamento de título de crédito a protesto – atos sem publicidade – não geram dano moral".[29]

Também se afastou a responsabilidade civil se o protesto foi obstado por sustação judicial: "1. Tem legitimidade para figurar no polo passivo da ação de nulidade de título e indenização por danos morais o Banco que recebe, por endosso translativo, duplicata fria e a encaminha para protesto. 2. Inexiste direito, todavia, à indenização por dano moral se o ato ilícito, no caso, o protesto do título, foi obstado por decisão liminar concedida em ação cautelar de sustação de protesto. 3. Em caso de litisconsórcio unitário, a interposição de recurso por um dos litisconsortes aproveita aos demais que não tenham recorrido (art. 509, do CPC)".[30]

Mas se tem entendido que, provada a culpa, é desnecessária a prova do dano: "Apelação cível – ação declaratória de inexistência de débito c/c danos morais e materiais – protesto indevido de título – aplicação da súmula 227 do STJ – dano moral *in re ipsa* – *quantum* indenizatório que não carece de reparo – apelo desprovido – sentença preservada – decisão unânime."[31]

---

29. TJES – Apelação, 24079004784 Rel. Des. Dair José Bregunce de Oliveira.
30. TJGO, Proc. 200891244239, Rel. Des. Zacarias Neves Coelho.
31. TJPE – Apelação 361035-1 – 0000043-09.2014.8.17.0450 – Rel. José Carlos Patriota Malta.

8
O Serviço de Protesto

Tratamos neste ponto do serviço de protesto, compreendido sob duas acepções: a) a atividade desempenhada pelo Tabelião de Protesto, que pode se dar com ou sem o auxílio de prepostos; b) o local onde são realizadas essas atividades, também denominado *tabelionato*.

8.1 GENERALIDADES

Na verdade, conjugados os dois aspectos, é possível discorrer indistintamente sobre ambos. Assim, se falamos em autonomia, estamos nos referindo a regras referentes ao procedimento, mas também a equipamentos. Se falamos em acervo e em sua conservação, estamos, da mesma forma, tratando de regras procedimentais e ao mesmo tempo, para exemplificar, de manutenção e destruição de elementos físicos.

Por haver sido excluída da Lei dos Notários e Registradores (8.935/94), não se utiliza de forma corrente a expressão cartório, embora seja, ainda, a mais empregada em linguagem coloquial. O mais adequado é dizer João foi ao serviço de protesto ou ao tabelionato de protesto (isso na segunda conotação). No entanto, mesmo com crivo técnico, tem sido aceita a designação cartório quase como sinônimo de tabelionato, para indicar o prédio onde funciona o serviço notarial ou registral, o que se admite sob o aspecto cultural, porém sempre com a cautela da afastar o cunho pejorativo de que essa palavra se viu eivada no passado.

No aspecto subjetivo, temos que o Tabelião é o prestador do serviço, pelo qual responde pessoalmente, ainda que conte com o auxílio de prepostos. No tocante ao objeto do serviço, temos a primeira acepção mencionada. Por fim, o sujeito (tabelião) realiza o objeto (serviço de protesto – primeira acepção) em determinado local (serviço de protesto – segunda acepção – tabelionato).

Tabelião, portanto, não se confunde com tabelionato, embora muitas vezes o próprio texto legal utilize indistintamente essas palavras. Para exemplificar e compreender melhor a distinção, vejamos alguns dispositivos da Lei n. 9.492/97, sem examinar seu conteúdo.

Tomemos dispositivos em que a Lei n. 9.492/97, com certa impropriedade, emprega a palavra tabelionato, quando o mais adequado seria dizer Tabelião:

> Art. 7º Os títulos e documentos de dívida destinados a protesto somente estarão sujeitos a prévia distribuição obrigatória nas localidades onde houver mais de 1 (um) Tabelionato de Protesto de Títulos.

Art. 8º Os títulos e documentos de dívida serão recepcionados, distribuídos e entregues na mesma data aos Tabelionatos de Protesto, obedecidos os critérios de quantidade e qualidade.

Se fosse dito *"entregues na mesma data nos tabelionatos de protesto"*, estaria correto.

Art. 27, § 1º: As certidões expedidas pelos serviços de protesto de títulos, inclusive as relativas à prévia distribuição, deverão obrigatoriamente indicar, além do nome do devedor, seu número no Registro Geral (RG), constante da Cédula de Identidade, ou seu número no Cadastro de Pessoas Físicas (CPF), se pessoa física, e o número de inscrição no Cadastro Geral de Contribuintes (CGC), se pessoa jurídica, cabendo ao apresentante do título para protesto fornecer esses dados, sob pena de recusa.

E observemos o emprego correto de ambos os termos:

Art. 14. Protocolizado o título ou documento de dívida, o tabelião de protesto expedirá a intimação ao devedor, no endereço fornecido pelo apresentante do título ou documento, considerando-se cumprida quando comprovada a sua entrega no mesmo endereço.

Art. 15, § 1º: O edital será afixado no Tabelionato de Protesto e publicado pela imprensa local onde houver jornal de circulação diária.

Art. 17. Permanecerão no Tabelionato, à disposição do juízo respectivo, os títulos ou documentos de dívida cujo protesto for judicialmente sustado.

Art. 27. O tabelião de protesto expedirá as certidões solicitadas dentro de 5 (cinco) dias úteis, no máximo, que abrangerão o período mínimo dos 5 (cinco) anos anteriores, contados da data do pedido, salvo quando se referir a protesto específico.

Este último emprega terminologia diferente daquela utilizada em seu § 1º.

Vale ressaltar neste ponto que nas comarcas onde houver mais de um Tabelião de Protesto, será instalado e mantido por todos eles o serviço de distribuição de títulos e documentos, por alguns denominado simplesmente *distribuidor*. É o que dispõe o parágrafo único do art. 7º da Lei n. 9.492/97: "Onde houver mais de 1 (um) Tabelionato de Protesto de Títulos, a distribuição será feita por um serviço instalado e mantido pelos próprios tabelionatos, salvo se já existir ofício distribuidor organizado antes da promulgação desta Lei".

Esse serviço não é outro tabelionato ou unidade extrajudicial diversa (salvo nas comarcas onde ainda existem essas unidades autônomas por força do regime anterior). Trata-se, de certa forma, de extensão dos tabelionatos, destinada à recepção dos títulos apresentados para possibilitar que sejam distribuídos de maneira igualitária aos Tabeliães. Sujeita-se esse serviço, portanto, às mesmas normas aplicáveis àqueles, no que diz respeito a atendimento, autonomia e fiscalização.

Os Tabeliães devem suportar, na forma por eles ajustadas, as despesas para a manutenção do serviço no tocante a pessoal, custeio de manutenção e equipamentos.

Nos termos do artigo 41-A da Lei 9.492/97, muitos dos serviços prestados pelos tabelionatos de protesto podem ser solicitados e atendidos por meio dos "serviços eletrônicos" – CENPROT que, em nível nacional, está instituída e regulamentada pelo Capítulo II, do Provimento 87 da Corregedoria Nacional de Justiça – CNJ, de 11 de setembro de 2019. Por esse meio podem ser prestados os serviços elencados do artigo 17 do ato citado.

Ainda em relação ao Serviço de Protesto, é imperioso anotar a necessidade de observância das regras postas no Provimento 88 da Corregedoria Nacional de Justiça – CNJ, de 1º de outubro de 2019, em especial dos artigos 23 e 24.

8.2 A QUESTÃO DA PERSONALIDADE JURÍDICA

Como consequência do que foi exposto no capítulo anterior e no início deste, torna-se evidente que o Tabelião exerce pessoalmente a delegação, com responsabilidade pessoal, ainda que se valha do auxílio de prepostos. Em consequência, o tabelionato não tem personalidade jurídica, tratando-se, na verdade, de meio físico destinado ao exercício dessa delegação, ou onde interinamente, no caso de vacância, um substituto designado presta o serviço.

O Superior Tribunal de Justiça apresenta, é certo, julgamento isolado em que se reconheceu a legitimidade passiva do tabelionato: "CARTÓRIO DE NOTAS. Tabelionato. Responsabilidade civil. Legitimidade passiva do cartório. Pessoa formal. Recurso conhecido e provido para reconhecer a legitimidade do cartório de notas por erro quanto à pessoa na lavratura de escritura pública de compra e venda de imóvel". Do voto acolhido, extrai-se: "assim, tenho que o cartório de notas pode figurar na relação processual instaurada para a indenização pelo dano decorrente da alegada má prestação dos serviços notariais. Tanto ele está legitimado, como o tabelião, como o Estado".[1]

Esse não é, porém, o pensamento que tem predominado nos tribunais, que ao contrário, refutam ordinariamente essa legitimidade:

"Os cartórios extrajudiciais, incluindo o de protesto de títulos, são instituições administrativas, ou seja, não têm personalidade jurídica e são desprovidos de patrimônio próprio, não se caracterizando, assim, como empresa ou entidade, o que afasta sua legitimidade passiva ad causam para responder pela ação de obrigação de fazer, no caso, cancelamento de protesto referente a duplicata. Por se tratar de serviço prestado por delegação de Estado, apenas a pessoa do titular do cartório responde por eventuais atos danosos, ou seja, aquele que efetivamente ocupava o cargo à época da prática do fato reputado como leviano, não podendo, dessa forma, transmitir a responsabilidade a seu sucessor. Precedentes citados: REsp 911.151-DF, *DJe* 6-8-2010, e REsp 1.044.841-RJ, *DJe* 27-5-2009".[2]

"PROCESSO CIVIL. CARTÓRIO DE NOTAS. AÇÃO INDENIZATÓRIA. ILEGITIMIDADE PASSIVA. AUSÊNCIA DE PERSONALIDADE JURÍDICA. EXTINÇÃO DO FEITO QUE SE IMPÕE. A legislação pátria não confere aos cartórios personalidade jurídica ou capacidade judiciária, não sendo eles, pois, sujeitos de direitos ou obrigações, cabendo aos titulares dos serviços notariais a responsabilidade pelos atos praticados pelos seus prepostos. Neste contexto, manifesta a ilegitimidade do Tabelionato de Protestos de Títulos de Belo Horizonte para integrar o polo passivo da lide indenizatória".[3]

"Embargos de declaração. Efeito infringente. Omissão. O Cartório do Quinto Ofício de Registro de Notas e Protestos de São Gonçalo não é parte legítima para figurar no polo passivo da demanda, porquanto não detém personalidade jurídica. Quanto a essa parte, o processo é extinto sem resolução de mérito. Embargos acolhidos e providos. Unânime".[4]

---

1. STJ, REsp 476.532, Rel. Min. Ruy Rosado de Aguiar.
2. STJ, REsp 1.097.995-RJ, Rel. Min. Massami Uyeda.
3. TJMG, Ap. 1.0024.08.199483-2/001, Rel. Des. Luciano Pinto.
4. TJRS, Ap. 70045120458 J, Rel. Jorge Alberto Schreiner Pestana.

O próprio Superior Tribunal de Justiça, em decisão mais recente, compartilha dessa última posição:

> "AGRAVO REGIMENTAL. AGRAVO EM RECURSO ESPECIAL. EXECUÇÃO DE TÍTULO EXTRAJUDICIAL. ATOS PRATICADOS NO ÂMBITO DA SERVENTIA. RESPONSABILIDADE DO DELEGATÁRIO À ÉPOCA DOS FATOS. 1 – A atual jurisprudência desta Corte orienta que "o tabelionato não detém personalidade jurídica, respondendo pelos danos decorrentes dos serviços notariais o titular do cartório na época dos fatos. Responsabilidade que não se transfere ao tabelião posterior" (AgRg no REsp 624.975/SC, Rel. Ministra Maria Isabel Gallotti, DJe 11-11-2010). 2 – O Agravo não trouxe nenhum argumento novo capaz de modificar a conclusão do julgado, a qual se mantém por seus próprios fundamentos. 3 – Agravo Regimental improvido".[5]

8.3 AUTONOMIA NA PRESTAÇÃO DO SERVIÇO

Exercendo em caráter privado a delegação, ainda que sob a fiscalização do Poder Judiciário, notários e registradores têm autonomia no gerenciamento administrativo e financeiro do serviço.

Dispõe a Lei n. 8.935/94:

> Art. 20 (*caput*). Os notários e os oficiais de registro poderão, para o desempenho de suas funções, contratar escreventes, dentre eles escolhendo os substitutos, e auxiliares como empregados, com remuneração livremente ajustada e sob o regime da legislação do trabalho.
>
> Art. 21. O gerenciamento administrativo e financeiro dos serviços notariais e de registro é da responsabilidade exclusiva do respectivo titular, inclusive no que diz respeito às despesas de custeio, investimento e pessoal, cabendo-lhe estabelecer normas, condições e obrigações relativas à atribuição de funções e de remuneração de seus prepostos de modo a obter a melhor qualidade na prestação dos serviços.
>
> Art. 41. Incumbe aos notários e aos oficiais de registro praticar, independentemente de autorização, todos os atos previstos em lei necessários à organização e execução dos serviços, podendo, ainda, adotar sistemas de computação, microfilmagem, disco ótico e outros meios de reprodução.

A Lei n. 9.492/97 segue a mesma orientação em seu art. 41: "Para os serviços previstos nesta Lei os tabeliães poderão adotar, independentemente de autorização, sistemas de computação, microfilmagem, gravação eletrônica de imagem e quaisquer outros meios de reprodução".

A autonomia é ampla, mas concedida com o fim de *obter a melhor qualidade na prestação dos serviços*. Assim, exemplificando, o Tabelião pode investir em reformas do prédio onde está o tabelionato, pode (e deve) contratar tantos prepostos quantos sejam necessários à boa prestação do serviço, designando-os auxiliares ou escreventes, conforme seu arbítrio, mas sempre voltado ao fim primeiro de sua autonomia.

Cabe neste ponto uma observação. O Conselho Nacional de Justiça tem firmado posição no sentido de que não se admite o nepotismo nos serviços de notas e registro, criando restrições à nomeação de interino. Essa posição foi adotada, exemplificando, no Cap. XXI do Tomo II, das Normas de Serviço da Corregedoria Geral da Justiça do Estado de São Paulo, como se vê a seguir:

---

5. STJ, AgRg no Ag em REsp 460.534, Rel. Min. Sidnei Beneti.

11.1. Não pode ser interino: ...c) o parente até o terceiro grau, por consanguinidade ou afinidade, de magistrado que esteja incumbido da fiscalização dos serviços notariais e registrais ou de Desembargador deste Tribunal de Justiça....f) o cônjuge, companheiro ou parente, em linha reta, colateral ou por afinidade, do último titular da delegação.

Mas, prosseguindo, a autonomia vai além da escolha dos prepostos. É possível adquirir equipamentos de informática e utilizar programas de computação. Nesse passo, a permissão legal torna-se regra imperativa, pois a atividade notarial e registral no Brasil vem galgando o merecido reconhecimento, mas, para prosseguir em sua evolução, é necessário que notários e registradores estejam atentos aos avanços tecnológicos, entregando-se, menos por opção e mais por necessidade, a seus apelos. É passado o tempo da máquina de escrever, hoje peça importante apenas como guardado histórico; os pesados livros, as estantes abarrotadas e a papelada infindável em breve deverão extinguir-se, para o bem da sociedade, que já reclama serviço célere e muito bem prestado, mas também do próprio delegatário, com significativa redução de gastos e de tempo, outrora sempre em falta, dado o dispêndio mesmo na realização das mais comezinhas tarefas.

A autonomia, enfim, dá ao Tabelião todas as condições de prestar serviço de qualidade, dever do qual não pode fugir.

8.4 A FISCALIZAÇÃO PELO PODER JUDICIÁRIO E A QUALIDADE DO SERVIÇO

A prestação de serviço de qualidade, vimos, é um dever do Tabelião, impondo-se o atendimento às partes, em expediente diário mínimo de seis horas (art. 4º da Lei n. 9.492/97), a ser regulamentado pelo Corregedor Permanente ou pelas Corregedorias-Gerais, conforme as peculiaridades de cada localidade.

Mas o respeito a esse dever e a toda a gama de obrigações impostas ao delegatário está sujeito à observação próxima do Judiciário, que exerce o poder fiscalizatório sobre as atividades delegadas.

Diz a Lei dos Notários e Registradores em seu art. 38: "O juízo competente zelará para que os serviços notariais e de registro sejam prestados com rapidez, qualidade satisfatória e de modo eficiente, podendo sugerir à autoridade competente a elaboração de planos de adequada e melhor prestação desses serviços, observados, também, critérios populacionais e socioeconômicos, publicados regularmente pela Fundação Instituto Brasileiro de Geografia e Estatística".

Além de atuar por provocação do usuário, as Corregedorias (Gerais ou Permanentes), podem agir de ofício, quer instaurando procedimentos administrativos, quer por meio de correições ordinárias ou extraordinárias.

A Corregedoria Permanente normalmente é atribuída por normas de organização judiciária a uma das varas da comarca, de maneira que seu Juiz Titular é o Corregedor Permanente. Cada Tabelião, em cada comarca, está vinculado a ela. A Corregedoria-Geral da Justiça é órgão estadual do Poder Judiciário e é exercida sempre pelo Desembargador Corregedor-Geral da Justiça, eleito na forma legal e regimental prevista. Para desincumbir-se desse poder de fiscalização, a Corregedoria-Geral pode contar com Juízes Auxiliares designados para esse fim.

Normalmente é realizada ao menos uma correição ordinária por ano, a cargo do Corregedor Permanente, mas também pode ser feita, a qualquer tempo, pela Corregedoria-Geral, sem prejuízo das correições extraordinárias.

Como já vimos, ao lado da função correcional, as Corregedorias-Gerais exercem importante função regulamentar e têm, pelo contato próximo com a atividade notarial e registral, se constituído em fontes de grandes avanços, sobretudo no que diz respeito ao protesto, regulamentando com o caráter interpretativo outorgado pelo legislador o protesto dos documentos de dívida. Têm promovido, ainda, consideráveis avanços na modernização do serviço extrajudicial, implementando a adoção de meios de tecnologia e práticas voltadas à celeridade de procedimentos, sem descuidar, contudo, da necessária segurança. Não será impróprio dizer que a evolução dos serviços extrajudiciais, se depende muito do empenho dos notários e registradores, também está estreitamente vinculada a um posicionamento de vanguarda das Corregedorias-Gerais da Justiça.

O Conselho Nacional de Justiça também exerce a função correcional sobre o Serviço Notarial e Registral.

8.5 DO ACERVO E DE SUA CONSERVAÇÃO

8.5.1 Os livros

O serviço de protesto deve ter dois livros, além de outros impostos por normas locais: o livro de protocolo e o livro de registro de protesto, com índice. Vejamos cada um deles.

8.5.1.1 O livro do protocolo

Sobre o primeiro, diz a Lei do Protesto:

> Art. 32. O livro de Protocolo poderá ser escriturado mediante processo manual, mecânico, eletrônico ou informatizado, em folhas soltas e com colunas destinadas às seguintes anotações: número de ordem, natureza do título ou documento de dívida, valor, apresentante, devedor e ocorrências.
>
> Parágrafo único. A escrituração será diária, constando do termo de encerramento o número de documentos apresentados no dia, sendo a data da protocolização a mesma do termo diário do encerramento.

O Tabelião, ao receber o título ou documento de dívida do serviço de distribuição, ou do apresentante, onde houver um único tabelionato, como primeiro ato, faz a escrituração desse livro, em conformidade com o artigo transcrito.

A escrituração pode dar-se de forma manual, rara nos dias de hoje; mecânica, por meio de máquinas de escrever, eletrônico ou informatizado. No tocante a essas duas últimas formas, com a leitura integrada do § 2º do art. 35 da mesma lei, conclui-se que o livro do protocolo em meio eletrônico é o que tem suas folhas gravadas por processo eletrônico (digitalização), já o escriturado em processo informatizado existe apenas no contexto do sistema em que foi gerado, embora possa ser reproduzido em meio físico para exame visual, se necessário.

Não sendo eletrônico ou informatizado, o livro será constituído de folhas soltas. As folhas são divididas em colunas e ao topo constarão os itens:

Número do protocolo – a cada título ou documento será atribuído um número, respeitada a ordem cronológica de entrega no tabelionato. Alguns tabeliães adotam numeração sequencial tendente ao infinito, de maneira que os números de protocolo nunca se repetem. Outros renovam a numeração a cada dia, o que reputamos mais adequado, tendo em vista que o livro é escriturado diariamente. Assim, é possível haver o protocolo 212, do dia 20-2-2011, e o protocolo 212, do dia 21-3-2012.

Data da protocolização – também com caráter identificador para quem adota a renovação diária da numeração.

A natureza do título ou documento de dívida – nessa coluna anota-se, por exemplo, *cheque, duplicata, sentença, contrato de câmbio* etc.

Registra-se ainda em três outras colunas o valor da dívida, o nome do apresentante e o nome do devedor.

Em uma última coluna (ocorrências), deve constar o desfecho do procedimento. É possível anotar, assim, conforme o caso, *pago, sustado, retirado por desistência, devolvido por vício formal, protestado*.

A escrituração é diária, embora a protocolização possa ser feita em vinte e quatro horas contadas do momento em que o título ou documento é recebido no tabelionato (art. 5º da Lei do Protesto).

8.5.1.2 O livro de registro de protesto

A Lei n. 9.492/97 disciplina:

> Art. 33. Os livros de Registros de Protesto serão abertos e encerrados pelo Tabelião de Protestos ou seus Substitutos, ou ainda por escrevente autorizado, com suas folhas numeradas e rubricadas.
>
> Art. 34. Os índices serão de localização dos protestos registrados e conterão os nomes dos devedores, na forma do § 4º do art. 21, vedada a exclusão ou omissão de nomes e de protestos, ainda que em caráter provisório ou parcial, não decorrente do cancelamento definitivo do protesto.
>
> § 1º Os índices conterão referência ao livro e à folha, ao microfilme ou ao arquivo eletrônico onde estiver registrado o protesto, ou ao número do registro, e aos cancelamentos de protestos efetuados.
>
> § 2º Os índices poderão ser elaborados pelo sistema de fichas, microfichas ou banco eletrônico de dados.

A escrituração do livro de registro de protesto se faz em conformidade com os arts. 20 a 23 da mesma lei, examinados ao tratarmos do ato de protesto.

Tendo em vista que o livro de protesto também pode ser microfilmado ou gravado por processo eletrônico de imagens, o índice, se adotadas essas formas, deverá conter referência ao microfilme ou ao arquivo eletrônico.

A propósito, sobre a forma de escrituração do livro, reportamo-nos ao que foi dito em relação ao livro do protocolo, inclusive sobre a possibilidade de emprego de processo informatizado, embora expressamente não prevista. A conclusão decorre do espírito de modernidade que da lei emana, como interpretação teleológica necessária. De outro lado, temos a permissão contida no art. 41 da Lei n. 8.935/94 (parte final), que possibilita a adoção de sistemas de computação.

Dessa maneira, não há empeço a que o livro de registro de protesto (que também pode ser denominado simplesmente livro de protesto) seja escriturado em meio informatizado ou eletrônico, sem existência física, admitindo-se, inclusive, assinatura digital, podendo haver regulamentação pelas Corregedorias-Gerais.

Cotejando-se o livro de protesto com o índice, nota-se que existe um único livro ao qual deve estar relacionado um índice. Temos, portanto, um livro com índice. Não é difícil justificar a imposição do índice, pois este se destina a permitir que sejam encontrados no livro de protesto os registros referentes a certa pessoa, ou mesmo um protesto específico. Seria praticamente impossível essa localização folheando o livro. Com o índice, elaborado conforme critérios úteis de busca, torna-se fácil e rápida a localização.

O critério mais comum é a indexação pelo nome do devedor. Assim, o índice conterá, em rigorosa ordem alfabética, os nomes de todos os devedores que tiveram títulos protestados. Requerida uma certidão de protestos relativa a certo nome, a busca é feita no índice que indicará o número do livro de protesto e a folha em que se encontra o registro a ser consultado. O índice deve conter também a informação sobre eventual cancelamento daquele protesto.

Há regramentos normativos em que se busca resguardar a pessoa do sacado ou emitente, por exemplo, na hipótese de cheque furtado que circulou por endosso, dispondo que o índice não deve se referir ao nome do emitente, sendo elaborado em separado, pelo nome do apresentante.

A lei permite, também, em relação ao índice, a adoção de várias formas, sendo a utilização de banco eletrônico de dados, sem dúvida, a mais adequada aos tempos de hoje. Diante desse índice informatizado, basta digitar o nome ou o número do documento de determinada pessoa, para que na tela do computador surjam imediatamente todos os protestos lavrados em relação a ela, com as anotações exigidas pela lei.

8.5.2 Os arquivos

Em conformidade com o art. 35 da Lei do Protesto, além dos livros, há documentos que o Tabelião deve arquivar e conservar, na forma e pelos prazos da lei. Vejamos cada um dos itens do citado artigo:

I – intimações.

Há aqui uma impropriedade terminológica. A intimação é entregue no endereço do devedor. Assim, não há como arquivá-la. O que se arquiva é o comprovante de entrega ou o documento em que são informadas as diligências realizadas na tentativa de entrega, se infrutífera.

II – editais.

Deve ser arquivado o edital inicialmente afixado no tabelionato, com certidão indicando a data da afixação, e também, se houver, um exemplar daquele publicado em jornal local.

III – documentos apresentados para a averbação no registro de protestos e ordens de cancelamentos.

O cancelamento pode decorrer de requerimento do interessado formulado diretamente ao Tabelião, mediante apresentação do título ou documento protestado ou de declaração de anuência. Pode também ser lavrado por ordem do Juiz, materializada em ofício, mandado ou certidão. Assim, a cada cancelamento deve corresponder um conjunto de documentos que conterá aqueles mencionados, com exceção do título ou documento, pois este haverá de ser restituído ao interessado requerente. Normalmente, a esse conjunto de documentos é atribuído um número que corresponde ao mesmo anotado no requerimento e na averbação. Todos esses conjuntos podem ser arquivados, ordenadamente, em uma só pasta. O cancelamento será estudado em capítulo próprio.

IV – mandados e ofícios judiciais.

Refere-se esse inciso a outros mandados e ofícios que não os referentes ao cancelamento, pois estes serão arquivados na pasta mencionada no inciso anterior.

As ordens de sustação de protestos ou de suspensão de seus efeitos, em conformidade com o disposto no § 3º, devem ser arquivadas em separado, permanecendo no aguardo de nova decisão.

V – solicitações de retirada de documentos pelo apresentante.

Trata-se das retiradas sem protesto em razão da desistência do apresentante (art. 16 da Lei do Protesto). Devem ser arquivados os requerimentos de desistência e também os comprovantes de que os títulos ou documentos neles indicados foram entregues ao apresentante.

VI – comprovantes de entrega de pagamentos aos credores.

Efetuado o pagamento no tabelionato, o valor recebido deve ser entregue ao apresentante, nos termos do § 2º do art. 19 da mesma lei. Os comprovantes dessa entrega devem ser arquivados.

VII – comprovantes de devolução de documentos de dívida irregulares.

Por vezes, o título ou documento contém vício que impede a lavratura do protesto (parágrafo único do art. 9º da citada lei). Dessa maneira, com nota informando esse vício, o documento é devolvido ao apresentante sem protesto.

Por analogia, também devem ser arquivados os comprovantes de entrega dos títulos ou documentos protestados ao apresentante.

As normas locais podem exigir o arquivamento de outros documentos, como procurações e documentos apresentados para análise de homonímia.

8.5.3 A conservação de livros e arquivos

Sobre a conservação de livros e arquivos, dispõe o § 1º do artigo em tela, nos incisos a seguir transcritos, os prazos a observar: "I – 1 (um) ano, para as intimações e editais correspondentes a documentos protestados e ordens de cancelamento; II – 6 (seis) meses, para as intimações e editais correspondentes a documentos pagos ou retirados além do tríduo legal; III – 30 (trinta) dias, para os comprovantes de entrega de pagamento aos credores, para as solicitações de retirada dos apresentantes e para os comprovantes de devolução, por irregularidade, aos mesmos, dos títulos e documentos de dívidas".

Considere-se também, para fins de prazo para a conservação, a analogia antes indicada quanto aos comprovantes de entrega de títulos e documentos protestados (trinta dias).

No tocante aos livros e também aos títulos ou documentos protestados e não retirados pelo apresentante, o prazo de arquivamento é de três anos para livros de protocolo e de dez anos para os livros de registros de protesto e respectivos títulos (art. 36 da Lei do Protesto).

Findo o prazo de conservação, o Tabelião pode destruir os livros e documentos, lavrando de tudo termo circunstanciado, e nesse procedimento também deve estar atento às posturas locais, que podem impor rito administrativo próprio para esse fim, exigindo autorização ou comunicação ao Juiz Corregedor Permanente.

Regra de fundamental importância é a expressa no § 2º: "Para os livros e documentos microfilmados ou gravados por processo eletrônico de imagens não subsiste a obrigatoriedade de sua conservação".

Vemos aqui um irresistível atrativo à informatização e à modernidade. Se o Tabelião, por exemplo, digitaliza livros e documentos, fica dispensado de sua conservação física, substituída por arquivos eletrônicos ou digitais. Isso significa que pode digitalizar um comprovante de entrega de intimação e depois destruí-lo, independente de autorização, pois não chegou a arquivá-lo fisicamente.

Destaca-se, ainda, a importância da conservação também para os fins do art. 39 da mesma lei: "A reprodução de microfilme ou do processamento eletrônico da imagem, do título ou de qualquer documento arquivado no tabelionato, quando autenticado pelo tabelião de protesto, por seu substituto ou escrevente autorizado, guarda o mesmo valor do original, independentemente de restauração judicial".

Por fim, anota-se que o Tabelião deverá observar as Recomendações n. 9, de 7 de março de 2013, e n. 11, de 16 de abril do mesmo ano, além do Provimento 50/2015, do Conselho Nacional de Justiça, formando e mantendo arquivo de segurança do acervo. Devem ser respeitadas as regras contidas no Prov. 74/2018 do mesmo Conselho que dispõe sobre padrões mínimos de tecnologia da informação para a segurança, integridade e disponibilidade de dados para a continuidade da atividade pelos serviços notariais e de registro do Brasil e dá outras providências.

Impõe-se, ainda, a observância das disposições contidas na Lei 13.709/2018 (Lei Geral de Proteção de Dados Pessoais, com vigência a partir de agosto de 2020), que, em seu artigo 23, § 4º, dispõe que "os serviços notariais e de registro exercidos em caráter privado, por delegação do Poder Público, terão o mesmo tratamento dispensado às pessoas jurídicas referidas no *caput* deste artigo, nos termos desta Lei".

9
CERTIDÕES E INFORMAÇÕES – EMOLUMENTOS

Neste capítulo serão examinadas duas figuras estreitamente relacionadas ao serviço de protesto. As certidões e informações, materialização do Princípio da Publicidade, lastreadas no exame de livros e arquivos, e os emolumentos, quantia paga pelo usuário como contraprestação pelo serviço prestado.

9.1 CERTIDÕES E INFORMAÇÕES

A publicidade é atributo do ato de protesto, cujo conteúdo estará acessível a qualquer interessado, mediante a expedição de certidão ou informação na forma regulada pela Lei.

Mas a publicidade não é inerente a todos os atos que integram o procedimento do protesto, sendo verificada apenas em relação ao protesto em si. Essa assertiva decorre, inclusive, da leitura do art. 27 da Lei n. 9.492/97, que menciona *protesto específico* e no § 2º refere-se a *registros*, o que demonstra que as certidões devem conter apenas anotação sobre a existência ou inexistência de protesto. Não lavrado o protesto, de acordo com a lei, portanto, inexiste publicidade a ser materializada em certidões e informações, salvo por determinação judicial ou solicitação do devedor. O mesmo se diz em relação aos protestos cancelados. Por esse motivo, já tivemos oportunidade de esclarecer que a intimação por edital não é consequência do Princípio da Publicidade, que se destina a tornar disponíveis as informações do protesto. A publicação do edital é, na verdade, uma exceção ao sigilo dos dados do protocolo, e a divulgação de alguns daqueles dados se dá com a finalidade exclusiva de permitir ao devedor o conhecimento da protocolização, do prazo e da forma de pagamento no Tabelionato, a fim de ilidir o protesto. Não se destina o edital a conhecimento público, embora inevitavelmente este acabe ocorrendo.[1]

A publicidade do protesto materializada na certidão tem várias implicações práticas, acrescentando, por via indireta, segurança jurídica às relações negociais e de crédito.

Uma importante observação sobre essa implicação diz respeito à fraude contra credores.

A fraude contra credores, prevista nos arts. 158 a 165 do Código Civil, pode ser conceituada superficial e especificamente em relação à transmissão de bens, como o ato praticado maliciosamente com o fito de prejudicar terceiro (o credor). Se o transmitente é insolvente no ato da transmissão, ou se assume essa condição em razão dela e se preexistia um crédito cuja satisfação restará prejudicada pelo desfalque patrimonial

---
1. BUENO, Sérgio Luiz José. *O protesto de títulos e outros documentos de dívida*, p. 28.

verificado, presente o chamado *consilium fraudis*, o ato pode ser anulado (para alguns) ou declarado ineficaz (para outros), por meio de sentença prolatada em ação pauliana.

O que interessa a este trabalho é a questão relativa à prova do *consiluim fraudis* nas transmissões de bens.

Se houve alienação ou transmissão onerosa, incumbe ao terceiro (autor da ação pauliana) a demonstração, conforme o art. 159 do mesmo Estatuto, de que a insolvência do alienante é notória, ou de que há motivo para ser conhecida pelo adquirente.

Perceba-se que do adquirente não se exige que tenha tido a intenção de causar prejuízo ao credor lesado, bastando que sejam demonstrados os requisitos indicados no parágrafo anterior.

A notoriedade, explica Venosa, "depende do caso concreto, mas a jurisprudência e a doutrina fixaram determinadas situações". Dentre elas, cita o autor o "protesto de cambiais".[2]

Yussef Cahali ressalta que a simples existência de protesto não materializa insolvência, mas adverte: "O fato deve ser apreciado pelas suas particularidades. Se v.g., o título protestado excede, em muito, o valor do único bem do devedor, logo depois de alienado, fica evidente a inferioridade do ativo deste em relação ao seu passivo (cf. J. M. de Carvalho Santos, *Código Civil Brasileiro interpretado*, 6. ed., II, p. 428), circunstância que o adquirente não pode desconhecer dada a publicidade do protesto".[3]

Dessa maneira, vemos que a existência de protestos cujas dívidas somadas excedam o patrimônio do alienante pode satisfazer o requisito do *consiluim fraudis* de maneira a ensejar a anulação (ou ineficácia da alienação) e ao adquirente não será admitido alegar desconhecimento, em razão da publicidade daqueles atos.

Assim, se uma pessoa adquire bem de outrem sem obter certidão de protestos, fica exposta ao risco de ver anulado o negócio realizado. *A contrario sensu*, a solicitação e guarda dessa certidão, se negativa ou se indicar protestos relativos a dívidas que não configuram a insolvência do alienante, além de afastar essa situação, ainda e principalmente demonstra a boa-fé do terceiro adquirente, pois foi diligente e procurou conhecer a situação patrimonial e creditícia do alienante, sem embargo naturalmente de outras peculiaridades que o caso possa apresentar.

O Tribunal de Justiça de São Paulo destacou a importância da certidão:

> "EMBARGOS DE TERCEIRO. FRAUDE DE EXECUÇÃO. Pretensão de reforma, da respeitável sentença que julgou improcedente ação de embargos de terceiro. Descabimento. Hipótese em que a embargante adquiriu o imóvel quando já havia execução ajuizada por outros credores da executada. Simples solicitação de certidões de cartórios distribuidores e de protesto pelo adquirente que apontariam para a insolvência da executada alienante. Boa-fé do adquirente não configurada. Sentença de primeiro grau que merece ser confirmada pelos bem deduzidos fundamentos expostos pela juíza singular. RECURSO DESPROVIDO".[4]

---

2. VENOSA, Sílvio de Salvo. *Direito civil*. 10. ed. São Paulo: Atlas, 2010, v. I, p. 455.
3. CAHALI, Yussef Said. *Fraude contra credores*. São Paulo: RT, 1989, p. 204.
4. TJSP, Apel. 0026543-66.2009.8.26.0344, Rel. Ana de Lourdes Coutinho Silva.

Como se vê, toda e qualquer aquisição onerosa há de ser, ao menos é o que recomenda a cautela, precedida da solicitação de certidão de protestos da comarca de domicílio do alienante, ou de onde exerça suas atividades principais (de ambas, se forem distintas). A medida pode servir como prova de boa-fé do adquirente, se o que constar da certidão não indicar insolvência, ou, em caso contrário, como elemento relevante a ser considerado na avaliação da conveniência ou não de celebração do negócio.

9.1.1 Distinção entre certidões e informações

Ceneviva distingue certidões e informações, sustentando que estas são as previstas no art. 29 da Lei n. 9.492/97,[5] sendo espécies daquelas. Essa distinção, contudo, não abrange todas as situações possíveis, de maneira que comporta observações.

O art. 29 também se refere ao gênero *certidão*, como nos revela a literalidade textual, com a simples ressalva de ser expedida em forma de relação. Não seria essa, pois, a distinção.

Mais adequada é a diferenciação feita pelo próprio Ceneviva, quando se refere a registros públicos em geral. Diz ele que "certidão é o instrumento escrito passado pelo registrador afirmando ato ou fato constante de seus registros ou informando sua existência". Informação, por outro lado, "é simples notícia dada a todo aquele com interesse no ato jurídico correspondente ao registro".[6]

9.1.2 O requerimento

Dita o art. 31 da Lei n. 9.492/97: "Poderão ser fornecidas certidões de protestos, não cancelados, a quaisquer interessados, desde que requeridas por escrito".

Esse dispositivo deve ser corretamente interpretado, tarefa que guarda certa dificuldade. Desde logo é possível entender que qualquer interessado pode solicitar certidão que contenha protesto não cancelado. Diversamente, se houver a indicação de protesto cancelado, apenas o próprio devedor poderá requerê-la (art. 27, § 2º, da Lei n. 9.492/97), sendo certo que, por ordem judicial, também se fará essa referência.

Pensemos agora apenas na certidão relacionada a protestos não cancelados. Sendo positiva, ou seja, se contiver a indicação de protesto, segundo o dispositivo transcrito, haveria de ser requerida por escrito. Se for negativa, sem mencionar protesto algum, poderia ser solicitada verbalmente.

Esse é o pensamento corrente na doutrina. Acenando com o aspecto formal do requerimento, Carlos Henrique Abrão diz que deve ser formalizado o pedido referente à expedição da certidão.[7] Há posição mais ostensiva: exige a lei, ainda, que as certidões sejam requeridas por escrito (art. 31 da Lei n. 9.492/97, com a redação

---

5. CENEVIVA, Walter. *Lei dos notários e dos registradores comentada*, p. 130.
6. CENEVIVA, Walter. *Lei dos registros públicos comentada*. 18. ed. São Paulo: Saraiva, 2008, p. 40.
7. ABRÃO, Carlos Henrique. *Protesto*, p. 69.

da Lei n. 9.841/99), formalidade que inexiste nos demais serviços delegados (no âmbito da legislação federal, havendo a exigência em algumas normas administrativas estaduais).[8]

De fato, essa parece ser a compreensão possível do citado art. 31: certidões negativas podem ser requeridas verbalmente, mas as positivas carecem de pedido escrito. Ocorre que no momento em que se dá a solicitação pelo interessado não se sabe se a certidão será negativa ou positiva, uma vez que o Tabelião tem o prazo de cinco dias úteis para a expedição. Assim, na prática, toda solicitação de certidão deve ser feita por escrito. Trata-se de regra desnecessária, de caráter burocrático, cuja existência já não se justificaria nos dias de hoje.

Diante disso, mostra-se adequada e oportuna a inovação contida no artigo 12 do Provimento 87 da Corregedoria Nacional de Justiça – CNJ, de 11 de setembro de 2019:

> "As certidões individuais serão fornecidas pelo tabelião de protesto de títulos, no prazo máximo de 5 (cinco) dias úteis, mediante pedido escrito ou verbal de qualquer pessoa interessada, abrangendo período mínimo dos cinco anos anteriores ao pedido, salvo quando solicitado período maior ou referente a protesto específico."

Se é correto limitar a emissão de certidão do livro do protocolo ou de protesto cancelado, não vislumbramos necessidade de maior formalidade no tocante à certidão de protesto, seja ela negativa ou positiva. Note-se que o Tabelião tem fé pública e pode incluir na certidão a informação de que a expediu diante de solicitação verbal do interessado, haja ou não protestos a constar. A cautela não se dispensa, repita-se, em situações justificadas, nos casos de certidões de protesto cancelado ou do livro do protocolo, como se verá.

O Provimento mencionado também deixa expressa a possibilidade de que os pedidos de informações simples ou complementares, de certidões e de cópias possam ser realizados pela internet, bem como atendidos e expedidos pelos Tabelionatos por meio eletrônico, mediante assinatura eletrônica (art. 9º).

O mesmo ato normativo, em seu artigo 14, instituiu, com caráter obrigatório, o Serviço Centralizado para Prestação de Informações e Fornecimento de Certidões, onde houver mais de um tabelionato de protesto. Consigne-se que os tabeliães estão obrigados a disponibilizar esse serviço, mas o usuário pode optar por utilizá-lo, ou requerer certidões e informações diretamente nos tabelionatos. É o que se infere da leitura do § 1º do mesmo artigo.

9.1.3 O prazo para expedição e o período de abrangência

Dispõe o art. 27 da Lei do Protesto: "O tabelião de protesto expedirá as certidões solicitadas dentro de 5 (cinco) dias úteis, no máximo, que abrangerão o período mínimo dos 5 (cinco) anos anteriores, contados da data do pedido, salvo quando se referir a protesto específico".

---

8. SOUZA, Eduardo Pacheco Ribeiro de. *Noções fundamentais de direito registral e notarial*, p. 198.

O prazo para a expedição da certidão é de cinco dias úteis e é tempo mais que suficiente para a busca segura, não se justificando nos dias de hoje o excesso.

A certidão de protesto deve abranger período mínimo de cinco anos anteriores ao pedido. Assim, exemplificando: imaginemos um protesto não cancelado e lavrado em 20-3-2011. Uma certidão de cinco anos requerida em 10-3-2017 não mencionará esse protesto. No entanto, uma certidão de dez anos requerida na mesma data deverá mencioná-lo.

As certidões referidas serão expedidas por requerimento referente ao nome do devedor. O que se solicita é a expedição de uma certidão na qual devem constar os protestos que tenham como devedor a pessoa indicada. Inexistindo protestos, a certidão será negativa.

Será possível, no entanto, que se requeira certidão referente a um determinado (específico) protesto. Assim, exemplificando, solicita-se a expedição de certidão na qual deve constar o protesto relativo a certo cheque. Nesse caso, a certidão será expedida independente da delimitação de período.

Em qualquer caso, o Tabelião realiza a busca no índice e no livro de protesto e, encontrando assentamento, expede certidão positiva. Se nada constar, a certidão será negativa.

9.1.4 A homonímia

Imaginemos que é requerida uma certidão relativa a determinada pessoa. Realizada a busca, verifica-se que há protesto em que figura como devedor pessoa com nome idêntico. Alega o interessado, porém, que se trata de homônimo.

> "Sempre que a homonímia puder ser verificada simplesmente pelo confronto do número de documento de identificação, o tabelião de protesto dará certidão negativa" (art. 28 da Lei do Protesto).

Assim, se for possível desde logo, comparando documentos arquivados com outros apresentados, confirmar-se o alegado, o Tabelião expedirá certidão negativa. Se, ao contrário, subsistir dúvida, deverá ele solicitar ao interessado que prove pelos meios admitidos em direito essa situação. Feita a prova, da mesma forma, emite-se certidão negativa.

É preciso cautela no tocante à constatação de homonímia apenas pela diferença de números de CPF, pois ainda hoje, mesmo que seja raro, há pessoas que ostentam mais de um cadastro. Assim, embora a diferença no número do CPF seja um forte indício de homonímia, havendo qualquer suspeita de duplicidade, o Tabelião deve exigir outras provas.

Se persistir a dúvida, o Tabelião deve expedir certidão mencionando a aparente situação de homonímia, mas informando que existem protestos lavrados com o mesmo nome.

9.1.5 A semelhança de nomes

Situação diversa, mas semelhante à da homonímia, diz respeito a certidões envolvendo o empresário individual que tem CNPJ e que ostenta em sua vida civil o CPF. Imaginemos que essa pessoa solicite certidão fornecendo o número de CPF e não são encontrados protestos. No entanto, existem assentamentos com o mesmo nome, mas com a anotação de CNPJ. Nesse caso, deve-se expedir certidão negativa em relação ao CPF, mas dela constará que, com o mesmo nome, porém com o CNPJ, cujo número deve ser também mencionado, constam protestos.

Essa medida não se aplica, contudo, aos que adotarem a forma prevista na Lei n. 12.441/2011, que instituiu a empresa individual de responsabilidade limitada (EIRELI), pois, nesses casos, ainda que nos limites estabelecidos, o patrimônio da pessoa natural e dessa empresa já não se confundem. Além disso, a inclusão da designação EIRELI no final do nome empresarial, por si só, criará distinção.

9.1.6 Os requisitos da certidão

O § 1º do art. 27 da Lei do Protesto elenca os requisitos formais da certidão: "o nome do devedor, seu número no Registro Geral (RG), constante da Cédula de Identidade, ou seu número no Cadastro de Pessoas Físicas (CPF), se pessoa física, e o número de inscrição no Cadastro Geral de Contribuintes (CGC), se pessoa jurídica".

Outros requisitos podem ser exigidos por normas administrativas locais.

9.1.7 As certidões de protocolização

O parágrafo supracitado menciona *certidões relativas à prévia distribuição*, que se distinguem daquela agora examinada, por dizerem respeito aos títulos e documentos distribuídos pelos serviços de distribuição autônomos ainda existentes nos estados em que há essas unidades.

Examinando propriamente a certidão de protocolização, que alguns designam *certidão de apontamento* (expressão em desuso, substituída por protocolização), e outros denominam *certidão do livro do protocolo*, temos que é aquela que menciona a existência de título ou documento de dívida protocolizado, mesmo que não tenha sido protestado.

Essas certidões devem ser expedidas com reservas e não refletem a publicidade do protesto, como vimos, pois se referem a ato precedente.

O artigo 7º, do Provimento 87 da Corregedoria Nacional de Justiça – CNJ, de 11 de setembro de 2019, permite que as certidões agora examinadas sejam fornecidas ao "interessados". Estes são apenas o apresentante, o credor e o devedor, sem prejuízo, naturalmente, da expedição por ordem judicial e, neste caso, diferente do que ocorre com a certidão referente a protesto cancelado, a simples requisição judicial da certidão justifica a inclusão do que constar.

Registramos, embora não conste do texto normativo em exame, que o requerimento exige a forma escrita, com o fim de comprovar, se necessário, a qualidade de "interessado" do requerente.

9.1.8 As certidões de protesto cancelado

"Das certidões não constarão os registros cujos cancelamentos tiverem sido averbados, salvo por requerimento escrito do próprio devedor ou por ordem judicial" (art. 27, § 2º, da Lei n. 9.492/97).

A proibição legal somente é afastada se houver requerimento escrito do devedor ou ordem judicial, mas essa ordem há de ser expressa no sentido de que na certidão devem constar os protestos cancelados. Inexistindo determinação, a certidão será expedida conforme a regra, ainda que requisitada por Juiz. O requerimento do devedor e a ordem judicial mencionados se referem à inclusão dos protestos cancelados, e não à expedição da certidão. De acordo com o texto da norma, para dizermos que toda certidão requisitada por Juiz deve conter protestos cancelados, também deveríamos afirmar o mesmo em relação a toda certidão requerida pelo devedor, o que, sabemos, não encontra amparo na lei.

9.1.9 As certidões em forma de relação

Vejamos as regras referentes às certidões em forma de relação (Lei do Protesto):

Art. 29. Os cartórios fornecerão às entidades representativas da indústria e do comércio ou àquelas vinculadas à proteção do crédito, quando solicitada, certidão diária, em forma de relação, dos protestos tirados e dos cancelamentos efetuados, com a nota de se cuidar de informação reservada, da qual não se poderá dar publicidade pela imprensa, nem mesmo parcialmente.

§ 1º O fornecimento da certidão será suspenso caso se desatenda ao disposto no *caput* ou se forneçam informações de protestos cancelados.

§ 2º Dos cadastros ou bancos de dados, das entidades referidas no *caput* somente serão prestadas informações restritivas de crédito oriundas de títulos ou documentos de dívidas regularmente protestados cujos registros não foram cancelados.

Esse artigo expande a publicidade do protesto que, no interesse público, dá a conhecer a situação creditícia das pessoas, imprimindo maior segurança no estabelecimento de relações jurídicas, sobretudo as que envolvem a concessão de crédito.

Havendo requerimento, os Tabeliães de Protesto expedem, diariamente, certidão em forma de relação contendo todos os protestos e cancelamentos de protesto lavrados no dia anterior. Diferencia-se da certidão comum, individual, pois a que agora se examina relaciona todos os protestos e todos os cancelamentos de todos os devedores lavrados no dia.

Para melhor compreensão dessa distinção, podemos dizer que o critério central para expedição da certidão comum é o nome (ou número do documento) da pessoa pesquisada e na certidão em forma de relação é o dia indicado. Assim, no primeiro caso o que se quer saber é se fulano tem protestos e quais são. Na segunda hipótese, o que se busca conhecer é quais foram (todos) os protestos lavrados (ou cancelados) em certa data.

A ressalva a ser feita diz respeito à não inclusão dos protestos de letras de câmbio, por falta de aceite, em cumprimento à determinação do Conselho Nacional de Justiça, já referida neste trabalho.

As entidades que recebem as certidões devem respeitar o dever de sigilo nos termos impostos pela lei, sob pena de suspensão do fornecimento da certidão.

9.2 EMOLUMENTOS

9.2.1 Definição

Regnoberto M. de Melo Jr. define emolumentos "como a contraprestação remuneratória paga pelo interessado ao prestador de serviço notarial ou registral, decorrente de relação jurídica obrigacional, e com quanto fixado em lei".[9]

Deve-se ressaltar que o conceito colacionado se refere apenas ao valor devido ao Tabelião, mas este é normalmente destacado de quantia maior paga pelo tomador como contraprestação pelo serviço prestado, na qual se incluem outros valores a serem repassados aos Estados, aos Tribunais de Justiça etc.

O termo *emolumentos* é utilizado, inclusive pela lei, com o significado de valor pago pelo usuário, que abrange, portanto, a parte auferida pelo Tabelião e também as parcelas destinadas a outros entes. A expressão "custas" tem sido substituída, embora ainda seja muito utilizada, sem que se possa dizê-la imprópria.

9.2.2 Generalidades

A Lei Federal n. 10.169/2000 traça linhas gerais relativas aos emolumentos, atribuindo aos Estados a definição de valores (art. 1º), embora estabeleça critérios para essa fixação, destacando-se "a natureza pública e o caráter social dos serviços notariais e de registro" (art. 2º), vedando a delimitação e a cobrança excessivas, nos casos que indica (art. 3º). De resto, entre outros mandamentos, impõe a publicação e a fixação da tabela de emolumentos (art. 4º), bem como a sujeição do notário ou registrador que descumprir o estatuído às sanções legais.

Os emolumentos não podem ser cobrados com excesso, nem com insuficiência. Sem prejuízo das sanções civis, penais e administrativas cabíveis, no primeiro caso, deve haver restituição do excesso (podendo sobrevir determinação de fazê-lo em dobro) à parte que os pagou. No segundo, deverá o Tabelião pagar o que faltou aos entes a que deveria repassar parcelas dos emolumentos por ele cobrados a menor.

Ilustramos com a seguinte decisão:

---

9. MELO JR., Regnoberto Marques de. *Dos emolumentos notariais e registrais*. Rio de Janeiro: Freitas Bastos, 2005, p. 129.

"RECURSO ORDINÁRIO EM MANDADO DE SEGURANÇA. SERVENTIA EXTRAJUDICIAL. COBRANÇA DE SERVIÇO EM DESACORDO COM TABELA DE CUSTAS. RESSARCIMENTO AO PODER JUDICIÁRIO DOS VALORES QUE DEVERIAM TER SIDO EXIGIDOS. 1. Caso concreto em que serventia extrajudicial interpreta erroneamente tabela de custas, efetivando cobrança a menor de determinado serviço aos cidadãos, o que faz com que o Tribunal de origem determine o ressarcimento dos emolumentos que deveriam ter sido corretamente exigidos. 2. A resistência injustificada de cobrar corretamente os emolumentos instituídos em tabela da Corregedoria-Geral da Justiça evidencia intuito indisciplinado, passível de sanção administrativa, por violação de dever de ofício, nos termos do art. 30, VIII, c/c o art. 31, III e V, da Lei 8.935/1994. 3. Se houver dúvida quanto à melhor interpretação da tabela de custas, deve o titular de serventia submeter o pertinente questionamento ao órgão competente do Tribunal *a quo*. Não o fazendo, descabe concessão de efeitos prospectivos à interpretação de provimento normativo da Corte de origem, pois não se trata de nova interpretação da Administração, mas sim de mera reafirmação de uma diretriz que deveria ter sido adotada há muito tempo".[10]

Dita a Lei n. 9.492/97:

Art. 37. Pelos atos que praticarem em decorrência desta Lei, os tabeliães de protesto perceberão, diretamente das partes, a título de remuneração, os emolumentos fixados na forma da lei estadual e de seus decretos regulamentadores, salvo quando o serviço for estatizado.

§ 1º Poderá ser exigido depósito prévio dos emolumentos e demais despesas devidas, caso em que, igual importância deverá ser reembolsada ao apresentante por ocasião da prestação de contas, quando ressarcidas pelo devedor no tabelionato.

§ 2º Todo e qualquer ato praticado pelo tabelião de protesto será cotado, identificando-se as parcelas componentes do seu total.

§ 3º Pelo ato de digitalização e gravação eletrônica dos títulos e outros documentos, serão cobrados os mesmos valores previstos na tabela de emolumentos para o ato de microfilmagem.

No tocante à exigência de depósito prévio, a maioria dos Estados a adotava. Já havia, no entanto, os que o dispensavam para fins de apresentação a protesto, tal como se dá em São Paulo, por força da edição da Lei Estadual 10.710/2000. O apresentante nada paga e os emolumentos serão cobrados do devedor, ou sacado, por ocasião do pagamento (também do aceite ou devolução) efetuados no tabelionato. Se inexistir pagamento no tríduo legal, os emolumentos serão pagos por ocasião do cancelamento pelo interessado que o requerer ou pelo sucumbente na ação que o determinou (ou por quem o Juiz designar), se for o caso. O mesmo ocorre se determinada a sustação definitiva do protesto. Se o apresentante desistir do protesto, arcará com o pagamento.

Com a edição do Provimento 86, de 29 de agosto de 2019, da Corregedoria Nacional de Justiça – CNJ, a dispensa mencionada no parágrafo anterior passou a ser imposta todos os tabelionatos de protesto do país. O artigo 2º do citado ato normativo estabelece a regra e a exceção (parágrafo 1º, 2 "b" – parte final).

Referido Provimento, em seu artigo 5º, dispõe, ainda, que "os tabeliães de protesto ou os responsáveis interinos pelo expediente da serventia autorizados a conceder parce-

---

10. STJ, AgRg no Recurso em Mandado de Segurança 32.049, Rel. Min. Herman Benjamin.

lamento de emolumentos e demais acréscimos legais aos interessados, através de cartão de débito ou de crédito, desde que sejam cobrados na primeira parcela os acréscimos legais que estão contemplados no art. 2º", ou seja, os repasses aos órgãos destinatários de parcelas de emolumentos segundo a legislação local.

Por fim, o citado art. 37 da Lei do Protesto determina que em todo ato que gerar a cobrança de emolumentos será indicado o valor total destes e das parcelas que o compõem. Exemplificando: ao Tabelião: R$ 6,00; ao Estado: R$ 1,00; ao Tribunal de Justiça: R$ 0,50. Total: R$ 7,50.

Podem ser cobradas ainda as despesas realizadas especificamente no procedimento para o protesto, como as de intimação no endereço, ou por edital, que deverão ser discriminadas. É o que se depreende também da leitura do art. 19 da Lei do Protesto. Assim, poderiam ser cobradas, a título de exemplo, despesas relativas a contribuições como a extinta CPMF, se incidente em razão do procedimento de pagamento e repasse dos valores pagos aos apresentantes. Perceba-se que a lei fala em *demais despesas*, de maneira que tem conteúdo aberto, limitado, contudo, pelos dispêndios necessários, em conformidade com o procedimento descrito na lei.

Os atos para os quais a lei preveja a cobrança de emolumentos podem ter sua prática condicionada ao prévio pagamento deles. É o que se dá com o cancelamento, mesmo que decorra de ordem judicial. O Juiz definirá a parte a quem incumbe esse pagamento. No silêncio, o sucumbente deve suportá-lo. Não efetuado esse pagamento, o Tabelião deve informar ao Juiz que não realizou o ato em face do não recolhimento dos emolumentos e assim procederá em cumprimento ao disposto no § 3º do art. 26 da Lei n. 9.492/97.

Note-se que o Tabelião não é livre para, simplesmente, conformar-se com a recusa do pagamento de emolumentos a que tem direito, uma vez que suporta o dever legal de arrecadar o que for devido aos entes indicados pela lei (Estado, Tribunal de Justiça etc.), sob pena de responder ele mesmo pelos valores não cobrados. Dessa forma, por si próprio e por quem substitui, deve ele exigir o cumprimento da lei.

Não vemos fundamento legal para a dispensa imotivada de pagamento de emolumentos pelo simples fato de decorrer ele de ordem judicial. Não obstante, registra-se a seguinte decisão do Superior Tribunal de Justiça:

> "Emanada ordem judicial impositiva para que o oficial do cartório efetuasse o cancelamento do protesto existente em nome da recorrida, cabia-lhe o cumprimento da medida, e não estabelecer condição ao seu implemento inexistente no ofício judicial, qual seja, o pagamento prévio dos emolumentos cartorários".[11]

Não nos enganemos, contudo, com a precipitada interpretação do julgado, pois a leitura do voto acolhido evidencia que se ateve mais à concretude que a uma aplicação genérica. É o que se percebe nitidamente em seu corpo:

---

11. STJ, REsp 1.100.521, Rel. Mina. Nancy Andrighi.

"Não se pode negar que, em havendo exigência legal para o custeio dos emolumentos, seria mais razoável que ordens dessa natureza individualizassem o responsável pelo pagamento. Também não se pode olvidar que, ao invés de não cumprir a ordem judicial, e mais, utilizar a manutenção do protesto como forma de pressionar a recorrida a efetuar o pagamento dos emolumentos, poderia o recorrente ter provocado o juízo que exarou a ordem a estabelecer a quem caberia arcar com as despesas".

Vê-se, pois, que o procedimento recomendado não é simplesmente deixar de cobrar os emolumentos, dos quais, também na qualidade de substituto tributário, o Tabelião não pode simplesmente abrir mão. O que se deve fazer é comunicar imediatamente ao Juiz a falta do recolhimento, para que determine quem deve suportá-lo. Se sobrevier determinação pura e simples de isenção, a nosso ver sem fundamento legal, ao menos o Tabelião não poderá ser cobrado depois pelos órgãos prejudicados por ela.

De resto, tem-se a disposição do art. 784, XI, do Código de Processo Civil que possibilita a execução para o recebimento dos emolumentos não satisfeitos.

9.2.3 Isenção por pobreza

Note-se que não há, da mesma forma, amparo legal para a isenção de emolumentos à pessoa pobre. Essa isenção apenas se pode realizar por meio de lei, como se dá em certos atos do Serviço de Registro Civil, aliás mediante ressarcimento, inexistente na hipótese de protesto, mesmo porque não há motivo para tanto. Assim, a simples alegação de pobreza da parte junto ao Tabelião, mesmo que acompanhada de prova, não a beneficia com a isenção.

Ao contrário, tem-se entendido que, caso o cancelamento tenha sido determinado em processo em que seja o interessado beneficiário de assistência judiciária gratuita, este não suportará o pagamento de emolumentos. Ressalte-se, contudo, que se a parte sucumbente for a adversa, deverá ela arcar com o pagamento dos emolumentos, desde que não seja também detentora do mesmo benefício.

Vicente Amadei, em parecer sobre o assunto, lançado em procedimento administrativo que tramitou pela Corregedoria-Geral da Justiça de São Paulo, fez referência a textos aplicáveis a todos os Estados:

> "O prescrito no artigo 5º, LXXIV, da Constituição da República é para prestação de assistência jurídica gratuita aos hipossuficientes, e as regras da Lei n. 1.060/50 são referentes à assistência judiciária aos necessitados no âmbito dos processos judiciais que, de fato, podem ser projetadas, reflexivamente, aos emolumentos por serviços extrajudiciais relacionados à prestação jurisdicional; não, todavia, para situações como a presente, em que se busca, em si, na esfera administrativa desvinculada de prestação jurisdicional, gratuidade no cancelamento de protesto de título".[12]

A matéria hoje vem expressamente regulada no art. 98, § 1º, IX, do Código de Processo Civil.

---

12. TJSP, Corregedoria-Geral da Justiça, Proc. 470/2006 – (Parecer 249/06-E).

9.2.4 A redução concedida a microempresas e empresas de pequeno porte

Dispõe o art. 73 da Lei Complementar 123/2006, em seu inciso I:

Art. 73. O protesto de título, quando o devedor for microempresário ou empresa de pequeno porte, é sujeito às seguintes condições: I – sobre os emolumentos do tabelião não incidirão quaisquer acréscimos a título de taxas, custas e contribuições para o Estado ou Distrito Federal, carteira de previdência, fundo de custeio de atos gratuitos, fundos especiais do Tribunal de Justiça, bem como de associação de classe, criados ou que venham a ser criados sob qualquer título ou denominação, ressalvada a cobrança do devedor das despesas de correio, condução e publicação de edital para realização da intimação.

Essas empresas, portanto, pagam apenas a parte dos emolumentos devida ao Tabelião. Não pagarão, se houver a incidência ordinária, valores devidos ao Estado, ao Tribunal de Justiça, ou a quaisquer outros. O texto legal emprega a palavra *devedor*. Portanto, o benefício incide sobre os emolumentos devidos apenas nas seguintes hipóteses: se a empresa paga, aceita ou devolve o título ou documento; se requer o cancelamento do protesto ou, ainda, se é beneficiada com a suspensão definitiva daquele. Não há redução se a empresa é apresentante de título ou documento e requer a desistência do protesto, ou se postula, por exemplo, a expedição de uma certidão.

Para comprovação de sua condição, exige o inciso IV do mesmo artigo: "documento expedido pela Junta Comercial ou pelo Registro Civil das Pessoas Jurídicas, conforme o caso". As sociedades empresárias ou empresário individual devem apresentar documento expedido pela Junta Comercial. As sociedades simples exibirão documento expedido pelo Serviço de Registro Civil das Pessoas Jurídicas.

Há quem entenda possível para a comprovação a apresentação de qualquer documento, mesmo porque hoje uma consulta singela e rápida ao *site* da Junta Comercial nos fornece os dados referentes ao enquadramento da empresa na referida lei.

Existe, no entanto, a Instrução Normativa 103 do Ministério do Desenvolvimento, Indústria e Comércio, que, em seu art. 8º, define o documento a ser apresentado: "Art. 8º A comprovação da condição de microempresa ou empresa de pequeno porte pelo empresário ou sociedade será efetuada mediante certidão expedida pela Junta Comercial". Assim, a prova da condição exigida para a obtenção do benefício deve ser feita por meio de certidão.

Normas administrativas locais podem estabelecer o prazo de validade para os fins mencionados.

Para manter o direito concedido pela Lei Complementar referida, o beneficiário deve honrar o pagamento dos títulos ou documentos de dívida, sob pena de suportar as consequências previstas no inciso V do mencionado art. 73 da mesma Lei Complementar, que assim dispõe: "quando o pagamento do título ocorrer com cheque sem a devida provisão de fundos, serão automaticamente suspensos pelos cartórios de protesto, pelo prazo de 1 (um) ano, todos os benefícios previstos para o devedor neste artigo, independentemente da lavratura e registro do respectivo protesto".

O inciso referido prevê que o pagamento do título com cheque sem a devida provisão de fundos acarretará a suspensão de "todos os benefícios previstos para o devedor neste artigo", o que compreende, sem dúvida, o direito à redução nos emolumentos.

Indaga-se se é cabível a suspensão do benefício se o cheque for devolvido por outros motivos. A esse respeito, já expressamos nossa opinião no sentido de que o fato de o legislador mencionar apenas a devolução por insuficiência de fundos não impede que se dê a suspensão se o cheque for devolvido por motivo que caracterize evidente má-fé do devedor. Não seria de se tolerar, por certo, que o cheque não lograsse pagamento porque o emitente obstou a compensação com base no motivo 21. A suspensão seria correta, tendo em vista a interpretação finalística. O que o legislador quis, embora tenha empregado expressão restritiva, foi coibir a má-fé.[13]

Não havendo evidência segura de má-fé, a devolução por outros motivos que não seja a insuficiência de fundos acarretará o protesto, porque o pagamento não se aperfeiçoou, como examinado em outro ponto deste trabalho, mas o benefício subsiste.

C) Os cartórios fornecerão às entidades representativas da indústria e do comércio ou àquelas vinculadas à proteção do crédito, quando solicitada, certidão diária, em forma de relação, dos protestos tirados e dos cancelamentos efetuados.

D) As certidões deverão obrigatoriamente indicar, além do nome do devedor, seu número no Registro Geral (R.G.), constante da Cédula de Identidade, ou seu número no Cadastro de Pessoas Físicas (C.P.F.), se pessoa física.

---

13. BUENO, Sérgio Luiz José. *O protesto de títulos e outros documentos de dívida*, p. 164.

QUARTA PARTE
Procedimento para o protesto

10
ASPECTOS GERAIS DO PROCEDIMENTO PARA PROTESTO – DISTRIBUIÇÃO – APRESENTAÇÃO – PROTOCOLIZAÇÃO

Principia neste capítulo o exame do procedimento para protesto, tecendo-se considerações gerais acerca do lugar da apresentação a protesto, bem como sobre o rito procedimental e os princípios que o regem. Em seguida, passa-se ao exame, fase a fase, estudando-se desde logo a distribuição, a apresentação e a protocolização.

10.1 ASPECTOS GERAIS DO PROCEDIMENTO PARA PROTESTO

10.1.1 Princípios que regem o procedimento para protesto

Tratar dos Princípios referentes ao protesto é tarefa difícil sem o concurso de estudo já feito por Vicente Amadei a respeito deles.[1] No artigo, que tem o significativo título *"Princípios de Protesto de Títulos"*, o autor traz imprescindível síntese dos ditos princípios, cuja apreensão em muito auxilia na compreensão do protesto como um todo.

Esta obra toma emprestadas, em sua essência, algumas das ponderações do ilustre autor, no que dizem respeito aos princípios atinentes primeiro ao serviço e, depois, ao ato de protesto.

10.1.1.1 Princípio da rogação

Também denominado *de instância*, rege, em regra, a atividade notarial e registral, cujos serviços e atos não se praticam de ofício, mas sob provocação da parte interessada. O procedimento para protesto somente se inicia com a apresentação do título ou documento feita pelo credor ou por endossatário de endosso mandato. Essa inércia do Tabelião ocorre normalmente em todas as fases do procedimento, salvo naquelas em que o impulso de ofício decorre da lei, como na intimação do devedor. A exigência de provocação subsiste no cancelamento e na emissão de certidões.

Exceção a essa regra é vista no art. 25 da Lei n. 9.492/97, que permite ao Tabelião agir de ofício para retificar erro material, com as observações que lançamos a respeito do tema no capítulo próprio.

---

1. AMADEI, Vicente de Abreu; DIP, Ricardo (Coord.) et al. *Introdução ao direito notarial e registral*, cit.

Como consequência desse princípio, "o Tabelião não pode protestar senão nos limites definidos no requerimento do apresentante. Assim, por exemplo, se o apresentante pretende o protesto comum, não pode o Tabelião lavrar o protesto especial".[2] Por outro lado, "o que se protesta é o título apresentado pelo portador, o título que o portador rogou o protesto",[3] de maneira que o ato de protesto deve basear-se no que estritamente consta do título ou documento.

Esse princípio é visto nos seguintes artigos da Lei do Protesto: 5º e parágrafo único; 10, § 1º; 11 (parte final), 16; 21, § 4º (*indicados pelo apresentante*); 22; 26; 27 (*solicitadas*), 29 (*quando solicitada*), e 31.

10.1.1.2 Princípio da celeridade

A celeridade é uma das características de maior relevo do procedimento para protesto, sempre atrelada ao abrandamento das formalidades. É imprescindível que o procedimento seja célere para alcançar seu fim, mesmo porque as delongas não se justificariam, por ser o objeto do protesto composto apenas por obrigações líquidas, certas e exigíveis.

O chamado tríduo legal, previsto no art. 12 da Lei n. 9.492/97, é a exteriorização primeira desse princípio. No entanto, há também o prazo do art. 5º.

10.1.1.3 Princípio da formalidade simplificada

Como afirmamos, a celeridade está associada à simplificação das formas. Aquela formalidade cinzenta, outrora marca pejorativa da atividade notarial e registral, ainda hoje, e já sem razão, dita burocrática, não existe em relação ao procedimento para protesto. Apresentado hoje o título, em três dias úteis, como regra, restará pago ou protestado.

Exemplificando, Amadei esclarece: "Quanto às intimações, atua o princípio da formalidade simplificada" e explica que "basta a entrega no endereço fornecido pelo portador" e que "não é necessário o recebimento pessoal pelo devedor".[4]

Não há um total desapego a formas. Ao contrário, a lei é rigorosa em vários aspectos procedimentais. O que existe é a simplificação possível sempre que não causar risco à segurança, aliás outro princípio a que se submete o serviço de protesto.

10.2 BREVE SÍNTESE DO PROCEDIMENTO PARA PROTESTO

Imaginemos: João, proprietário de um açougue, recebe de seu cliente um cheque. Depois de depositá-lo é surpreendido com a devolução por insuficiência de fundos. Diante disso, com o título, João (apresentante) comparece ao serviço de distribuição de títulos e outros documentos de dívida, onde formula requerimento para início do procedimento de protesto (*apresentação*). O responsável por esse serviço, empregando critérios referentes a quantidade e qualidade, atribui esse título ao 1º Tabelionato da

---

2. AMADEI, Vicente de Abreu; DIP, Ricardo (Coord.) et al. *Introdução ao direito notarial e registral*, p. 109.
3. AMADEI, Vicente de Abreu; DIP, Ricardo (Coord.) et al. *Introdução ao direito notarial e registral*, p. 110.
4. AMADEI, Vicente de Abreu; DIP, Ricardo (Coord.) et al. *Introdução ao direito notarial e registral*, p. 112.

comarca (*distribuição*) e no mesmo dia remete a ele o cheque. O Tabelião, recebendo o título, faz seu lançamento no livro do protocolo (*protocolização*) e depois inicia o exame de seus requisitos formais (*qualificação*). Encontrado vício que obste o protesto, o cheque será devolvido a João, com anotação da irregularidade verificada (*devolução por vício formal*). Se, ao contrário, o Tabelião verifica que o título pode ser protestado e sendo o devedor residente na mesma comarca, expede-se intimação ao endereço fornecido, sendo esta entregue (*intimação no endereço*). Caso não seja possível a entrega, a intimação será realizada por edital, a ser necessariamente afixado no tabelionato, devendo também ser publicado na imprensa local se houver jornal de circulação diária (*intimação por edital*).

Se na comarca houver um único Tabelião de Protesto, inexiste a distribuição e da apresentação, que é realizada diretamente no tabelionato, passa-se à protocolização.

Enquanto a qualificação e a intimação são realizadas, já está em curso o *prazo de três dias úteis* para que o devedor efetue o *pagamento* (caso se tratasse de letra de câmbio ou duplicata, seria possível também, conforme o motivo do protesto, que o devedor ou sacado aceitasse ou devolvesse o título). Esse prazo conta da data da protocolização, excluindo-se o dia desta e incluindo-se o do final.

No curso do prazo, além do pagamento, pode ocorrer a *desistência* do protesto solicitada por João, ou sua *sustação* por ordem judicial. Não havendo pagamento, desistência ou sustação, será lavrado o *protesto*. O prazo não conta da intimação, mas se esta for realizada no último dia dele ou após seu decurso, o protesto será lavrado no primeiro dia útil subsequente.

Depois de lavrado o protesto, pode simplesmente se dar sua *subsistência* ou o *cancelamento* do registro. Pode ocorrer também a *suspensão de seus efeitos* por determinação judicial, ou, ainda, a composição em decorrência de medida de incentivo à quitação ou renegociação de dívidas protestadas.

Eis a síntese do procedimento para protesto, que será visto em detalhes na sequência deste trabalho.

10.3 A DISTRIBUIÇÃO

Sobre a distribuição, que é ato do serviço de distribuição, dita a mesma lei:

Art. 7º Os títulos e documentos de dívida destinados a protesto somente estarão sujeitos a prévia distribuição obrigatória nas localidades onde houver mais de 1 (um) Tabelionato de Protesto de Títulos.

Parágrafo único. Onde houver mais de um Tabelionato de Protesto de Títulos, a distribuição será feita por um serviço instalado e mantido pelos próprios tabelionatos, salvo se já existir Ofício Distribuidor organizado antes da promulgação desta Lei.

Os Ofícios Distribuidores, em número já reduzido e que tende a decrescer, subsistiram para preservação dos direitos de seus titulares na transição para o regime atual.

"Os títulos e documentos de dívida serão recepcionados, distribuídos e entregues na mesma data aos Tabelionatos de Protesto, obedecidos os critérios de quantidade e qualidade" (art. 8º da Lei n. 9.492/97). Perceba-se que os títulos e documentos devem ser encaminhados aos tabelionatos na mesma data em que foram apresentados ao serviço de distribuição. O prazo do art. 5º, *caput*, não se passa entre a apresentação e a remessa ao Tabelião, e sim entre o recebimento do documento por este e seu lançamento no livro do protocolo.

A distribuição está sujeita a critérios legais inderrogáveis, pois estes não apenas favorecem o equilíbrio entre a receita dos Tabeliães, mas também a distribuição da carga de trabalho, de maneira que a sobrecarga de qualquer deles pode acarretar morosidade e prejuízo à qualidade do serviço prestado.

A título de exemplo relativo a esses critérios, podem ser consideradas as espécies de documentos, seu valor, ou dos emolumentos que podem gerar. Não há empecilho a que os próprios Tabeliães, em consenso, estabeleçam regras para a distribuição, desde que não afrontem os critérios legais.

10.4 A APRESENTAÇÃO

10.4.1 A atribuição territorial para a apresentação a protesto comum (lugar da apresentação a protesto)

No que diz respeito ao protesto para fins falimentares, há regramento próprio, visto no ponto em que se aborda esse tipo.

10.4.1.1 Regra geral

Desde logo, à parte se colocam os chamados títulos *domiciliados*, que guardam peculiaridades quanto à praça de pagamento. É o que se dá com o cheque (art. 11 da Lei do Cheque) e com a Letra de câmbio (art. 27, 1ª alínea, do Decreto n. 57.663/66). Nessas hipóteses, ante a definição legal e excepcional do lugar do pagamento, devem ser seguidos os parâmetros estabelecidos nos dispositivos referidos.

O procedimento para protesto, vimos, almeja o pagamento, o aceite, ou a devolução. Assim, tendo em vista que esses atos ocorrem ordinariamente no tabelionato, deve a apresentação a protesto se dar no lugar designado para tanto no título ou documento, na lei, ou nas normas regulamentares. Assim, exemplificando, se um contrato prevê que a obrigação deve ser cumprida em certa comarca, nela dar-se-á a apresentação. A regra, portanto, é que esta ocorra na praça de pagamento.

Problema pode surgir se o título ou documento não indica expressamente o lugar do pagamento. Para a definição do lugar do protesto nessa hipótese, propõe-se uma fórmula desenvolvida por meio de etapas sucessivas, sempre levando em conta as disposições legais e normativas.

Para a definição do lugar da apresentação a protesto, deve-se atentar para os critérios a seguir expostos, na ordem em que são apresentados, de maneira que somente se passa ao subsequente se não encontrada a solução com base no anterior. São os seguintes:

- critério legal;
- critério legal subsidiário;
- critério normativo subsidiário.
- Explicando:

Primeiro passo (*critério legal*): busca-se na lei o dispositivo que traz os requisitos formais do título, dentre eles, a indicação do lugar do pagamento. Depois, examina-se a cártula e havendo nela a inclusão desse lugar, ali deve se dar a apresentação. Se o título não indicar a praça, segue-se a próxima etapa.

Segundo passo (*critério legal subsidiário*): busca-se na mesma lei algum dispositivo que indique não ser obrigatório ou indispensável que o título contenha a praça de pagamento. Essa indicação, se houver, estabelecerá um critério subsidiário para que se defina o lugar do pagamento. Havendo, nele será feita a apresentação. Se inexistir essa norma de caráter subsidiário, tem-se que a indicação da praça no título é requisito obrigatório cuja falta caracteriza vício formal a obstar o protesto. Imaginemos, contudo, que haja a disposição subsidiária, ditando, por exemplo, que na falta da praça o protesto será lavrado no domicílio do devedor. Com essa indicação legal, concluímos que a praça não é requisito obrigatório. Ocorre que, examinando o título, podemos constatar que também não contém o endereço do devedor. Passamos, então, à etapa final.

Terceiro passo (*critério normativo subsidiário*): examina-se o regramento normativo do Estado (Normas de Serviço, Código de Normas, ou equivalente). Encontrado um critério subsidiário (por exemplo, domicílio do credor), no lugar apontado será feita a apresentação.

É pertinente anotar neste ponto que o Provimento 87 da Corregedoria Nacional de Justiça – CNJ, de 11 de setembro de 2019, não modificou a atribuição do tabelião de protesto, mantendo-se a sistemática acima exposta.

Dispõe o § 1º, do artigo 3º do citado ato:

> **Art. 3º** Somente podem ser protestados os títulos e os documentos de dívidas pagáveis ou indicados para aceite ou devolução nas praças localizadas no território de competência do Tabelionato de Protesto.
>
> 1º Para fins de protesto, a praça de pagamento será o domicílio do devedor, segundo a regra geral do § 1º do art. 75 e do art. 327 da Lei nº 10.406, de 10 de janeiro de 2002 (Código Civil), aplicando-se, subsidiariamente, somente quando couber, a legislação especial em cada caso.

Vejamos:

A primeira leitura parece indicar que o Provimento em análise determina que a apresentação a protesto passará a ser realizada no domicílio do devedor e não mais na praça de pagamento indicada no título ou documento. No entanto, ainda na interpretação literal chega-se à conclusão diversa.

Em seu início, diz o texto que, "para fins de protesto, a praça de pagamento será o domicílio do devedor". Assim, poderíamos entender que essa seria a regra. Em seguida, contudo, o mesmo dispositivo diz que essa imposição está lastreada no § 1º do artigo 75 e no art. 327 do Código Civil e nos parece perdida no texto a citação do § 1º do art.

75, que se refere ao domicílio da pessoa jurídica e não se presta a fundamentar qualquer posição acerca do lugar do protesto. Ali não se diz que o lugar do pagamento será considerado o de qualquer dos domicílios.

De qualquer forma, prosseguindo, é pertinente a citação do artigo 327 do Código Civil, pois este sim cuida do lugar do pagamento. Voltemos ao texto, excluindo a citação ao § 1º do art. 75 e teremos o seguinte: para fins de protesto, a praça de pagamento será o domicílio do devedor, segundo a regra geral do art. 327 do Código Civil. Vejamos a regra geral do artigo citado 327:

"Efetuar-se-á o pagamento no domicílio do devedor, salvo se as partes convencionarem diversamente, ou se o contrário resultar da lei, da natureza da obrigação ou das circunstâncias."

Não há outra interpretação possível para esse dispositivo, senão a seguinte: o pagamento deve ser efetuado no lugar estabelecido pelas partes. Somente se não houver indicação do lugar do pagamento, este será efetuado no domicílio do devedor. Portanto, se houver no título ou documento de dívida (que são sempre emitidos ou celebrados de acordo com a vontade das partes) a indicação do lugar do pagamento, segundo o artigo a que se reporta expressamente o texto ora interpretado, este (lugar indicado) será aquele em que deve ser efetuado o pagamento (ou seja, a praça de pagamento). Dessa maneira vemos que a parte inicial do texto em estudo, de difícil compreensão, torna-se mais clara com o prosseguimento da leitura do mesmo dispositivo.

E o dispositivo em questão, em sua parte final, dispõe que se aplica "subsidiariamente", somente quando couber, a legislação especial em cada caso. Diz, então, que quando couber, ou seja, sempre que estivar escrito, aplica-se a regra prevista em legislação especial. Isso significa dizer que, sempre que a legislação especial o disser, o protesto será lavrado no lugar por ela indicado. Assim, se a lei disser que o protesto será lavrado na praça (lugar indicado para pagamento), na praça se dará a lavratura. Se a lei disser que, na falta de indicação da praça, o protesto será lavrado no domicílio do devedor, neste, o protesto apenas será lavrado se não houver indicação daquela.

Com isso, podemos concluir a interpretação literal do texto em estudo: para fins de protesto, a praça de pagamento será o domicílio do devedor, segundo a regra geral do art. 327 do Código Civil, aplicando-se, quando houver, a norma prevista em legislação complementar.

Entendamos, então: no tocante ao lugar da apresentação a protesto, havendo legislação específica (como se dá em relação à letra de câmbio, à nota promissória, à duplicata e ao cheque) o protesto será lavrado no lugar ali indicado. Nos demais casos, se o documento não indicar o lugar do pagamento, este deverá ser efetuado no domicílio do devedor, nos termos do art. 327 do CC, que será considerado, para fins de protesto, a praça de pagamento.

Como se vê nada mudou a esse respeito com a edição do Provimento examinado.

E não poderia mesmo mudar.

Em face do princípio da legalidade, Provimento do CNJ (norma administrativa regulamentar) não poderia afastar a aplicação da lei. Não poderia subverter a regra geral do Código Civil. Da mesma forma, não poderia dizer que a lei especial tem mera aplicação subsidiária, mas, ainda que superado esse óbice, haveria outro.

Como dissemos acima, se as leis cambiais, ou quaisquer outras, ditam que o protesto será lavrado na praça e essa norma especial deve ser observada e além, de não ser possível sua revogação por provimento, haveria de prevalecer em caso de antinomia (conflito de leis no tempo), caso de lei nova se tratasse (LINDB, art.2º, § 2º). Aliás, por vezes, as mesmas leis estabelecem critérios subsidiários para o caso de não haver indicação da praça.

10.4.1.2 O lugar da apresentação a protesto da letra de câmbio

Nesse ponto, já discorrendo sobre o lugar da apresentação a protesto da letra de câmbio, aproveitamos esse primeiro exame para exemplificar em termos formais a aplicação da fórmula a que nos reportamos.

Critério legal – protesto na praça de pagamento (parágrafo único do art. 28 do Decreto n. 2.044/1908).

Critério legal subsidiário (se a letra não contém indicação da praça) – protesta-se no lugar designado ao lado do nome do sacado, que se presume ao mesmo tempo seja o lugar do pagamento e seu domicílio (art. 2º, do Decreto n. 57.663/66 – LUG).

Critério normativo subsidiário (se não há indicação da praça nem do endereço do sacado) – será necessário examinar as normas administrativas locais para que se verifique a existência de outros critérios subsidiários.

Tomemos como exemplo de critério subsidiário normativo o estabelecido nas Normas de Serviço da Corregedoria-Geral da Justiça de São Paulo, que assim dispõem, em seu Capítulo XV, Tomo II: "27. Somente podem ser protestados os títulos, as letras e os documentos pagáveis ou indicados para aceite nas praças localizadas no território da comarca. 27.1. Quando não for requisito do título e não havendo indicação da praça de pagamento ou aceite, será considerada a praça do sacado ou devedor ou, se não constar essa indicação, a praça do credor ou sacador".

Assim, voltando ao caso da letra de câmbio, temos que, com o emprego de critério normativo subsidiário, a apresentação seria realizada no domicílio do sacador.

Alguns autores, como Luiz Emygdio da Rosa Jr., acreditam que a praça de pagamento é requisito essencial da letra, expressamente indicado no art. 1º da Lei Uniforme, cuja falta caracterizaria vício formal por imposição do art. 2º (primeira parte) da mesma lei.[5] Fábio Ulhoa também destaca a essencialidade.[6]

Pensamos como Requião, que evoca justamente o citado art. 2º (terceira parte), para dizer que a praça de pagamento não é essencial, pois a própria lei, ao admitir sua falta, indicando regra subsidiária, afasta a obrigatoriedade.[7]

---
5. ROSA JUNIOR, Luiz Emygdio Franco da. *Título de crédito*, p. 397.
6. COELHO, Fábio Ulhoa. *Curso de direito comercial*, p. 395.
7. REQUIÃO, Rubens. *Curso de direito comercial*. 23. ed. São Paulo: Saraiva, 2003, v. 2, p. 392.

Por outro lado, a falta do endereço do sacado, cuja menção não se encontra no elenco do citado art. 1º, permite que se passe ao terceiro critério, pois a ausência desse dado também não configura vício formal.

Se a letra contiver a indicação de lugares alternativos, nos termos do art. 20, § 1º, do Decreto n. 2.044/1908, cabe ao apresentante optar pela apresentação a protesto em um deles.

10.4.1.3 O lugar da apresentação a protesto da nota promissória

Em relação à nota promissória, devemos dizer que a apresentação a protesto deve ocorrer na praça de pagamento, até aqui pelo mesmo regramento da letra de câmbio (critério legal). Porém, inexistindo essa indicação, aplica-se o art. 76 do mesmo Decreto n. 57.663/66, lavrando-se o protesto no lugar da emissão. Ausente também este, será observado o endereço anotado como domicílio do devedor (critério legal subsidiário) e também aqui a ausência da indicação da praça de pagamento não consubstancia vício formal, como explica Fábio Ulhoa, referindo-se à época e ao lugar do pagamento: "A falta de menção a esses elementos, contudo, não desnatura o documento como nota promissória, na medida em que, faltando época do pagamento, reputa-se o título à vista; e, faltando o lugar, considera-se pagável no local do saque ou no mencionado ao lado do nome do subscritor".[8]

Este, aliás, é o pensamento do Superior Tribunal de Justiça: "DIREITO COMERCIAL. NOTA PROMISSÓRIA. LOCAL DO PAGAMENTO. INEXEQUIBILIDADE DA CAMBIAL. SUPRIMENTO PELO LUGAR DA EMISSÃO OU DO DOMICÍLIO DO EMITENTE. REQUISITO INCIDENTAL. A falta de indicação expressa do local para o pagamento da nota promissória pode ser suprida pelo lugar de emissão do título ou do domicílio do emitente. Constitui-se, portanto, em um requisito incidental da cambial. Recurso especial a que se não conhece".[9]

Resta salientar que a inexistência também de lugar da emissão, ou de um lugar ao lado do nome do sacado, caracteriza vício formal que impede o protesto (art. 76, da LUG), de maneira que não se chegaria à aplicação da regra normativa subsidiária.

Havendo indicação de praças alternativas, a regra é a mesma aplicável às letras de câmbio, incidente por força do art. 77 da Lei Uniforme.

10.4.1.4 O lugar da apresentação a protesto da duplicata

Desde as primeiras edições deste trabalho, temos sustentado que, em relação à duplicata, a praça de pagamento é requisito essencial do título e assim fundamentamos nossa posição, ainda hoje mantida.

No que se refere a requisito elencado expressamente na lei, eventual critério subsidiário haveria de ser indicado na própria lei, não se admitindo o emprego do critério normativo, uma vez que essa aplicabilidade deve ter como pressuposto o fato de não ser a praça requisito exigido por lei (exemplo das Normas de São Paulo). Na absoluta falta de solução subsidiária

---

8. COELHO, Fábio Ulhoa. *Curso de direito comercial*, p. 430.
9. STJ, REsp 596.077, Rel. Min. Castro Filho.

legal e na impossibilidade de emprego da solução normativa, é vedado evocar o art. 17 da Lei n. 5.474/68 (Lei das Duplicatas), pois é regra de competência para ação cambial, e não para o protesto. Aliás, há apenas alternativa na escolha do foro, e não de critérios sucessivos (não se diz: se não houver praça, ajuíza-se no domicílio). Assim, a interpretação desse dispositivo não nos levará a crer que é dispensável a indicação da praça no título.

Por outro lado, se digo que a praça de pagamento não é requisito essencial da letra de câmbio e da nota promissória exatamente pelo fato de que a própria lei prevê sua falta, ao indicar critérios subsidiários, sob pena de incorrer em sofisma, devo dizer, em respeito a padrões de lógica formal, que esse requisito é indispensável na duplicata, pois a lei que a rege não prevê sua falta, inclusive por não indicar critérios subsidiários.

Fábio Ulhoa, a propósito, é contundente: "O lugar do pagamento é também o do protesto (LD, art. 13, § 3º). Os cartórios devem, por isso, recusar a protocolização quando verificada – no exame formal prévio, de caráter indispensável – a discrepância entre a base territorial de sua competência e a constante na duplicata. Caso protocolizem o título e realizem o protesto, responderão por perdas e danos, se o credor não conseguir executá-lo contra o sacado, endossante ou avalista (art. 33 da Lei n. 9.492/97)".[10]

Dessa maneira, concluímos que a duplicata, nos termos do art. 13, § 3º, da Lei das Duplicatas, deve ser apresentada a protesto na praça de pagamento nela indicada. Inexistindo essa indicação, o título deve ser devolvido sem protesto ao apresentante, por lhe faltar requisito formal essencial.

Não obstante o registro de nossa posição, é necessário consignar que hoje, de forma praticamente unânime, é admitido o protesto da duplicata no domicílio do devedor, se dela não constar a praça de pagamento. Vários autores defendem a possibilidade de que, na falta de indicação da praça, deve se realizar o protesto no domicílio do comprador. Apregoa Luiz Emygdio F. da Rosa Jr.: "O protesto deve ser efetivado na praça de pagamento constante do título (LD, art. 13, parágrafo 3º), mas o art. 17 da LD reza que o foro competente para a cobrança judicial da duplicata ou da triplicata é o da praça de pagamento constante do título, ou outra de domicílio do comprador. Assim, é de se admitir que não constando do título a praça de pagamento, a sua apresentação deva ser feita no domicílio do comprador, que deve, necessariamente, constar da duplicata (LD, art. 2º, parágrafo 1º, IV), se esse procedimento não acarretar prejuízo para o sacado. Entretanto, o documento não valerá como duplicata se dele não constarem nem a praça de pagamento nem o domicílio do comprador, porque o art. 2º, parágrafo 1º, IV, da LD, erige o domicílio do comprador como requisito essencial da duplicata".[11]

Admitem, na falta da indicação da praça, o pagamento no domicílio do sacado Waldo Fazzio Junior[12] e Gladston Mamede, que vê praticamente obrigatória a coincidência entre a praça de pagamento e o domicílio do devedor.[13]

---

10. COELHO, Fábio Ulhoa. *Curso de direito comercial*, p. 460.
11. ROSA JUNIOR, Luiz Emygdio Franco da. *Título de crédito*, p. 690.
12. FAZZIO JUNIOR, Waldo. *Duplicatas*: legislação, doutrina e jurisprudência. São Paulo: Atlas, 2009, p. 65.
13. MAMEDE, Gladston. *Títulos de crédito*, p. 238.

Ricardo Negrão sustenta a imprescindibilidade da referência à praça, mas defende a evocação em juízo do art. 6º, do Código de Defesa do Consumidor, para que o devedor reclame o pagamento em seu domicílio.[14]

Registra-se, pois, a existência de corrente amplamente majoritária que vê na indicação da praça de pagamento requisito não essencial, e em sua falta, segundo se pode inferir, o protesto haveria de ser lavrado no domicílio do sacado.

10.4.1.5 O lugar da apresentação a protesto do cheque

Contendo a mesma alternativa prevista no art. 48 da Lei n. 7.357/85 (Lei do Cheque), a Lei n. 9.492/97 dispõe: "Art. 6º Tratando-se de cheque, poderá o protesto ser lavrado no lugar do pagamento ou do domicílio do emitente, devendo do referido cheque constar a prova de apresentação ao banco sacado, salvo se o protesto tenha por fim instruir medidas pleiteadas contra o estabelecimento de crédito".

Como se vê, o cheque pode ser apresentado a protesto tanto na praça de pagamento indicada (não havendo indicação, será considerado lugar onde se situa a agência depositária da instituição financeira ou do banco sacado, nos termos do inciso I do art. 2º da Lei do Cheque), como no domicílio do emitente, cabendo a escolha ao apresentante. Essa é a regra legal. Note-se que há alternativa, e não subsidiariedade.

O art. 2º da referida lei aponta critérios a serem adotados na falta da indicação da agência, o que na prática não ocorre. Assim, a apresentação, alternativamente, pode ser realizada na praça anotada pelas partes (se não houver, no lugar da agência da instituição sacada) ou no domicílio do emitente. Dessa maneira, os critérios previstos na lei, necessariamente, levam ao lugar da apresentação.

10.4.1.6 O lugar da apresentação a protesto dos documentos que materializam obrigações protestáveis e contratos em geral

Também aqui, o documento, pelos motivos já expostos, deve ser apresentado a protesto no lugar do pagamento. Não se deve considerar para fins de protesto o foro de eleição (art. 63 do CPC), pois estabelece o foro competente para o ajuizamento de ação, ainda que o contrato preveja outro local para o pagamento. Aliás, as regras que tratam de competência se baseiam em uma série de critérios (matéria, território, valor, hierarquia etc.), que não têm vinculação com o lugar de cumprimento da obrigação e cujo exame escapa às atribuições do Tabelião de Protesto. A este cabe, portanto, verificar o lugar estabelecido para o pagamento, no contrato ou na lei que o regula, ou, ainda, sob o emprego de critério normativo subsidiário.

O art. 327 do Código Civil traz a regra legal: "efetuar-se-á o pagamento no domicílio do devedor, salvo se as partes convencionarem diversamente, ou se o contrário resultar da lei, da natureza da obrigação ou das circunstâncias". E dita o parágrafo único: "designados dois ou mais lugares, cabe ao credor escolher entre eles".

---

14. NEGRÃO, Ricardo. *Manual de direito comercial e empresarial*. 2. ed. São Paulo: Saraiva, 2011, v. 2, p. 160.

Assim, o contrato deve ser apresentado a protesto no lugar nele indicado para pagamento. No silêncio, observa-se o domicílio do devedor (dívida *quérable*). Não se pode olvidar que para certos contratos nominados há regras específicas às quais o Tabelião deve estar bastante atento, conforme a natureza do documento que é submetido à sua qualificação.

Pouco interesse têm as imposições decorrentes da natureza da obrigação ou as circunstâncias do caso, porque no mais das vezes já estão elencadas em outra disposição específica (ex.: art. 23, I, da Lei n. 8.245/91), ou são aplicáveis a obrigações de fazer (ex.: a obrigação de pintar as paredes de um imóvel apenas pode ser cumprida no lugar em que ele se situa). De qualquer forma, para fins de apresentação a protesto, essas figuras não despertam qualquer interesse e seu exame escaparia ao poder de qualificação do Tabelião.

10.4.1.7 *O lugar da apresentação a protesto do contrato de locação*

O art. 2.036 do Código Civil limita a aplicabilidade daquele estatuto ao contrato em exame, dispondo que "a locação de prédio urbano, que esteja sujeita à lei especial, por esta continua a ser regida".

O art. 23, I, da Lei n. 8.245/91 (Lei do Inquilinato) disciplina que o aluguel deve ser pago no local do imóvel, se outro não houver sido estipulado no contrato. Assim, salvo disposição contratual diversa, o contrato de locação deve ser apresentado a protesto na comarca em que se situa o imóvel.

10.4.1.8 *O lugar da apresentação a protesto dos encargos de condomínio*

Sobre a obrigação de pagamento das despesas condominiais, diz a doutrina que "é ônus real, que deve ser suportado por quem tiver a coisa no seu domínio; trata-se, pois, de obrigação 'propter rem' (em virtude coisa)".[15]

Como consequência, por força do disposto no art. 328 do Código Civil, em regra, o pagamento deve ser realizado no lugar do imóvel. Não obstante, a convenção de condomínio, nos termos do art. 1.334, I, do mesmo Código, pode estabelecer que o pagamento, ou mesmo a apresentação a protesto, dar-se-á no domicílio do devedor. Possível, ainda, que essa estipulação seja realizada por assembleia, desde que não a vede expressamente a convenção. Há regramento normativo, como em São Paulo, possibilitando, alternativamente, a apresentação no lugar do imóvel ou no domicílio do devedor.

10.4.1.9 *O lugar da apresentação a protesto da sentença*

Dúvida tem ocorrido sobre o critério a ser adotado em relação ao lugar em que deve ser apresentada a protesto a sentença. Seria na comarca em que foi ela prolatada, por imposição do art. 516, II, do Código de Processo Civil, ou seja, o que prevalece é o lugar do juízo competente para o cumprimento? Seria o domicílio do devedor? Haveria

---

15. MALUF, Carlos Alberto Dabus; MARQUES, Márcio Antero Motta Ramos. *Condomínio edilício*. 3. ed. São Paulo: Saraiva, 2009, p. 68.

de ser o lugar ajustado pelas partes no contrato que originou a lide, ou o fixado pelo Juiz na sentença?

Como sustentamos em relação aos contratos em geral, a regra de competência não deve ser evocada para a definição do lugar da apresentação a protesto. São critérios sem nenhuma vinculação lógica. No procedimento para protesto, repita-se, o devedor será intimado a pagar. Assim, o que deve prevalecer é o lugar do pagamento, aqui encarado com algumas peculiaridades.

Como primeiro critério, ainda que as partes tenham ajustado local diverso no contrato objeto do processo, há de prevalecer a fixação judicial, mesmo porque, presumidamente, o julgador se baseou na lei ou no contrato, ou em ambos, para essa delimitação. Assim, se sentença ou acórdão determinar expressamente o lugar onde deve ser cumprida a obrigação, nele ocorrerá a apresentação a protesto.

Pode se dar, e normalmente é o que acontece, que seja silente a sentença sobre esse tema. Nesse caso, deve o protesto ser lavrado no domicílio do devedor, por força do art. 327 do Código Civil, anotando-se a possibilidade de regramento diverso pelas Corregedorias-Gerais de cada Estado.

Pensávamos anteriormente que, no silêncio da sentença, o Tabelião, antes de se definir pelo domicílio do devedor, deveria buscar solução no contrato ou na lei que o rege.[16] Ocorre que essa investigação pode envolver complexidade, mesmo porque, como vimos, em qualquer caso o lugar do pagamento pode ser diverso do domicílio do devedor por força de lei, da natureza da obrigação ou das circunstâncias, exame que escaparia ao poder de qualificação do Tabelião. Assim, na verdade, não poderíamos dizer desde logo, salvo se a sentença for expressa a esse respeito, qual o lugar do pagamento. Em razão disso, melhor será que se adote, no silêncio da sentença, o domicílio do devedor, ou o critério ajustado por norma local.

10.4.1.10 O lugar da apresentação a protesto do termo de ajuste de conduta

Como regra, o protesto deve ser lavrado no lugar do pagamento (cumprimento da obrigação) assim definido no TAC. Dessa forma, havendo a estipulação no termo, esta deve ser observada. Caso inexista essa disposição, aplica-se o art. 327 do Código Civil (por analogia).

10.4.2 A formalização da apresentação

A apresentação do título ou documento de dívida é o ato da parte (credor ou endossatário de endosso mandato) ou do juiz (no caso de remessa de ofício encaminhando certidão referente à decisão que impôs obrigação de pagar alimentos ou em outra hipótese em que o próprio magistrado encaminhe diretamente a decisão ou certidão ao tabelião ou serviço de distribuição) que dá início ao procedimento para protesto. Comparece ela ao único serviço de protesto existente na comarca, ou ao serviço de distribuição,

---

16. BUENO, Sérgio Luiz José. *O protesto de títulos e outros documentos de dívida*, p. 256.

onde houver mais de um, e ali apresenta o documento, solicitando que seja iniciado o procedimento formal, que pode culminar tanto com o pagamento quanto com o protesto.

E dita o parágrafo único do art. 5º da Lei do Protesto que "ao apresentante será entregue recibo com as características essenciais do título ou documento de dívida, sendo de sua responsabilidade os dados fornecidos". O Tabelião, ou o serviço de distribuição, conforme o caso, entregará ao apresentante o recibo mencionado.

Este ato, como vimos, tanto pode ser praticado junto ao serviço de distribuição como perante o Tabelião de Protesto, se for o único da comarca.

Vejamos o que diz o art. 5º já citado: "Todos os documentos apresentados ou distribuídos no horário regulamentar serão protocolizados dentro de 24 (vinte e quatro) horas, obedecendo à ordem cronológica de entrega".

A lei diz *apresentados ou distribuídos*, referindo-se respectivamente aos casos em que haja apenas um Tabelião de Protesto na comarca, ou às hipóteses em que existe mais de um.

Por força da disposição em exame, se o Tabelião recebeu o documento encaminhado pelo serviço de distribuição às quinze horas do dia 17, deverá protocolizá-lo até às quinze horas do dia 18, presumindo-se úteis esses dias.

A apresentação é formalizada com a efetiva entrega do documento a ser submetido ao procedimento para protesto ao Tabelião ou ao serviço de distribuição. Via de regra, além daquele documento, o apresentante preenche e assina solicitação escrita (formulário de apresentação) para que se inicie o trâmite procedimental. Dizem alguns que se trata de requerimento de protesto. Na verdade, na grande maioria das vezes, é mais que isso, pois se pretende de fato a obtenção do pagamento e o protesto é almejado apenas se aquele não ocorrer. Anota-se que o formulário mencionado deve observar as disposições do Provimento 61/2017 da Corregedoria Nacional de Justiça – CNJ, contendo: I – nome completo de todas as partes, vedada a utilização de abreviaturas; II – número do CPF ou número do CNPJ; III – nacionalidade; IV – estado civil, existência de união estável e filiação; V – profissão; VI – domicílio e residência; VII – endereço eletrônico, além de outros estabelecidos por norma local.

Também podem ser entregues outros documentos, como instrumento de mandato, se o apresentante estiver representado por procurador, ou aqueles exigidos em razão da natureza do título ou documento de dívida, como a prova do cumprimento da obrigação do apresentante nos contratos bilaterais e, ainda, em certos casos, os necessários por imposição de normas locais, como comprovante de entrega da mercadoria para duplicatas mercantis etc.

Por fim, há de ser destacada a possibilidade da estipulação em regramento normativo, de outras formas de apresentação – por via eletrônica, seja por meio de centrais de remessa de arquivos, seja diretamente aos tabelionatos ou serviços de distribuição.

A propósito, o já citado Provimento 87/2019 da Corregedoria Nacional de Justiça – CNJ dispõe, § 1º, do artigo 2º que "os títulos e outros documentos de dívida podem ser apresentados, mediante simples indicação do apresentante, desde que realizados exclusivamente por meio eletrônico, segundo os requisitos da "Infraestrutura de Chaves Públicas Brasileira – ICP Brasil" ou outro meio seguro disponibilizado pelo Tabelionato, autorizado pela respectiva Corregedoria-Geral de Justiça, e com a declaração do apresentante, feita sob as penas da lei, de que a dívida foi regularmente constituída e que os documentos originais ou suas cópias autenticadas, comprobatórios da causa que ensejou a apresentação para protesto, são mantidos em seu poder, comprometendo-se a exibi-los sempre que exigidos no lugar onde for determinado, especialmente se sobrevier sustação judicial do protesto."

10.4.2.1 O apresentante

Não se pode confundir apresentante com credor, como muitas vezes ocorre. O apresentante pode não ser o credor como se dá nos casos de endosso mandato. Nessa hipótese, credor é o endossante, tendo o endossatário a missão de cobrar a dívida por aquele.

Por outro lado, o sacador nem sempre é o credor, pois se lançou endosso translativo a alguém, transmitiu a este o crédito de que era o titular. Portanto, apresentante é simplesmente a pessoa física ou jurídica que apresenta o título ou documento a protesto.

Pode ser incapaz e, então, será assistido ou representado nos termos da lei, incumbindo ao Tabelião exigir prova dessa representação por meio da apresentação de certidão de nascimento, termo de tutela ou de curatela. Apresentante é o incapaz, e não seu pai, tutor ou curador, que figurará somente como representante. Se o apresentante é menor púbere, assinará o formulário de apresentação com quem o assiste.

Ainda pensando em representação legal, sendo o apresentante pessoa jurídica, o Tabelião poderá exigir prova dessa representação por meio da exibição de cópia do ato constitutivo dela, ou equivalente.

Em se tratando de representação convencional, há de ser apresentado o instrumento de mandato (procuração), que, se for particular e não se tratar de procuração *ad juditia*, deve ter reconhecida a firma do outorgante, em face das sérias consequências que essa apresentação pode gerar. O instrumento público supre essa formalidade. Note-se que figura como apresentante o outorgante, representado pelo outorgado, embora apenas este assine o formulário.

Para apresentação a protesto, o mandato deve ser escrito, expresso e com poderes especiais, ainda que para cobrar a dívida, o que compreende todos os atos necessários ou úteis a esse fim, como o protesto. Não se exige, no entanto, que o mandato seja especial, podendo, portanto, ser geral. A procuração para o foro (*ad juditia*), com as observações feitas, há de ser admitida, dispensando-se em relação a ela o reconhecimento da firma do outorgante. Ainda em relação a esta última figura (ad juditia), caso se trate de protesto necessário, ou de apresentação de decisão judicial ou certidão extraída de autos de execução por título extrajudicial, em que o procurador seja o mesmo que atua nos autos, há de ser dispensada a outorga de poderes especiais, pois a lavratura do protesto será pressuposto imprescindível à provocação da jurisdição, na primeira hipótese e ato de efetivação do julgado ou execução, na segunda.

Imaginemos, agora, que o credor de uma nota promissória morra depois de sua emissão e antes do pagamento. A morte não impede o protesto, pois a obrigação não se extingue, mas é transmitida ao sucessor. Assim, aplicam-se ao protesto as regras sucessórias e processuais pertinentes. Aquele que tiver legitimidade ativa para pleitear o crédito em juízo poderá figurar como apresentante.

Recordemo-nos, ainda, das anotações referentes à figura do apresentante no protesto para fins falimentares, lançadas no capítulo próprio.

Como vimos, nos termos do parágrafo único do art. 5º da Lei do Protesto, o apresentante é responsável pela veracidade dos dados fornecidos por ele.

10.5 A PROTOCOLIZAÇÃO

A protocolização é o ato do Tabelião consistente em lançar o título ou documento no livro do protocolo, com os elementos já vistos. Esse ato ainda é denominado por alguns *apontamento,* palavra imprópria, contudo, em face da terminologia empregada na lei.

O art. 5º da Lei do Protesto impõe que todos os títulos e documentos de dívida sejam protocolizados e que essa protocolização se dê no prazo máximo de vinte e quatro horas. Mesmo que antes da protocolização se verifique a existência de vício que obste o protesto, recomenda-se a protocolização para que depois se realize a devolução. Se o procedimento prosseguir, a intimação somente deve ser expedida após a protocolização.

11
A Qualificação

11.1 ABRANGÊNCIA E LIMITES DA QUALIFICAÇÃO

Qualificar é classificar, verificar a qualidade. Qualificação é o ato do Tabelião de Protesto consistente em examinar detidamente o título ou documento de dívida em seus requisitos formais. Cabe a ele, ainda, verificar a presença dos elementos de ordem procedimental, ou seja, a presença de outros requisitos extrínsecos (em relação ao objeto da apresentação) exigidos por lei ou por norma regulamentar. Como resultado dessa verificação, o tabelião emite juízo positivo ou negativo de protestabilidade.

A qualificação é dever inescusável do Tabelião, que dele há de se desincumbir com dedicação e aprimoramento técnico permanente. Da perfeita qualificação, decorre a segurança jurídica que resulta na credibilidade e eficácia do serviço de protesto.

Dela poderão advir graves efeitos, tais como decisões judiciais que determinem a falência ou a inclusão do devedor em cadastro de inadimplentes.

Tivemos oportunidade de asseverar: "Tabelião de Protesto deve ser em caráter contínuo um estudioso do Direito, pois o ato de qualificação dele exige dedicação e atualização constantes. Não é admissível que seja omisso nessa importante função. Cada título ou documento deve ser examinado com atenção, sempre em cotejo com a legislação vigente. Deve o Tabelião ser conhecedor dos requisitos formais dos títulos de crédito; precisa embrenhar-se pelo Direito das Obrigações e dos Contratos, pois agora estará diante de muitos deles, entre outros documentos de dívida".[1]

Dita o art. 9º da Lei n. 9.492/97: "Todos os títulos e documentos de dívida protocolizados serão examinados em seus caracteres formais e terão curso se não apresentarem vícios, não cabendo ao tabelião de protesto investigar a ocorrência de prescrição ou caducidade".

E "o ato de qualificação não cria o direito, mas é um exercício importante de aplicação e interpretação da norma jurídica. Como profissional do Direito, com os limites ditados pela lei, e valendo-se de todas as fontes diretas e indiretas postas à disposição de todo aquele que a aplica e faz valer em seu conjunto o ordenamento jurídico, o tabelião de protesto está apto a verificar os pressupostos formais dos documentos apresentados, inclusive, dos que tenham origem em processos judiciais. Assim, se é expedida pelo ofício judicial uma certidão "para fins de protesto", de

---
1. BUENO, Sérgio Luiz José. *O protesto de títulos e outros documentos de dívida*, p. 59.

sentença, sem que contenha a ela a referência à data do trânsito em julgado, o caso será de devolução ao apresentante, pois o documento está em desconformidade com a lei e as normas em vigor."[2]

Sobre as fontes a considerar na atividade de qualificação, escrevemos:

> "A Doutrina deve ser consultada, mas ainda verificamos carência de trabalhos doutrinários, do ponto de vista epistemológico. Há excelentes obras e artigos, mas, quiçá pela falta da disciplina "Direito Notarial e Registral" na grade curricular da graduação em cursos de Direito, lacuna que já demora a ser suprida, não são abundantes os trabalhos encontrados. Dessa forma, sem desapego a essa figura, optamos por destacar adiante outra fonte mediata – os precedentes e o fazemos, primeiro, em face da importância que hoje se atribui a eles e, segundo, porque percebemos certo receio dos tabeliães em sua evocação. O direito não se restringe ao texto (letra da lei) e a própria norma encontrada no texto não se encontra enclausurada, libertando-se para transitar no ordenamento jurídico, que é algo muito mais amplo. Em razão disso, o Direito é, digamos, construído no momento em que o juiz profere sua decisão. Não se olvide também que a *ratio decidendi* tem natureza de precedente."[3]

Por essa razão, "é crucial na atividade tabelioa a evocação de precedentes judiciais e mesmo administrativos, como meio para interpretar a lei e aplicar o ordenamento jurídico. Tanto é assim, que as próprias corregedorias, por vezes alteram normas, exatamente para a acomodação a decisões de tribunais superiores."[4]

11.1.1 A qualificação do título ou documento

É aquela a que se refere o dispositivo transcrito. O Tabelião lança olhos atentos sobre o documento apresentado a protesto. Assim, exemplificando, por vício formal, serão devolvidos ao apresentante o instrumento que contém dívida não vencida e a sentença (que não seja relativa alimentos) que ainda não apresenta trânsito em julgado.

Não cabe ao delegatário analisar o negócio subjacente; se foi cumprido; se a mercadoria foi entregue ou se está defeituosa.

11.1.2 A qualificação e os requisitos procedimentais

Devem ser examinados também os requisitos de ordem procedimental, ou seja, aqueles exigidos para o seguimento do rito legal. Podem decorrer da lei, ou de normas locais. Assim, a devolução se impõe se o formulário de apresentação não contém assinatura; se não foi apresentada a procuração necessária; se o Tabelião não tem atribuição para o protesto comum do título que apresenta praça de pagamento em outra comarca. Note-se que em todos os exemplos colacionados a devolução ocorrerá mesmo que o título ou documento de dívida esteja formalmente perfeito.

---

2. BUENO, Sérgio Luiz José. *Aspectos da qualificação no procedimento para protesto*, in Del Gércio Neto, Arthur e Del Guércio, Lucas Barelli (Coordenadores). *O direito notarial e registral em artigos*. São Paulo: YK, 2018, p. 175.
3. BUENO, Sérgio Luiz José. *Aspectos da qualificação no procedimento para protesto*, p. 177-178
4. BUENO, Sérgio Luiz José. *Aspectos da qualificação no procedimento para protesto*, p. 178

11.1.3 A devolução formal

Existindo vício formal ou defeito procedimental que obste a continuidade do procedimento para protesto, o título ou documento de dívida será devolvido ao apresentante, por aplicação do parágrafo único do artigo examinado. No ato da devolução, será entregue também nota devolutiva formal, com a anotação clara de seus motivos.

Essa nota deve conter todos os motivos de devolução, sendo desaconselhável a omissão, pois poderá materializar desídia a macular a qualidade do serviço prestado. Imaginemos a seguinte situação: um título com praça de pagamento em comarca diversa, apresentado sem a procuração necessária, é devolvido apenas com a anotação deste último motivo. O apresentante, então, obtém a procuração e realiza nova apresentação na mesma comarca. O Tabelião novamente o devolve, agora informando que a apresentação deveria se dar em outra comarca. Além da justificável irresignação do apresentante, o Tabelião poderá também ter sua atuação qualificada como imperfeita ou insuficiente.

Constatado o vício, deve ser realizada a devolução. Não há prazo para emendas ou apresentação posterior de documentos. Devolve-se, para nova apresentação.

11.2 A QUALIFICAÇÃO E A PRESCRIÇÃO

Este tema tem sofrido constante alteração, sobretudo no campo pretoriano, preponderando hoje, o pensamento de que a prescrição da execução obsta o protesto. Dessa maneira, alteramos a forma de abordagem do assunto, em relação à exposição feita nas primeiras edições, com o fim de deixar clara a distinção entre nosso pensamento doutrinário e a posição hoje adotada majoritariamente.

Inicialmente, consigna-se que, até então, predominava a corrente que sustentava que a prescrição da pretensão de execução não obsta o protesto se subsistirem outras formas de cobrança. Essa é a posição que decorre naturalmente do pensamento já exposto nesta obra. O fim do procedimento para o protesto não é o de possibilitar a execução, mas, sim, o de obter a satisfação da obrigação. Segundo a posição mencionada, enquanto existir algum meio judicial de se lograr a satisfação da obrigação, o protesto, no caso de inadimplemento, pode ser lavrado.

Nossos Tribunais vinham lançando reiteradas decisões no sentido de que a prescrição da execução não obsta o protesto, que pode ser lavrado enquanto subsistirem outras formas de cobrança da mesma dívida.

O Superior Tribunal de Justiça outrora se manifestou nesse sentido:

> "É inviável suscitar, na via da ação declaratória de inexigibilidade de relação jurídica e de sustação do protesto, a arguição de prescrição cambial, visto que a eventual perda do atributo de executividade pelo cheque não importa, *ipso jure*, o cancelamento do protesto ante a higidez da dívida".[5]

---

5. STJ, REsp 369.470, Rel. Min. Massami Uyeda.

Como consequência dessa posição pretoriana era possível constatar, então, *a contrario sensu*, pensamento de que se a prescrição já houver alcançado todas as formas juridicamente possíveis de cobrança da dívida, descabe o protesto do título ou documento que a representa.

11.2.1 Nosso pensamento doutrinário sobre o protesto e a prescrição

Neste ponto, com cunho doutrinário e teórico, sustentamos que é possível o protesto, ainda que já tenha transcorrido o lapso prescricional. Perceba-se que a posição que aqui apresentamos não tem sido acolhida pelos julgados recentes, razão pela qual, no próximo item, faremos abordagem que indicará a vedação do protesto, pois essa é a solução a ser seguida, em face das decisões dos Tribunais e de sua força.

Mesmo com a conclusão exposta no item anterior (admite-se o protesto se ainda não estiverem prescritas todas as formas de cobrança), sustentamos que o Tabelião não pode obstar o protesto em razão da prescrição, ainda que esta já tenha se consumado totalmente.

A limitação do artigo em exame não surgiu desprovida de causa lógica e está em consonância com o espírito da Lei n. 9.492/97, sobretudo no que diz respeito à finalidade do procedimento para protesto a que antes nos referimos.

São requisitos da prescrição, segundo Sílvio Venosa:

> "1. a existência de ação exercitável; 2. a inércia do titular da ação pelo seu não exercício; 3. a continuidade dessa inércia por certo tempo; 4. ausência de fato ou ato impeditivo, suspensivo ou interruptivo do curso da prescrição".[6]

Maria Helena Diniz também enumera os quatro requisitos que reputa imprescindíveis para que se configure a prescrição e dentre eles indica a "ausência de fato ou ato a que a lei confere eficácia impeditiva, suspensiva ou interruptiva de curso prescricional, que é o seu fator neutralizante".[7]

Assim, percebe-se facilmente que o decurso do tempo não é o único requisito da prescrição. Dessa forma, a Lei n. 9.492/97 apenas impede o Tabelião de reconhecer a prescrição, sem que isso materialize qualquer afronta a alguma outra norma legal, uma vez que o eventual prejudicado poderá sempre buscar o provimento jurisdicional, medida adequada para preservar seu direito.

Mesmo prescrita a pretensão para o exercício de qualquer forma de exigência da obrigação, se o apresentante deliberou por sua conta e risco apresentá-la a protesto, o Tabelião não pode deixar de praticar o ato. Deixará de lavrá-lo, contudo, se receber ordem judicial para tanto.

Não se discute se é hígido o protesto de título ou documento que já não comporte qualquer ação para a satisfação da dívida nele contida, mas ao Juiz caberá essa análise.

---

6. VENOSA, Sílvio de Salvo. *Direito civil*. 10. ed. São Paulo: Atlas, 2010, v. I, p. 565.
7. DINIZ, Maria Helena. *Curso de direito civil brasileiro*. 26. ed. São Paulo: Saraiva, 2009, v. 1, p. 408.

O texto legal impede o Tabelião de investigar prescrição e decadência. Aliás, não poderia mesmo fazê-lo, pois o procedimento para protesto não vislumbra o contraditório, nem qualquer outra forma que permita exame e decisão sobre eventuais causas interruptivas, suspensivas ou impeditivas, e a ausência dessas é um dos requisitos essenciais da prescrição.

Seria forçoso concluir, segundo pensamos, que não cabe ao Tabelião de Protesto a análise da incidência ou não dessa figura extintiva, cuja apreciação está adstrita, necessariamente, a provimento jurisdicional.

Agiu com acerto o legislador ao proibir o Tabelião de pronunciar-se sobre essa matéria, relegando a alegação ou o reconhecimento, ainda que atualmente de ofício, apenas em juízo, em que há campo para o contraditório e para a ampla defesa, bem como o duplo grau de jurisdição.

Seria de se indagar: tem o Tabelião como investigar, ou há meio procedimental de o prejudicado alegar (durante o procedimento de protesto), ou, ainda, de o Tabelião *julgar* uma alegação que evoque entre as partes envolvidas, – por exemplo, o casamento, a filiação, a curatela, a ausência etc.? Como, enfim, poderia o Tabelião de Protesto verificar e se pronunciar sobre *fato ou ato a que a lei confere eficácia impeditiva*, emprestada a expressão utilizada por Maria Helena Diniz?

Com certeza, as respostas devem ser negativas.

Comentando o art. 9º da Lei n. 9.492/97, Ceneviva explica as razões pelas quais a lei vedou ao Tabelião examinar questões relativas à prescrição, para superar de uma vez por todas essa questão. Diz ele: "O esgotamento de prazos prescricionais (de que resulta a extinção do direito de ação) ou decadenciais (o próprio direito deixa de existir) não obsta a acolhida do papel, nem é motivo alegável para sua recusa. A disposição expressa resolve problema que perturbou a doutrina e a jurisprudência no passado, quando se submetiam à avaliação dos oficiais questões alheias à sua competência".[8]

Não se obsta, obviamente, a discussão em juízo acerca da prescrição, mas quem pode se pronunciar sobre ela é o Juiz.

E vejamos o que diz a doutrina:

"Cabe ainda ao Tabelião de Protesto examinar se o título apresentado se reveste de regularidade formal, porque se tal não ocorrer o registro do protesto não poderá ser efetuado, mas falece-lhe competência para investigar a ocorrência de decadência ou prescrição (LP, art. 9º)".[9]

"Estabelece a atual lei reguladora do protesto que todos os títulos e documentos de dívida protocolizados serão examinados em seus caracteres formais e terão curso se não apresentarem vícios, não cabendo ao oficial de protesto investigar a ocorrência de prescrição ou caducidade".[10]

Conclui-se, pois, segundo pensamos, que a correta interpretação do art. 9º da Lei n. 9.492/97, já em sua literalidade, mas também com as considerações lançadas sobre o procedimento para o protesto e os limites da qualificação impostos ao Tabelião,

---
8. CENEVIVA, Walter, cit., 2010, p. 115.
9. ROSA JUNIOR, Luiz Emygdio Franco da. *Títulos de crédito*, p. 402.
10. COSTA, Wille Duarte. *Títulos de crédito*. 3. ed. Belo Horizonte: Del Rey, 2007, p. 244.

evidencia que não poderá ele deixar de lavrar o protesto em razão da prescrição. Para que o protesto seja obstado, necessária se mostra a sustação judicial. Se já lavrado este, caberá o cancelamento, sempre adotada a via adequada. Na falta de medida de natureza jurisdicional, o protesto haverá de ser lavrado sem embargo por parte do Tabelião, que está impedido de cogitar a prescrição ou decadência.

O Tribunal de Justiça do Rio de Janeiro decidiu nos seguintes termos:

> "Protesto de cheque. Cabe ao Oficial de Protesto apenas o exame formal do título, nos termos do art. 9º da Lei 9429/97, não cabendo o exame da ocorrência de prescrição ou decadência, descabendo ainda o exame da autenticidade da assinatura, por não ter os padrões de assinatura dos apresentantes dos títulos. A responsabilidade pelos dados fornecidos quando da protocolização do título para protesto é do apresentante, nos termos do parágrafo único, do art. 5º da Lei 9429/97. Não caracterizada culpa do tabelião do Cartório de Protestos de Títulos, improcede o pedido de danos morais. Recurso improvido. Sentença mantida".[11]

Não cabe aqui discutir o acerto ou não das condenações dos apresentantes por provocarem o protesto de cheque gravado com a prescrição, pois agora está em tela a atuação do Tabelião. Toma-se, contudo, essa posição jurisprudencial como pressuposto que aqui não cabe questionar.

Eis a síntese de nossa posição sobre o tema, em seu mérito.

11.2.2 O recente posicionamento dos Tribunais, e a posição das Corregedorias Gerais e dos Tabeliães sobre o protesto e a prescrição

O pensamento atual predominante e acertadamente adotado na prática tabelioa, diverge de nossa posição.

O Superior Tribunal de Justiça já há algum tempo sinalizava com a vedação do protesto se consumada a prescrição para a execução:

> "AGRAVO REGIMENTAL NO AGRAVO REGIMENTAL EM RECURSO ESPECIAL. AÇÃO DE INDENIZAÇÃO POR DANOS MORAIS. PROTESTO DE DUPLICATA PRESCRITA. DECISÃO MONOCRÁTICA QUE RECONSIDEROU ANTERIOR PRONUNCIAMENTO A FIM DE DAR PARCIAL PROVIMENTO AO RECURSO ESPECIAL DO AUTOR. INSURGÊNCIA DO CREDOR. 1. O protesto é o ato formal e solene pelo qual se prova a inadimplência e o descumprimento de obrigação originada em título e outros documentos de dívida, sendo hígido quando a obrigação estampada no título se revestir de certeza, liquidez e exigibilidade. O entendimento desta Corte Superior é no sentido de que o protesto de título de crédito prescrito enseja o pagamento de indenização por dano moral, que inclusive se configura *in re ipsa*. Precedentes. A duplicata prescrita serve apenas como princípio de prova da relação jurídica subjacente que deu ensejo a sua emissão, não possuindo a necessária certeza e exigibilidade que legitimam o portador a exigir seu imediato pagamento e, por conseguinte, a fazer prova do inadimplemento pelo protesto. 2. Em que pese o artigo 9º da Lei n. 9.492/97 estabelecer que não cabe ao tabelião investigar a ocorrência de prescrição ou caducidade, é preciso observar a inovação legislativa causada pelo advento da Lei n. 11.280/2006, que alçou a prescrição ao patamar das matérias de ordem pública, cognoscíveis de ofício pelo juiz, passando, portanto, o exame da prescrição a ser pertinente à observância da regularidade formal do título, condição para o registro de protesto, como exige o parágrafo único do mesmo art. 9º da Lei n. 9.492/97. 3. Agravo regimental desprovido".[12]

---

11. TJRJ, Ap. Cível 2009.001.09010, Rel. Des. Sérgio de Saêta Moraes.
12. STJ, AgRg no AgRg no REsp 1100768/SE, Rel. Min. Marco Buzzi.

"EMENTA: RECURSO ESPECIAL. FALÊNCIA. PROTESTO. PRAZO. DISTINÇÃO ENTRE PROTESTO CAMBIAL E PROTESTO FALIMENTAR. TEMPESTIVIDADE DO PROTESTO FALIMENTAR NO CASO. 1. Controvérsia acerca da tempestividade do protesto de cheque para fins falimentares realizado antes da prescrição da ação cambial. 2. Distinção entre protesto cambial facultativo e obrigatório. Precedente desta Turma. 3. Distinção entre protesto cambial e protesto falimentar. Doutrina sobre o tema. 4. Hipótese em que o protesto era facultativo do ponto de vista cambial, mas obrigatório do ponto de vista falimentar. 5. Tempestividade do protesto tirado contra o emitente do cheque e realizado antes do decurso do prazo de prescrição da ação cambial. 6. Descabimento da extinção do pedido de falência. 7. RECURSO ESPECIAL PROVIDO." [13]

Sobreveio, então, a tese posta em julgamento de Recurso Especial Representativo de Controvérsia:

"RECURSO ESPECIAL REPRESENTATIVO DE CONTROVÉRSIA. DIREITO CAMBIÁRIO E PROTESTO EXTRAJUDICIAL. CHEQUE. ORDEM DE PAGAMENTO À VISTA. CÁRTULA ESTAMPANDO, NO CAMPO ESPECÍFICO, DATA DE EMISSÃO DIVERSA DA PACTUADA PARA SUA APRESENTAÇÃO. CONSIDERA-SE, PARA CONTAGEM DO PRAZO DE APRESENTAÇÃO, AQUELA CONSTANTE NO ESPAÇO PRÓPRIO. PROTESTO, COM INDICAÇÃO DO EMITENTE DO CHEQUE COMO DEVEDOR, AINDA QUE APÓS O PRAZO DE APRESENTAÇÃO, MAS DENTRO DO PERÍODO PARA AJUIZAMENTO DE AÇÃO CAMBIAL DE EXECUÇÃO. POSSIBILIDADE. 1. As teses a serem firmadas, para efeito do art. 1.036 do CPC/2015 (art. 543-C do CPC/1973), são as seguintes: a) a pactuação da pós-datação de cheque, para que seja hábil a ampliar o prazo de apresentação à instituição financeira sacada, deve espelhar a data de emissão estampada no campo específico da cártula; b) sempre será possível, no prazo para a execução cambial, o protesto cambiário de cheque, com a indicação do emitente como devedor. 2. No caso concreto, recurso especial parcialmente provido".[14]

Os dois primeiros decisórios têm sua eficácia restrita aos casos julgados e materializam precedentes persuasivos, mas não se pode negar a tendência de construção pretoriana no STJ que vede o protesto se houver decorrido o lapso prescricional. A isso nos leva, inclusive, o cotejo do dispositivo com a fundamentação das referidas decisões – técnica pertinente de interpretação de decisões judiciais.

Perceba-se, em relação ao terceiro julgado, a força decisória de seu dispositivo. É a seu exame que devemos nos voltar e a citada decisão tem eficácia mais acentuada que as anteriores, pois constitui <u>precedente obrigatório (especificamente em relação à prescrição cambial do cheque)</u> e, em regra, vincula os demais julgadores de primeiro e de segundo grau, nos termos do artigo 927, III do Código de Processo Civil. Diante disso, é muito provável que os demais juízes do país passem a reconhecer, mesmo que por imposição, que descabe o protesto de título ou documento cuja pretensão ou execução esteja prescrita.

Deve-se perquirir, então, se essa decisão é mandamento ao Tabelião ou simplesmente à parte. Note-se que o julgado refere-se a "protesto" e não a "apresentação a protesto". Não cremos que tenha sido a intenção do Tribunal distinguir a *apresentação do protesto* em si. Seria temerário afirmar que o Superior Tribunal de Justiça confunde impropriamente *apresentação a protesto* com *protesto*, que são figuras bastante distintas e

---

13. STJ, REsp. 1249866 – Rel. Min. Paulo de Tarso Sanseverino.
14. STJ, REsp (Representativo de Controvérsia) 1423464, Rel. Min. Luis Felipe Salomão.

com efeitos diferentes. Devemos crer, ao contrário, que os julgadores sabem que protesto é um ato distinto da apresentação a protesto, estando ambos perfeitamente indicados e diferenciados na Lei 9.492/97. Podemos afirmar, assim, que o que se veda é o protesto (ato do tabelião).

Prosseguindo na análise do posicionamento dos tribunais sobre o assunto, colacionamos a decisão proferida pelo órgão Especial do Tribunal de Justiça de São Paulo, que, evocando o REsp (Representativo de Controvérsia) 1.423.464, revogou a Súmula 17 daquele Tribunal.[15]

> Ditava a Súmula 17: *A prescrição ou perda de eficácia executiva do título não impede sua remessa a protesto, enquanto disponível a cobrança por outros meios.*

Dúvida não resta, portanto, de que também o Tribunal Paulista entende vedado o protesto, se já estiver consumada a prescrição que ora se discute.

Como antes alertamos, é forte hoje a posição que se choca com texto do artigo 9º mencionado, de maneira a impor ao tabelião a verificação do decurso do lapso prescricional, obstando o protesto se já se consumou. Os precedentes são claros.

Deve o tabelião, em detrimento do texto legal, observar precedentes?

O tabelião, assim como o juiz, é profissional do direito, com a fundamental diferença de que aquele presta a jurisdição e ao fazê-lo cria o direito. A bem da verdade, a decisão judicial é um ato jurídico do qual decorre uma norma jurídica individualizada. Sim, hoje já não há dúvida acerca da distinção entre norma e texto. O direito não se restringe ao texto (letra da lei) e a própria norma encontrada no texto não se encontra enclausurada, libertando-se para transitar no ordenamento jurídico, que é algo muito mais amplo. Em razão disso, o Direito é, digamos, construído no momento em que o juiz profere sua decisão. Não se olvide também que a *ratio decidendi* tem natureza de precedente.

Além disso, no procedimento para protesto não há campo para o contraditório ou para a ampla defesa.

A qualificação, portanto, conquanto possa e deva envolver o exercício interpretativo do tabelião, que, segundo pensamos, tem autonomia para fazê-lo, é atividade bastante restrita, objetivamente falando, se comparada à atividade judicial.

Fazemos essa introdução para induzir a conclusão de que é crucial na atividade tabelioa a evocação de precedentes judiciais e mesmo administrativos, como meio para interpretar a lei e aplicar o ordenamento jurídico. Tanto é assim que as próprias corregedorias por vezes alteram normas exatamente para a acomodação de decisões de tribunais superiores.

É o que se deu em São Paulo com a edição do Provimento CG 26/2016, que alterou as Normas de Serviço no tocante à expedição de intimação ao devedor residente em outra comarca exatamente para atender ao decidido no Recurso Especial Representativo de Controvérsia 1.398.356.

---

15. Proc.82.816/2017.

Outro aspecto que merece reflexão diz respeito ao regramento normativo dos Estados, que, em alguns casos, hoje praticamente adota o texto da lei, permitindo o protesto, sendo certo que se trata de norma que antecede a nova posição de nossos tribunais, inclusive o precedente obrigatório.

Há nas normas regulamentares, na verdade, repetição do texto do artigo 9º "caput" da Lei 9.492/97, o que nos leva crer que essa regra tem natureza exclusivamente interpretativa do texto legal e não regulamentar. Essa atuação é, diga-se, perfeitamente possível e justificada, como ensina a doutrina:

> "A função normativa das Corregedorias Gerais da Justiça compreende, ainda, as formas de atuação descritas por Maria Sylvia Zanella Di Pietro com relação à Anatel e à ANP, às quais reconhece, em razão de sua previsão constitucional como órgãos reguladores, a possibilidade, observada a lei, de baixar atos normativos para decidir casos concretos, interpretar ou explicitar conceitos indeterminados, a atribuição de definir e alterar cláusulas regulamentares dos contratos de concessão, ou, entendida a regulação como um novo tipo de direito, a possibilidade de produzi-lo mediante negociação, consenso e participação dos interessados."[16]

Dessa maneira, ao lado das interpretações do Superior Tribunal de Justiça e dos Tribunais de Justiça, temos também, em alguns Estados, a interpretação das Corregedorias Gerais da Justiça para o citado artigo 9º. No caso, resta evidente que esta interpretação (pelas Corregedorias) é literal: o tabelião não pode conhecer da prescrição.

As regras administrativas, é certo, não têm natureza jurisdicional e, por isso, não estão sujeitas diretamente às decisões dos tribunais. No entanto, é inegável que há uma vinculação lógica. Tanto é assim que existe precedente citado acima de reforma das Normas em face de julgamento de recurso especial repetitivo.

Note-se que não se pode falar em manutenção do texto normativo por prevalência da lei, pois os tribunais e as Corregedorias, estão aplicando a lei, conforme a interpretam, construindo, no caso de órgãos jurisdicionais, com a decisão o direito propriamente dito. Dessa forma, tendo como premissa o fato de que os tribunais estão interpretando o art. 9º da Lei 9.492/97, ainda que de forma lógica e sistemática, hoje não podemos afirmar que aquele dispositivo impede o tabelião de obstar o protesto em face do decurso do lapso prescricional. A propósito, tanto o tribunal superior como os tribunais de justiça, por via transversa, ao vedarem o protesto após o decurso do lapso prescricional para a ação cambial ou para todas as ações de cobrança, impõem ao delegatário a missão de, conhecendo da prescrição, obstar a lavratura do ato.

Vivemos momento de incerteza, pois, como vimos, há, de um lado, o texto legal e o texto normativo que, se interpretados literalmente, impedem o tabelião de investigar ou se pronunciar sobre prescrição. No outro extremo, há a posição predominante no Superior Tribunal de Justiça, inclusive em precedente obrigatório e também do Órgão Especial do Tribunal de Justiça de São Paulo que veda o protesto após o decurso do lapso prescricional para a ação cambial.

---

16. RIBEIRO. Luis Paulo Aliende, cit., p. 170.

Diante do impasse, cabe ao tabelião atuar, como profissional do direito, interpretando a lei de acordo com uma das correntes hoje encontradas.

Registramos que o simples fato de que a norma administrativa repete a lei não significa a proibição "disciplinar" de que o tabelião obste o protesto adotando o posicionamento do Superior Tribunal de Justiça, se a regra hoje posta foi estabelecida antes do estabelecimento de teses em recurso repetitivo. Se o tabelião obstar o protesto, estará agindo em conformidade com precedente obrigatório.

Por outro lado, se o tabelião opta por lavrar o protesto, age em conformidade com o texto da lei e de norma regulamentar a que se submete (art. 30, XIV da Lei 8.935/94). Evidentemente, neste caso, estão ausentes os pressupostos para imputação de responsabilidade civil.

Ressalvamos apenas a vinculação do tabelião à norma local, caso esta seja reformada após a publicação do precedente obrigatório e mantenha seu texto anterior ou diga, de alguma forma, que o tabelião não deve investigar prescrição, ou, ainda, a eventual decisão administrativa também posterior ao referido precedente, que determine que o tabelião não deve investigar prescrição.

Espera-se que a questão seja pacificada, sobretudo no âmbito das Corregedorias Gerais, para adequação ao decidido em precedente obrigatório, ou, caso se acredite possível, para expressa rejeição à decisão, a fim de que cesse a perplexidade hoje verificada.

De qualquer forma, se a regulamentação local não impedir expressamente o exame da prescrição, para observância da posição pretoriana predominante, até superação eventual e futura, o tabelião deve obstar o protesto diante da ocorrência da prescrição, com a ressalva feita no próximo tópico. No Estado de São Paulo, a Corregedoria Geral da Justiça alterou suas Normas para suprimir a vedação de que o tabelião investigue prescrição e decadência.

11.2.3 A prescrição e a apresentação a protesto de decisões judiciais

Embora a prescrição hoje, como regra, obste a lavratura do protesto, há situação especial em que o tabelião não deve examinar sua ocorrência. Trata-se das decisões judiciais, pois o reconhecimento da prescrição da execução cabe ao juiz do processo, como defendemos, em coautoria com Rafael Gouveia Bueno:

> "Se é apresentado a protesto título ou documento, é possível que o tabelião verifique o decurso do lapso prescricional e o faz como profissional do Direito, pois o Estado ainda não teve oportunidade de pronunciar-se a esse respeito. Diferente é a situação agora em exame, pois o documento apresentado a protesto está inserido (decisão) em autos judiciais ou deles foi extraído (certidão tirada de execução por título extrajudicial) e assim o foi pelo Juízo, que teria o poder-dever de obstar a expedição e evitar protesto indevido (conforme pensamento atual, exarado, inclusive, em precedente obrigatório), caso tivesse ocorrido a prescrição."[17]

---

17. BUENO. Rafael Gouveia. Bueno. Sérgio Luiz José. *Protesto de sentença e outras decisões judiciais*, cit., p. 135.

Na hipótese em exame, o tabelião está impedido de obstar a lavratura do protesto pelo reconhecimento da prescrição, como expusemos:

> "Note-se que o Juiz, antes de se pronunciar sobre a prescrição, deve ouvir as partes (art. 487, parágrafo único) e, havendo processo em curso não pode o tabelião ter poder superior ao do Julgador para, sem tal oitiva, reconhecer a prescrição, ainda que para o fim de obstar o protesto."[18]

Dessa maneira, excepcionalmente, tendo sido apresentada a protesto decisão judicial, ou certidão extraída de autos de execução extrajudicial, não cabe ao tabelião perquirir sobre a prescrição.

11.3 O PROTESTO DE TÍTULOS E DOCUMENTOS EMITIDOS FORA DO BRASIL, EM LÍNGUA ESTRANGEIRA

Vejamos o que diz a Lei do Protesto:

> Art. 10. Poderão ser protestados títulos e outros documentos de dívida em moeda estrangeira, emitidos fora do Brasil, desde que acompanhados de tradução efetuada por tradutor público juramentado.
>
> § 1º Constarão obrigatoriamente do registro do protesto a descrição do documento e sua tradução.
>
> § 2º Em caso de pagamento, este será efetuado em moeda corrente nacional, cumprindo ao apresentante a conversão na data de apresentação do documento para protesto.

Presume o legislador que os documentos emitidos fora do Brasil são redigidos em língua estrangeira, o que não corresponde exatamente à realidade. Poderíamos ter, por exemplo, um contrato celebrado nos Estados Unidos, redigido em português. Não seria necessária a formalidade da tradução.

Assim, o *caput* e o § 1º aplicam-se, quanto à tradução, aos títulos e documentos redigidos em língua estrangeira. Nesse caso, serão apresentados o título ou documento e a respectiva tradução, cumprindo-se o disposto no § 1º com inserção no termo de protesto.

Em relação às sentenças estrangeiras, Ceneviva adverte: "Em se tratando de título judicial, reconhecido por sentença estrangeira, o protesto depende de que tal sentença tenha sido homologada pelo Superior Tribunal de Justiça, concedido o 'exequatur' à carta rogatória (CF, art. 105, I, i)".[19]

11.4 O PROTESTO DE TÍTULOS E DOCUMENTOS EMITIDOS FORA DO BRASIL, EM MOEDA ESTRANGEIRA

Também aqui se impõe um ajuste. O documento pode versar sobre moeda estrangeira, tendo sido redigido, mesmo fora do Brasil, em língua nacional. Dispensável, obviamente, a tradução, aplicando-se apenas o § 2º.

Mas, caso se trate de moeda estrangeira, deve ser apresentada também declaração assinada e sob responsabilidade do apresentante que indicará o valor convertido pela

---

18. BUENO. Rafael Gouveia. Bueno. Sérgio Luiz José. *Protesto de sentença e outras decisões judiciais*, cit., p. 136.
19. CENEVIVA, Walter, obra citada, 2010, p. 116.

cotação da data da apresentação e este será considerado para fins de intimação e pagamento no tabelionato.

11.5 O PROTESTO DE TÍTULOS E DOCUMENTOS EMITIDOS NO BRASIL EM MOEDA ESTRANGEIRA

> "Tratando-se de títulos ou documentos de dívidas emitidos no Brasil, em moeda estrangeira, cuidará o tabelião de observar as disposições do Decreto-lei n. 857, de 11 de setembro de 1969, e legislação complementar ou superveniente" (§ 3º do art. 10 da Lei n. 9.492/97). Na verdade, o art. 1º da Lei 10.192/2001 proíbe a estipulação de pagamentos em moeda estrangeira para obrigações exequíveis no Brasil, regra essa mantida pelo art. 318 do CC/2002, e excepcionada nas hipóteses previstas no art. 2º do DL 857/69.

O Decreto mencionado, em suma, diz que "São nulos de pleno direito os contratos, títulos e quaisquer documentos, bem como as obrigações que exequíveis no Brasil, estipulem pagamento em ouro, em moeda estrangeira, ou, por alguma forma, restrinjam ou recusem, nos seus efeitos, o curso legal do cruzeiro". Onde está escrito *cruzeiro*, hoje leia-se *real*.

São exceções os contratos e títulos referentes a importação ou exportação de mercadorias; os contratos de financiamento ou de prestação de garantias relativos às operações de exportação de bens de produção nacional, vendidos a crédito para o exterior; os contratos de compra e venda de câmbio em geral; os empréstimos e quaisquer outras obrigações cujo credor ou devedor seja pessoa residente e domiciliada no exterior, excetuados os contratos de locação de imóveis situados no território nacional e os contratos que tenham por objeto a cessão, transferência, delegação, assunção ou modificação das obrigações referidas no item anterior, ainda que ambas as partes contratantes sejam pessoas residentes ou domiciliadas no país.

Dessa maneira, os documentos emitidos no Brasil que tenham estipulação em moeda estrangeira, fora das exceções elencadas, não produzem efeitos e, portanto, não merecem seguimento nos tabelionatos de protesto.

Situação peculiar é a dos documentos estipulados em real, mas com correção atrelada à variação cambial de certa moeda estrangeira. Seria válida essa estipulação, ou configuraria burla ao referido Decreto? Seria ou não possível o protesto?

Vejamos o que diz o Superior Tribunal de Justiça:

> "No que tange à legitimidade da cláusula de correção monetária com base no dólar, após a pacificação do tema na C. 2ª Seção (REsp n. 472.594/SP), firmou-se o entendimento de que a partir de 19.01.1999, inclusive, não pode o consumidor ser integralmente responsabilizado pela brusca variação ocorrida com a moeda estrangeira, devendo os ônus ser divididos em partes iguais entre vendedor e comprador, mantida a higidez da cláusula de correção cambial, porém retirada a onerosidade excessiva decorrente de fato superveniente, consoante solução preconizada no voto então vencido do eminente Ministro Ari Pargendler, no REsp n. 268.661/RJ, que veio a predominar na 2ª Seção".[20]

Com outra posição, decidiu o mesmo Tribunal:

---

20. STJ, AgRg no REsp 1.057.184, Rel. Min. Aldir Passarinho Junior.

"CIVIL E PROCESSUAL. CONTRATO DE COMPRA E VENDA DE SOJA COM ADIANTAMENTO PARCIAL DO PREÇO. CORREÇÃO MONETÁRIA ATRELADA AO DÓLAR AMERICANO. CELEBRAÇÃO POSTERIOR À LEI N. 8.880/94. IMPOSSIBILIDADE. CREDOR QUE NÃO INTEGRA O SISTEMA FINANCEIRO NACIONAL. APLICABILIDADE DA LEI DE USURA. 1. Com o advento da Lei n. 8.880/94, que criou a URV como padrão de valor monetário, bem como as medidas provisórias que redundaram, finalmente, na edição da Lei n. 10.192/01 (Plano Real), a vinculação de correção monetária ao dólar americano ficou expressamente vedada, salvo em hipóteses legalmente autorizadas. 2. Os contratos de compra e venda de soja, nos quais estavam inseridas as cláusulas de reajuste atrelado à variação cambial relativamente aos adiantamentos realizados pelos compradores, não se inserem nas exceções, especialmente considerando que celebrados depois da vigência dos diplomas legais mencionados, por isso que a conclusão a que chegou o acórdão ora hostilizado se mostra incensurável".[21]

"DIREITO CIVIL. CONTRATO DE EMPRÉSTIMO CELEBRADO EM MOEDA ESTRANGEIRA E INDEXADO AO DÓLAR. ALEGADA INEXISTÊNCIA DO PACTO. AUSÊNCIA DE INDICAÇÃO DO DISPOSITIVO LEGAL VIOLADO. PAGAMENTO MEDIANTE CONVERSÃO EM MOEDA NACIONAL. CÁLCULO COM BASE NA COTAÇÃO DA DATA DA CONTRATAÇÃO. 1. O recurso especial não pode ser conhecido quando a indicação expressa do dispositivo legal violado está ausente. 2. O art. 1º da Lei n. 10.192/01 proíbe a estipulação de pagamentos em moeda estrangeira para obrigações exequíveis no Brasil, regra essa encampada pelo art. 318 do CC/02 e excepcionada nas hipóteses previstas no art. 2º do DL 857/69. A despeito disso, pacificou-se no STJ o entendimento de que são legítimos os contratos celebrados em moeda estrangeira, desde que o pagamento se efetive pela conversão em moeda nacional. 3. A indexação de dívidas à variação cambial de moeda estrangeira é prática vedada desde a entrada em vigor do Plano Real, excepcionadas as hipóteses previstas no art. 2º do DL 857/69 e os contratos de arrendamento mercantil celebrados entre pessoas residentes e domiciliadas no País, com base em captação de recursos provenientes do exterior (art. 6º da Lei n. 8.880/94). 5. Quando não enquadradas nas exceções legais, as dívidas fixadas em moeda estrangeira deverão, no ato de quitação, ser convertidas para a moeda nacional, com base na cotação da data da contratação, e, a partir daí, atualizadas com base em índice oficial de correção monetária. 6. Recurso especial conhecido em parte e parcialmente provido".[22]

Há, portanto, três posições, uma pela validade com ressalva, outra pela invalidade e uma terceira pela validade irrestrita, desde que o pagamento seja feito em real. O protesto, na hipótese em discussão, não se faz possível sob os dois primeiros pontos de vista, pois mesmo no caso de validade da vinculação, com a eventual repartição de *prejuízos*, carecerá de liquidez o documento. Essa nos parece a conclusão a que está adstrito o tabelião, pois é a solução que melhor atende ao texto da norma e não se pode afirmar pacífica a terceira posição.

11.6 O PROTESTO DE TÍTULOS E DOCUMENTOS SUJEITOS A CORREÇÃO

O art. 11 da Lei do Protesto admite a correção do valor originário constante do título ou documento de dívida, embora não faça a necessária ressalva de que o fator de ajuste deve estar expressamente previsto naqueles. Anota o referido dispositivo: "Tratando-se de títulos ou documentos de dívida sujeitos a qualquer tipo de correção, o pagamento será feito pela conversão vigorante no dia da apresentação, no valor indicado pelo apresentante".

---

21. STJ, REsp 673.468, Rel. Min. Luis Felipe Salomão.
22. STJ, REsp 1.323.219, Rel. Mina. Nancy Andrighi.

Embora não haja nesse artigo previsão expressa, se houver anotação clara no documento apresentado a protesto, pode-se incluir no mesmo contexto a incidência de juros, desde que inexista vedação específica para o caso considerado.

É relevante observar que a correção é feita pelo apresentante, em planilha com as informações mínimas para que se possa compreender como se chegou ao valor final.

Não é atribuição do Tabelião uma investigação minuciosa do cálculo, estando, também aqui, atrelado ao exame formal, embora possa, em caso de evidente abuso ou ilegalidade, realizar qualificação negativa. É o que se dá, por exemplo, se o cálculo indicar incidência de juros moratórios em percentual que nitidamente afronte a legislação.

Mas mesmo que a previsão inserida esteja em conformidade com os parâmetros legais, existindo excesso ostensivo nos cálculos realizados pelo apresentante, a qualificação será negativa. Perceba-se, contudo, que apenas o excesso e a ilegalidade evidentes ensejarão a devolução, uma vez que, como já dito, ao Tabelião não cabe examinar detalhes matemáticos da conta ou sua relação com eventuais circunstâncias referentes ao negócio subjacente, salvo no que for estritamente necessário para a aferição de preenchimento dos requisitos formais.

No momento da apresentação, é entregue também o cálculo, cujo valor final deverá constar no formulário preenchido e assinado pelo apresentante. Não é o Tabelião que atualiza o valor. Este se encontra determinado pelo apresentante no momento da apresentação e será considerado na intimação e no pagamento eventualmente havido ao final do tríduo.

12
A Intimação

A intimação, ato do Tabelião que deve conter os requisitos do § 2º do art. 14 da Lei n. 9.492/97, pode ser realizada por seu portador ou por outro meio, como correio (§ 1º).

Após realizar a qualificação, o Tabelião expede a intimação e em nenhuma hipótese será ela emitida antes da protocolização.

12.1 A INTIMAÇÃO NO ENDEREÇO

12.1.1 A consumação da intimação

Alguma discussão tem sido suscitada pelo art. 14 da Lei do Protesto. Diz o texto: "Protocolizado o título ou documento de dívida, o tabelião de protesto expedirá a intimação ao devedor, no endereço fornecido pelo apresentante do título ou documento, considerando-se cumprida quando comprovada a sua entrega no mesmo endereço".

A redação é clara, mas há ainda quem entenda que se mostra necessária a intimação pessoal ao próprio destinatário. O legislador, movido pelo Princípio da Formalidade Simplificada, satisfaz-se com a entrega no endereço do devedor, a quem quer que ali se encontre e se disponha a recebê-la. Se a lei impusesse intimação pessoal, teria dito "(...) considerando cumprida quando comprovada sua entrega a ele". Não foi o que fez e a considerou cumprida "(...) quando comprovada sua entrega no mesmo endereço".

Explanando sobre o dito princípio, Vicente Amadei aponta: "não é necessário o recebimento pessoal pelo devedor, pois regular a intimação, quando o aviso, entregue no endereço indicado, for recebido pela esposa, empregada da residência, enfim, por qualquer pessoa (art. 14 da Lei 9.492/97)".[1]

No Estado de São Paulo, a matéria é objeto de súmula do Tribunal de Justiça: SÚMULA 52: *Para a validade do protesto basta a entrega da notificação no estabelecimento do devedor e sua recepção por pessoa identificada.*

12.1.2 O endereço a ser considerado

Via de regra, o endereço a ser considerado é o indicado pelo apresentante, sob pena de responsabilidade, nos termos do § 2º do art. 15 da Lei n. 9.492/97.

---

1. AMADEI, Vicente de Abreu; DIP, Ricardo (Coord.) et al. Introdução ao direito notarial e registral, p. 112.

Outras indagações são motivadas pela redação do artigo em exame: o Tabelião pode expedir intimação para outro endereço que não aquele fornecido pelo apresentante? Pode o apresentante deixar de fornecer o endereço do devedor?

Vejamos a primeira questão, que comporta resposta positiva nas hipóteses a seguir elencadas.

A) O devedor a qualquer tempo comparece ao tabelionato e informa a alteração de seu endereço.

Ciente de que terá títulos apresentados a protesto, o devedor comparece ao tabelionato e, por escrito, assinado e com firma reconhecida, comunica seu paradeiro atual. Além dos requisitos indicados, deve-se exigir comprovação da condição de representante legal, caso se trate de empresa.

Nesse caso, as intimações posteriores deverão ser remetidas primeiro a esse endereço, ainda que outro tenha sido indicado pelo apresentante. Se retornar negativa a intimação ou não tendo sido encontrado o endereço fornecido, expede-se outra para o endereço indicado no formulário de apresentação pelo apresentante, desconsiderando-se, a partir de então, a informação de mudança.

Essa medida evita prejuízo às partes, pois na grande maioria dos casos a intimação é entregue no endereço novo. Nada obsta a que seja invertida a ordem das tentativas, expedindo a primeira intimação ao endereço dado pelo apresentante e a segunda, se negativa aquela, àquele trazido pelo devedor.

O Tabelião que simplesmente ignorar a comunicação do devedor pode estar sujeito à responsabilização decorrente da falta de intimação no endereço.

B) O Tabelião, depois de infrutífera a tentativa de entrega no local indicado pelo apresentante, encontra por diligência própria o endereço do devedor.

Consulta ao interesse de todos que a apresentação a protesto chegue efetivamente ao conhecimento do devedor, o que aumenta as chances de pagamento no tríduo. Assim, é recomendável que o Tabelião, se infrutífera a tentativa de entrega da intimação no endereço fornecido pelo apresentante, diligencie para tentar localizar outro onde possa realizá-la. Se encontrar, deve expedir intimação para o local encontrado. Somente depois, se ainda assim não se concretizar o ato, intimará por edital.

No tocante à segunda indagação colocada inicialmente, a resposta também é afirmativa. Com as observações apresentadas a seguir, o apresentante pode declarar que desconhece o paradeiro do devedor.

Se o apresentante desconhece o endereço do devedor, não deve ser obrigado a indicar um qualquer (mesmo porque o faz sob pena de responsabilidade), ciente de ser incorreto. Se isso ocorrer (desconhecimento), não havendo vedação por Corregedoria local, deverá o apresentante declarar essa circunstância por escrito assinado na presença do Tabelião ou de seu preposto. Caso não compareça pessoalmente, a declaração haverá de conter firma reconhecida. Assim, será publicado edital, por localização incerta ou ignorada, sem que se passe antes pela tentativa de intimação no endereço.

Esse pensamento pode ser relacionado com o Código de Processo Civil, que contém disposição semelhante para a citação (art. 256, II e 258). Ilustra-se a hipótese analisada com a situação relativa ao protesto de sentença em que o réu foi citado por edital, inexistindo seu endereço nos autos. Mas é preciso muito rigor e atenção para que essa possibilidade não seja banalizada e utilizada de maneira fraudulenta por apresentantes desonestos, tendo plena aplicação o disposto no § 2º do art. 15 da Lei do Protesto.

É possível que o devedor seja falecido, fato que não obsta a entrega da intimação no endereço indicado à pessoa que se disponha a recebê-la. Havendo recusa, situação muito comum nessa hipótese, a intimação será realizada por edital. Observa-se que a morte do devedor não afasta a legitimidade do crédito nem altera sua natureza. Não há obstáculo a que tenha seu curso o procedimento para protesto.

12.1.2.1 A intimação por meio eletrônico

Nos termos do § 4º, do artigo 3º, do Provimento 87 da Corregedoria Nacional de Justiça – CNJ, de 11 de setembro de 2019, a intimação também pode efetivar-se por meio eletrônico, desde que essa forma seja autorizada pelo devedor e que os meios para tanto sejam fornecidos pelo apresentante, que declarará sua opção por essa via.

12.2 A INTIMAÇÃO POR EDITAL

A matéria é disciplinada pelo art. 15 da Lei do Protesto: "A intimação será feita por edital se a pessoa indicada para aceitar ou pagar for desconhecida, sua localização incerta ou ignorada, for residente ou domiciliada fora da competência territorial do tabelionato, ou, ainda, ninguém se dispuser a receber a intimação no endereço fornecido pelo apresentante".

12.2.1 O cabimento

Sintetizando e ordenando, vejamos as hipóteses que justificam a intimação por edital:

Em síntese, a intimação dá-se por edital se a entrega no endereço do destinatário tornou-se impossível. É expedida a intimação para o endereço, mas não se torna possível a entrega porque:

- a localização do devedor mostrou-se ignorada: o endereço não existe ou está incompleto. Exemplo: o devedor mudou-se ou é desconhecido;
- a localização do devedor mostrou-se incerta: nas visitas realizadas o imóvel mantém-se fechado e o entregador não é atendido;
- ninguém se dispôs a receber a intimação: a pessoa encontrada no local recusa-se a receber a intimação.

Para exemplificar a primeira situação, traz-se o seguinte julgado: "Dano moral. Protesto indevido. Ação de anulação de protesto de cheque c.c. indenização por danos morais. Autora que foi intimada do protesto por edital. Possibilidade. Art. 15 da Lei 9.492/97. Autora que não foi encontrada no endereço indicado por ela na ficha cadastral. Autora que, fornecendo ao credor endereço onde não poderia ser localizada, frustrou a sua intimação pessoal, tendo dado causa à sua intimação por edital. Protesto que é legítimo, bem como as restrições de crédito resultantes desse fato. Dano moral que não restou caracterizado. Mantida a improcedência da ação. Apelo desprovido".[2]

Por outro lado: "AGRAVO DE INSTRUMENTO. AÇÃO DE BUSCA E APREENSÃO. AUSÊNCIA DE PROVA DE NOTIFICAÇÃO PESSOAL DO RÉU, INOBSTANTE PROTESTO EFETIVADO. INTIMAÇÃO DO PROTESTO POR EDITAL. IRREGULARIDADE DA NOTIFICAÇÃO DA DEVEDORA. Incabível a notificação do devedor por edital quando este tem endereço certo e sem que o credor tenha esgotado as possibilidades de localização para intimação pessoal. Negativa de seguimento a Agravo de Instrumento em confronto com jurisprudência dominante do TJRS e do e. STJ".[3]

Ainda com relação a esse primeiro enquadramento, já dissemos que é lícito ao apresentante, com as observações feitas, declarar que desconhece o paradeiro da pessoa a ser intimada, o que ensejará a intimação por edital. Nesses termos: "APELAÇÃO CÍVEL. AÇÃO DE REINTEGRAÇÃO DE POSSE. COMPROVAÇÃO DA MORA. PROTESTO DO TÍTULO. É válida a intimação do devedor por edital, a respeito do protesto de título, quando ignorada sua localização, servindo tal instrumento como meio de constituí-lo em mora. APELAÇÃO PROVIDA".[4]

12.2.2 A nova posição sobre o fato de ter o devedor domicílio em outra comarca – o cotejo entre a posição do Superior Tribunal de Justiça e a disposição contida no § 5º do artigo 3º, do Provimento 87 da Corregedoria Nacional de Justiça – CNJ, de 11 de setembro de 2019

O endereço fornecido pelo apresentante indica que o devedor tem domicílio em outra comarca que se situa fora da área de atuação do Tabelião.

Sobre o tema, não obstante indicação em sentido diverso do texto legal (art. 15 da Lei 9.492/97), o Superior Tribunal de Justiça assim decidiu:

"PROTESTO EXTRAJUDICIAL. RECURSO ESPECIAL REPRESENTATIVO DE CONTROVÉRSIA. OS TABELIÃES DEVEM VELAR PELA AUTENTICIDADE, PUBLICIDADE E SEGURANÇA DOS ATOS. EM CASO DE PROTESTO DE TÍTULOS OU OUTROS DOCUMENTOS DE DÍVIDA, O TABELIÃO, AINDA QUE O DEVEDOR RESIDA EM MUNICÍPIO DIVERSO DAQUELE DA SERVENTIA, DEVE SEMPRE BUSCAR EFETUAR A INTIMAÇÃO, POR VIA POSTAL. PROTESTO DE CÉDULA DE CRÉDITO BANCÁRIO. POSSIBILIDADE DE SER REALIZADO NO CARTÓRIO DE PROTESTO DO DOMICÍLIO DO DEVEDOR OU NO CARTÓRIO EM QUE SE SITUA A PRAÇA DE PAGAMENTO INDICADA NO TÍTULO, CABENDO A ESCOLHA AO CREDOR. Para fins do art. 543-C do CPC: 1. O tabelião, antes de intimar o devedor por edital, deve esgotar os meios de localização, notadamente por meio do envio de intimação por via postal, no endereço fornecido por aquele que procedeu ao apontamento do protesto; 2. É possível,

---
2. TJSP, Ap. Cível 0041275-56.2005.8.26.0000, São Paulo, 23ª Câmara de Direito Privado, Rel. José Marcos Marrone.
3. TJRS, Agravo de Instrumento 70047384235, Rel. Lúcia de Castro Boller.
4. TJGO, Proc. 201090088175, Des. Carlos Escher.

à escolha do credor, o protesto de cédula de crédito bancário garantida por alienação fiduciária, no tabelionato em que se situa a praça de pagamento indicada no título ou no domicílio do devedor. 3. No caso concreto, recurso especial provido".[5]

E passou a ser aceita, aparentemente sem resistência, a posição do citado Tribunal Superior, inclusive com ajuste de algumas normas locais, que passaram a impor a remessa de intimação por via postal antes da publicação do edital. Dessa forma, em face da passividade com que vem sendo acolhida a nova posição, excluímos desta edição nossa postura, agora refutada e minoritária, acerca das objeções sobre a necessidade de tentativa de intimação pessoal antes da publicação de edital, mesmo porque, não obstante a técnica interpretativa nos desse amplo embasamento para a posição outrora defendida, não se pode negar que, ainda que com certo abalo da celeridade, a postura de se buscar meio para dar efetivo conhecimento da apresentação a protesto ao devedor é medida salutar.

Ocorre que o Provimento 87 da Corregedoria Nacional de Justiça – CNJ, de 11 de setembro de 2019, no § 5º de seu artigo 3º assim dispôs:

> "No caso excepcional do intimando domiciliado fora da competência territorial do tabelionato, o tabelião de protesto providenciará a expedição de uma comunicação ou recibo equivalente no endereço fornecido pelo apresentante, noticiando-lhe os elementos identificadores do título ou do documento de dívida, bem como as providências possíveis para o pagamento de tal título ou documento, além da data da publicação da intimação por edital, que deverá ser fixada no prazo de dez dias úteis contados da data de protocolização, observando-se, neste caso, o prazo para a lavratura do protesto consignado no art. 13 da Lei nº 9.492, de 10 de setembro de 1997."

Como se vê, diferente da exigência imposta pelo STJ, consolidada em vários estatutos normativos locais, o dispositivo transcrito dispensa a intimação no endereço quando o devedor ou intimando tem domicílio em comarca diversa daquela em que se situa o tabelionato que recebeu a apresentação a protesto. Nessa hipótese, basta a remessa de "comunicação", que não afasta, contudo, a publicação de edital.

Perceba-se que o texto em exame contém aparente erro de redação, pois não faz sentido dizer que se dará a expedição de uma comunicação "ou recibo equivalente". Por certo, não se expedirá "um recibo". Tudo indica que se quis dizer o seguinte: a expedição de uma comunicação "com recibo equivalente", ou seja, deve-se comprovar a entrega da notificação no endereço do devedor, caso essa entrega seja possível.

Surge, assim, uma nova hipótese de intimação por edital: Se o devedor é domiciliado fora da competência territorial do tabelionato; se foi expedida a ele a notificação prevista, tendo ela sido entregue, ou não (devedor em local incerto ou desconhecido), se não houver pagamento, será a intimação realizada por edital.

O dispositivo carece de regulamentação, pois o edital deverá ser publicado no prazo de dez dias úteis contados da data de protocolização. Assim, é preciso aguardar o pagamento até a data limite em que se deve encaminhar o edital à publicação. Por força do mesmo dispositivo, que se reporta ao artigo 13 da Lei 9.492/97, após a publicação do edital aguarda-se o prazo

---
5. STJ, REsp Representativo de Controvérsia n. 1.398.356, Rel. Min. Luis Felipe Salomão, *DJ* 30-3-2016.

de um dia útil para pagamento, desistência, sustação ou lavratura do protesto. Registre-se, por fim, que a data prevista para a publicação do edital deve constar da intimação.

Apesar do aparente conflito entre o decidido pelo STJ e o contido no Provimento, a alteração há de ser observada pelos tabeliães, mesmo porque, em sua essência, presta-se a levar a apresentação ao conhecimento do devedor, diferindo da intimação mais em semântica que em conteúdo.

12.2.3 O poder-dever de diligência do Tabelião

Não obstante, circunscrito a sua área de atuação, o Tabelião, antes de realizar a intimação por edital, deve buscar meios para localização do devedor não encontrado no endereço fornecido. Para tanto, pode realizar duas tentativas de entrega, ou pesquisar em catálogo telefônico etc.

E neste ponto cabe citar a oportuna lição de Mario Camargo Neto, reportando-se a regra das Normas de Serviço da Corregedoria Geral da Justiça de São Paulo, que, como fizemos no parágrafo anterior, substituíram a expressão "esgotar" opor "buscar" os meios se de localização do devedor:

"Essa nova regra ainda impõe ao tabelião a busca do devedor em caso de intimação infrutífera no endereço fornecido pelo apresentante, porém de maneira viável, efetiva e passível de ser cumprida dentro do exíguo prazo do protesto".[6]

Mas isso não significa que o Tabelião substitui o apresentante na função de localizar o devedor. O que ocorre é que, não encontrando o destinatário no endereço fornecido, devem ser realizadas as buscas possíveis para localizá-lo.

A propósito, decidiu o Tribunal de Justiça do Paraná:

> "CIVIL E PROCESSUAL CIVIL. AGRAVO DE INSTRUMENTO. AÇÃO DE BUSCA E APREENSÃO. PROTESTO POR EDITAL. ESGOTAMENTO DOS MEIOS NECESSÁRIOS À NOTIFICAÇÃO PESSOAL DO DEVEDOR. NOTIFICAÇÃO ENCAMINHADA PARA O ENDEREÇO DO CONTRATO. RETORNO COM OBSERVAÇÃO "AUSENTE" EM DUAS OPORTUNIDADES. INCIDÊNCIA DA PARTE FINAL DO ART. 15 DA LEI 9492/97. MORA COMPROVADA. Admite-se a intimação do devedor por meio de protesto via edital quando constatada pelo Tabelião a ocorrência de uma das hipóteses previstas no art. 15 da Lei 9.492/97, o que restou comprovado no caso em tela, após as frustradas tentativas de notificação pessoal. Agravo de Instrumento desprovido."[7]

12.2.4 A formalização da intimação por edital

Sobre as formalidades da publicação, impõe o § 1º: "O edital será afixado no Tabelionato de Protesto e publicado pela imprensa local onde houver jornal de circulação diária".

Cabe aqui uma observação a respeito da necessidade de publicação na imprensa local.

---

6. CAMARGO NETO. Mario. GENTIL. Alberto (Coord.) *Tabelião de protesto*, em *Registros públicos*, cit. p. 970.
7. TJPR – A I 1.556.203-1 - Rel. Des. Jucimar Novochadlo.

Um periódico, como normalmente são os jornais e as revistas, tem publicação de tempos em tempos e, conforme o período decorrido entre uma e outra, dizemos que a circulação é diária, semanal, quinzenal, mensal, trimestral etc.

É preciso levar em conta o espírito da lei e o objetivo de buscar os meios com maior possibilidade de que o devedor tome conhecimento do apontamento.

A propósito, ainda que sem ingressar exatamente no exame da expressão *circulação diária*, Ceneviva observa: "Na atualidade a afixação no tabelionato só tem sentido prático nas pequenas comarcas desprovidas de jornais diários".[8]

E vejamos a definição extraída do *site* da Associação Nacional de Jornais – ANJ: "Definição de jornais diários. Em 1988 a WAN – Associação Mundial de Jornais adotou a definição da UNESCO para jornais diários com o objetivo de padronizar e facilitar comparações internacionais. De acordo com essa definição, usada pelo World Press Trends (publicação da Associação), jornais diários são aqueles publicados no mínimo quatro dias por semana. Jornais não diários são aqueles publicados 3 dias ou menos".[9]

Assim, se o jornal local circular pelo menos quatro vezes por semana, será necessária a publicação do edital na imprensa local.

Há Estados em que, por autorização normativa, é possível a publicação do edital em jornal disponibilizado em meio eletrônico mantido pelo Instituto de Estudos de Protesto de títulos do Brasil.

---

8. CENEVIVA, Walter, cit., 2010, p. 119.
9. Disponível em: <http://www.anj.org.br/a-industria-jornalistica/definicao-de-jornaisdiarios>. Acesso em: 10 set. 2012.

13
O Prazo, suas Intercorrências e o Protesto

13.1 O PRAZO

Dispõem os arts. 12 e 13 da Lei n. 9.492/97:

> Art. 12. O protesto será registrado dentro de 3 (três) dias úteis contados da protocolização do título ou documento de dívida.
>
> § 1º Na contagem do prazo a que se refere o *caput* exclui-se o dia da protocolização e inclui-se o do vencimento.
>
> § 2º Considera-se não útil o dia em que não houver expediente bancário para o público ou aquele em que este não obedecer ao horário normal.
>
> Art. 13. Quando a intimação for efetivada excepcionalmente no último dia do prazo ou além dele, por motivo de força maior, o protesto será tirado no primeiro dia útil subsequente.

Nesse ponto, a lei passa a cuidar do chamado tríduo legal, ou seja, o prazo dentro do qual podem ocorrer o pagamento e a desistência pelo apresentante, ou a sustação do protesto e, em cujo termo final, inexistindo qualquer das intercorrências mencionadas, será lavrado e registrado o protesto.

Como vimos, o procedimento para protesto é regido pelo Princípio da Celeridade, que se reflete de forma evidente no prazo em estudo.

Boa parte dos autores tecem críticas à exiguidade do lapso, que para uns deveria ser mais dilatado e para outros haveria de contar da intimação, e não da protocolização. Da mesma forma, existem normas locais (minoria) que estabelecem outra forma de contagem do prazo, de maneira mais favorável ao devedor.

De fato, não se pode negar que o prazo referido talvez comportasse maior discussão e eventuais ajustes legislativos. Não obstante, não se poderia estendê-lo de maneira a tornar moroso o procedimento para protesto, que tem na celeridade um de seus atributos de maior relevo, isso quando os passos de *tartaruga* para a recuperação de crédito, seja qual for a via eleita, ferem o sentimento de justiça dos que precisam dos valores inadimplidos e também dos que, embora nada tenham a recuperar, sentem-se ultrajados porque, afinal, cumprem em prazo muito menor suas obrigações.

Por outro lado, o prazo em discussão tem duas faces: a) sob a ótica do devedor, limita no tempo a oportunidade para o pagamento, ou para o lançamento do aceite e da devolução; b) sob o ponto de vista do Tabelião, impõe obrigação de cumprir integralmente sua prestação (serviço público), no prazo determinado, que não poderá exceder sem justificativa plausível.

Não devemos avaliar a situação, portanto, apenas sob a ótica do devedor, mas também do credor (porque indiretamente será beneficiado se o pagamento ocorrer ou, ao menos, se o protesto for lavrado no prazo estabelecido). Sabe-se que em tempos não muito remotos, em certos locais, o protesto era lavrado depois de decorridos meses da data da protocolização, fato difícil de justificar nos dias de hoje, que possivelmente ensejaria a responsabilização administrativa e, se provocada, também a civil, do Tabelião moroso.

Por outro lado, exemplo comum do excesso justificado é o esgotamento dos meios para a intimação do devedor em seu endereço, se dentro da comarca, quando, depois da tentativa de intimação no endereço fornecido pelo apresentante, localiza-se outro por meio de lista telefônica, expedindo-se nova intimação.

Outro exemplo de excesso de prazo justificado, que, como nas demais hipóteses, deve ser anotado com a respectiva justificativa no termo de protesto, ocorre se o devedor tem domicílio em outra comarca que não aquela em que tem jurisdição o tabelião, pois nesse caso o § 5º do artigo 3º, do Prov. 87/2019 da Corregedoria Nacional de Justiça – CNJ determina que o edital deve ser publicado no prazo de dez dias úteis contados da protocolização, admitindo-se o pagamento até o final do dia útil seguinte ao da publicação.

Com essas colocações, não se pode dizer teratológica a indicação da protocolização como termo inicial do prazo. De qualquer forma, eventual pequena dilação legal não seria imprópria, desde que não se descuidasse do necessário respeito à celeridade.

A regra está no *caput* e no § 1º. O prazo em estudo tem como termo inicial a data da protocolização do título ou documento no Tabelionato e como termo final o terceiro dia útil seguinte, salvo se o devedor tiver domicílio em outra comarca. Na contagem, exclui-se o dia do início e inclui-se o do término. O protesto será lavrado na data do vencimento, imediatamente após o final do expediente do Tabelionato.

O tríduo é contado em *dias úteis*. Não são dias úteis os sábados, os domingos e os feriados, assim considerados por lei, e aquele em que não houver expediente bancário ao público, ou em que este não ocorra no horário normal (§ 2º).

A respeito da exclusão do rol dos dias úteis daquele *em que não houver expediente bancário para o público ou aquele em que este não obedecer ao horário normal*, é preciso considerar uma situação muito comum em nossos dias: a greve bancária.

É natural que o legislador tenha se preocupado com a situação daqueles que, precisando levantar recursos para o pagamento no tabelionato, não conseguem fazê-lo junto a seus bancos, por estar prejudicado o atendimento normal. No entanto, até em razão da finalidade da norma, esta não deve ser interpretada de maneira absoluta. A simples declaração de greve ou de sua deflagração não basta a que não se considere útil o dia. É necessário recorrer sempre ao exame da situação concreta.

Imaginemos que em Fortaleza seja deflagrada uma greve, à qual os empregados de duas agências de um único banco aderem. Nessa hipótese, obviamente, os tabelionatos da cidade, salvo deliberação diversa de sua Corregedoria, devem considerar úteis esses dias. O exemplo exagerado facilita a solução, mas a realidade local haverá de ser sempre consultada para que se possa aferir, conforme o espírito da lei, se é justificável que o tríduo deixe de fluir em sua normalidade.

Também o aspecto qualitativo há de ser considerado de maneira relativa. Se em determinada comarca, os empregados de todas as agências que normalmente prestam atendimento ao público das onze às dezesseis horas, durante uma "greve de advertência" reduzem em quinze minutos esse atendimento, cremos que, ainda assim, o dia deverá ser considerado útil para os fins agora estudados.

No tocante ao termo final, encontramos exceção no art. 13: "Quando a intimação for efetivada excepcionalmente no último dia do prazo ou além dele, por motivo de força maior, o protesto será tirado no primeiro dia útil subsequente".

Vejamos exemplos (considerando não feriados os dias que não são sábados e domingos):

DOMINGO	SEGUNDA	TERÇA	QUARTA	QUINTA	SEXTA	SÁBADO
1	2	3	4	5	6	7
8	9	10	11	12	13	14

Regra: protocolização no dia 2. Intimação no dia 3. Vencimento no dia 5. O mesmo vencimento se observaria ainda que a intimação houvesse sido cumprida no dia 4.

Exceção (intimação no último dia do prazo): protocolização no dia 2. Intimação no dia 5. Vencimento no dia 6.

Exceção (intimação além do prazo): protocolização no dia 2. Intimação no dia 6. Vencimento no dia 9.

Imaginemos agora, considerando a mesma data de protocolização, que no dia 4 teve início uma greve total de bancários, retomando-se o atendimento normal no dia 12. O prazo correrá nos dias 3, 12 e 13, vencendo nesta última data.

Pois bem, no curso do prazo podem ocorrer a desistência, a sustação do procedimento para protesto e o pagamento (bem como o aceite e a devolução). Passaremos a examinar cada uma dessas figuras.

13.2 A DESISTÊNCIA

Trata-se de ato do apresentante acolhido pelo Tabelião, que em razão dele faz cessar o procedimento para protesto. Obviamente, depois de efetivados o pagamento ou o protesto (este apenas após a superação do tríduo), não mais será cabível desistir. Se, por outro lado, houver sido cumprida ordem de sustação, somente com autorização do Juiz que a determinou será admitida a figura ora examinada.

Não se exige justificativa para a desistência, ficando ao arbítrio do apresentante pleiteá-la. O pedido deve ser formulado por escrito pelo próprio apresentante ou por quem validamente o represente. Há Estados em que se admite a desistência formalizada por meio eletrônico, com a utilização de certificado digital no âmbito da ICP-Brasil ou outro meio seguro disponibilizado pelo Tabelionato ao apresentante.

Não nos esqueçamos de que as palavras *apresentante* e *credor* não são sinônimas, embora na maioria das vezes recaiam sobre a mesma pessoa.

A propósito, não guarda completude a expressão *desistência do protesto*, pois aquele ato abrange todo o procedimento para protesto. Assim, alguém não pode desistir simplesmente do protesto aceitando, contudo, o pagamento no tabelionato. Melhor seria dizer *desistência do procedimento para protesto*.

Acolhida a desistência (por alguns denominada simplesmente *retirada*), o título ou documento deve ser entregue ao apresentante ou à pessoa indicada por ele em documento escrito e assinado, ou que já conste como portador autorizado no próprio formulário de apresentação.

13.3 A SUSTAÇÃO DO PROCEDIMENTO PARA PROTESTO

No exercício do poder geral de cautela, o Juiz pode, em processo cautelar inominado, determinar ao Tabelião que suste o procedimento para protesto. Embora seja comum a expressão *sustação de protesto*, melhor seria o emprego da expressão *sustação do procedimento para protesto*, uma vez que o § 1º do art. 17 da Lei n. 9.492/97, dita que "o título ou documento de dívida cujo protesto tiver sido sustado judicialmente só poderá ser pago, protestado ou retirado com autorização judicial". Por essa disposição, não se pode concluir que apenas o protesto é sustado, mas também o são a desistência e o pagamento, bem como todo o procedimento, já que, recebida a ordem antes da intimação, nem sequer esta deve ser expedida.

Eventualmente, a sustação pode ser deferida com o caráter de tutela provisória. Em qualquer caso, é ela ato do Tabelião de Protesto, praticado por ordem judicial. Recebida a determinação, por mandado ou ofício, imediatamente haverá de ser cumprida, arquivando-os em pasta conjunta com o título ou documento de dívida e demais papéis eventualmente apresentados. Anotada a sustação, estabelecer-se-á compasso de espera até que nova ordem seja recebida. É o procedimento decorrente do *caput* do artigo referido.

Caso a ordem seja recebida após a lavratura do protesto, salvo expressa autorização normativa local, não deve o Tabelião, por sua conta, cumpri-la como determinação de suspensão dos efeitos. Deve sim consultar imediatamente o Juiz do processo sobre como proceder. Muito provavelmente, determinará ele aquela medida, que então poderá ser cumprida na forma vista no capítulo próprio. Norma local pode estabelecer procedimento diverso.

Efetivada a sustação, a qualquer momento pode ser expedida nova ordem determinando o protesto ou tornando definitiva a liminar concedida, dando-se o mesmo caráter à sustação que até então era provisória.

13.3.1 A revogação da ordem de sustação

No curso do processo, o Juiz, em retratação ou diante de novos elementos, e o Tribunal, em julgamento de agravo, podem revogar a liminar concedida, o que também é possível no julgamento definitivo do processo principal ou de conhecimento. Ao receber essa nova determinação, haverá o Tabelião de observar o § 2º do mesmo art. 17, que disciplina a hipótese: "Revogada a ordem de sustação, não há necessidade de se proceder a nova intimação do devedor, sendo a lavratura e o registro do protesto efetivados até o primeiro dia útil subsequente ao do recebimento da revogação, salvo se a materialização do ato depender de consulta a ser formulada ao apresentante, caso em que o mesmo prazo será contado da data da resposta dada".

Embora seja clara a disposição, peca em um aspecto, comportando compreensão adequada. O emprego da palavra *nova* pelo legislador pode levar o intérprete à conclusão equivocada de que, se não houve intimação anterior, após a revogação da ordem e antes do protesto, deverá realizar-se, pois a dispensa legal decorreria do fato de ter havido uma intimação anterior (antiga). Não é esse o pensamento correto, uma vez que a dispensa da intimação, na verdade, decorre da evidência de que o devedor, ao ingressar com a ação, já tinha conhecimento da apresentação a protesto.

Dessa maneira, recebida a ordem de revogação, o protesto será lavrado no prazo estabelecido no parágrafo citado, independente de intimação, mesmo que o devedor não tenha sido intimado anteriormente. A palavra *nova*, pois, era dispensável.

13.3.2 A sustação definitiva

O § 3º do mesmo artigo disciplina a situação oposta: "Tornada definitiva a ordem de sustação, o título ou o documento de dívida será encaminhado ao juízo respectivo, quando não constar determinação expressa a qual das partes o mesmo deverá ser entregue, ou se decorridos 30 (trinta) dias sem que a parte autorizada tenha comparecido no Tabelionato para retirá-lo".

Se no final do processo a ordem provisória de sustação for mantida, o Tabelião, ao ser comunicado da decisão, realizará a sustação definitiva do protesto e aguardará por trinta dias que a parte autorizada pelo Juiz a retirar o título ou documento de dívida compareça ao tabelionato para esse fim. Se inerte ela, ou se o Juiz houver determinado a providência desde logo, aqueles documentos serão remetidos ao juízo.

Resta nesse passo observar que as dúvidas mencionadas pelo art. 18 da Lei do Protesto são apenas as referentes à desistência e à sustação. O citado artigo está inserto no Capítulo VII, que cuida exclusivamente daquelas figuras, de maneira que, em abono à interpretação lógico-sistemática do regramento relativo ao protesto e a seu procedimento, a outra conclusão não se pode chegar.

13.4 O PAGAMENTO

No curso do prazo, pode se dar também o pagamento, ou, no caso de letra de câmbio e duplicata, eventualmente, o aceite ou a devolução do título.

Já nos reportamos a todos os motivos do protesto, de maneira que neste capítulo cuidaremos apenas da figura do pagamento, dado o pouco interesse das outras figuras, quase inexistentes nos dias de hoje. Assim, em relação ao aceite e à devolução, reportamo-nos ao que já foi estudado a respeito.

Tratemos do pagamento, aliás, como faz a lei em seu capítulo VIII, cujo único artigo é a seguir transcrito:

> Art. 19. O pagamento do título ou do documento de dívida apresentado para protesto será feito diretamente no Tabelionato competente, no valor igual ao declarado pelo apresentante, acrescido dos emolumentos e demais despesas.
>
> § 1º Não poderá ser recusado pagamento oferecido dentro do prazo legal, desde que feito no Tabelionato de Protesto competente e no horário de funcionamento dos serviços.
>
> § 2º No ato do pagamento, o Tabelionato de Protesto dará a respectiva quitação, e o valor devido será colocado à disposição do apresentante no primeiro dia útil subsequente ao do recebimento.
>
> § 3º Quando for adotado sistema de recebimento do pagamento por meio de cheque, ainda que de emissão de estabelecimento bancário, a quitação dada pelo Tabelionato fica condicionada à efetiva liquidação.
>
> § 4º Quando do pagamento no tabelionato ainda subsistirem parcelas vincendas, será dada quitação da parcela paga em apartado, devolvendo-se o original ao apresentante.

O pagamento é ato do devedor ou de pessoa que, nos termos da lei civil, satisfaça a obrigação, sendo ou não terceiro interessado, exame que escapa às atribuições do Tabelião, de maneira que aquele que comparecer ao tabelionato para pagamento (ou que o realizar aos cuidados do Tabelião) poderá fazê-lo.

A expressão *diretamente no tabelionato* tem sido interpretada pelas normas regulamentares com muita propriedade, como *aos cuidados do Tabelião*. Dessa maneira, é possível o pagamento, havendo a devida regulamentação normativa, por meio de boleto bancário ou transferência eletrônica, entre outros, sempre aos cuidados do Tabelião, e *o valor devido será colocado à disposição do apresentante no primeiro dia útil subsequente ao do recebimento* (§ 2º, parte final).

Como reforço a essa posição, impõe-se breve digressão: todos sabemos, pois é fato notório, que recolhemos os tributos a que estamos obrigados por meio de documentos de arrecadação (como o conhecido DARF) que podem ser pagos na rede bancária. Mas vejamos o que diz o Código Tributário Nacional, em seu art. 159: "*Quando a legislação tributária não dispuser a respeito, o pagamento é efetuado na repartição competente do domicílio do sujeito passivo*".

Ora, a interpretação do citado art. 159 é exatamente a mesma que atribuímos ao art. 19 da Lei do Protesto. Na esfera tributária, embora a lei dite o pagamento *na repartição*, pode ele ser feito na rede bancária. Assim, o tratamento dado ao pagamento previsto na Lei do Protesto terá a mesma solução extensiva corrente na esfera tributária, mesmo porque nenhum prejuízo traz a qualquer dos envolvidos. Ao contrário, há apenas benefícios a apontar, como a desnecessidade de deslocamento até o tabelionato, diminuição da circulação de moeda em espécie, redução de despesas com aquisição de cheques administrativos etc.

O valor a ser pago será acrescido dos emolumentos (já examinados neste trabalho) e despesas, como as realizadas com remessa de intimações e publicação de editais.

Não pode ser recusado o pagamento em dinheiro, o que obstaria o curso legal da moeda brasileira. O cheque, contudo, pode ser recusado com base no art. 315, do Código Civil, ressalvando a situação das microempresas e empresas de pequeno porte, cujo tratamento será visto a seguir.

Tem sido comum – é preciso estar atento a essa circunstância – que as Corregedorias-Gerais facultem a quem paga a utilização de cheque administrativo, regulando de maneira geral a forma do pagamento. Admitido o pagamento em cheque, mesmo administrativo ou visado, deve ser observado o § 3º, que assim dispõe: "Quando for adotado sistema de recebimento do pagamento por meio de cheque, ainda que de emissão de estabelecimento bancário, a quitação dada pelo Tabelionato fica condicionada à efetiva liquidação".

No ato do pagamento, o Tabelionato de Protesto dará a respectiva quitação, dita a primeira parte do § 2º, devendo ser observada a ressalva do § 3º. Em regra, aquele que pagar recebe o título no ato do pagamento acompanhado da quitação. Porém, caso se trate de pagamento em cheque, entrega-se apenas quitação condicionada à sua liquidação. Aguarda-se prazo razoável (cremos razoável o prazo de dez dias) para a apresentação ao banco, ou o estabelecido em norma regulamentar para esse fim (cientificando o apresentante dele). Passado em branco esse período, sem qualquer notícia do apresentante de que houve devolução sem liquidação, ficará o título disponível para entrega a quem efetuou o pagamento. Em caso contrário, o protesto será lavrado, restituindo-se o cheque não liquidado ao pagante. Se o pagamento for efetuado com cheque administrativo ou visado, em raríssimas vezes será devolvido pelo banco sem a satisfação (normalmente por erro na emissão).

Há também a ressalva do § 3º. Caso se trate de documento de dívida ou também de título em que ainda subsistir parcela vincenda, será entregue apenas a quitação, pois aqueles, após receberem anotação de pagamento e das parcelas a que se refere, serão restituídos, com o valor pago, ao apresentante.

A doutrina tem interpretado o § 1º como meio de obrigar o Tabelião a receber o pagamento no tabelionato mesmo depois do encerramento do expediente bancário. Temos por despicienda a disposição, pois nada autorizaria a recusa. Não havendo essa regra, acaso poderia o Tabelião recusar-se ao recebimento estando em curso seu horário de atendimento ao público? Sob que fundamento faria a seleção entre o serviço que pode e que não pode deixar de praticar durante esse atendimento? Cremos que, mesmo na falta daquele parágrafo, sob pena de responsabilidade, não poderia o Tabelião de Protesto recusar o recebimento.

13.4.1 O pagamento realizado por microempresa ou empresa de pequeno porte

Além da redução no valor dos emolumentos, essas empresas também gozam de benefício relativo ao pagamento, sendo vedado, em relação a elas, recusar o pagamento em cheque, ainda que comum.

Dispõe a Lei Complementar 123/2006, no inciso II do art. 73: "para o pagamento do título em cartório, não poderá ser exigido cheque de emissão de estabelecimento bancário, mas, feito o pagamento por meio de cheque, de emissão de estabelecimento bancário ou não, a quitação dada pelo tabelionato de protesto será condicionada à efetiva liquidação do cheque".

Efetuado o pagamento na forma desse dispositivo, a quitação também será condicionada, adotando-se o mesmo procedimento acautelatório supracitado, com o acréscimo de que a devolução do cheque por falta de provisão de fundos acarretará a suspensão, pelo período de um ano, de todos os benefícios previstos na dita lei complementar.

A lei refere-se ao pagamento *do título* (estendendo-se a documentos de dívida), e não a emolumentos ou despesas, que podem ser exigidos em dinheiro, também por força do art. 315, do Código Civil.

A propósito, se a empresa efetua o pagamento com cheque sem provisão de fundos, o que acarreta o protesto, não terá direito à restituição dos emolumentos e despesas pagos, pois o Tabelião praticou o ato (recebimento do pagamento). Por ocasião do cancelamento, quando seria necessário pagar os emolumentos referentes a este e ao protesto, apenas aqueles serão cobrados, pois os devidos pelo protesto (no caso, pelo recebimento do pagamento) já estarão pagos.

Exemplificando:

Esse exemplo pode ser aplicado aos Estados que atribuem valores idênticos aos emolumentos referentes ao pagamento e àqueles incidentes em razão do protesto.

Consideremos (abstraindo reajuste de tabela), tendo microempresa como devedora, que um título de R$ 500,00 foi apresentado a protesto, sendo os emolumentos referentes ao protesto (já com a redução legal) de R$ 8,00 e as despesas de R$ 2,00. Os emolumentos referentes ao cancelamento têm o valor de R$ 4,00 (já com a redução legal). Se o devedor é intimado e não paga, vindo depois a cancelar o protesto lavrado, suportará o valor total de R$ 14,00 a título de emolumentos e despesas.

Imaginemos agora que a empresa efetuou o pagamento no tabelionato. Naquele ato, entregou cheque de R$ 500,00 para pagar o valor do título e R$ 10,00 em dinheiro para pagar emolumentos referentes ao ato e às despesas. O cheque foi devolvido, lavrando-se o protesto. O cheque será restituído a ela, mas não o dinheiro relativo a emolumentos e despesas. Passado algum tempo, sobrevém requerimento de cancelamento, mas neste caso, apenas será paga a quantia de R$ 4,00, referente ao ato praticado por último.

No mais, relativamente à situação especial dessas empresas, reportamo-nos ao que foi visto ao tratarmos de emolumentos.

13.5 O PROTESTO

Este capítulo versa sobre o ato de protesto, ou seja, sobre sua lavratura e consequente protesto. "Esgotado o prazo previsto no art. 12, sem que tenham ocorrido as hipóteses dos Capítulos VII e VIII, o Tabelião lavrará e registrará o protesto, sendo o respectivo instrumento entregue ao apresentante" – é o que dispõe o art. 20 da Lei n. 9.492/97 referindo-se à inexistência de sustação, desistência ou pagamento.

13.5.1 Princípios referentes ao ato de protesto

13.5.1.1 Princípio da oficialidade

Protesto é ato oficial, realizado por Tabelião de Protesto, como decorrência de tudo o que dissemos sobre esse profissional do direito, desde a outorga da delegação, passando por atribuições, até a responsabilidade. O ato é praticado no exercício de função e com fé pública.

13.5.1.2 Princípio da insubstitutividade

O protesto é prova insubstituível, quando a lei o exige (ou não o dispensa). Não se pode substituir por qualquer outro ato, ainda que praticado por notário ou registrador.

13.5.1.3 Princípio da unitariedade

O protesto é uno, ou seja, consuma-se e está apto a produzir todos os seus efeitos, em um só ato. Protesta-se o título ou documento de dívida. Não se protesta o sacado ou o devedor. Assim, como regra, um título somente pode ser protestado uma única vez em relação à mesma obrigação.

Diante disso, o protesto por falta de aceite dispensa outro por falta de pagamento. O protesto comum, se observados os requisitos a que nos referimos em outros pontos desta obra, torna desnecessário outro especial para fins falimentares.

Ressalte-se que o duplo protesto constitui afronta a esse princípio e, portanto, deve ser coibido pelo Tabelião, mas é possível que o mesmo título ou documento seja protestado mais de uma vez, em relação a parcelas distintas da obrigação.

Será possível, ainda, um segundo protesto relativo ao mesmo documento se o anterior, por não conter os requisitos exigidos, não puder instruir requerimento de falência, sendo esse o desejo do credor. Para que essa nova apresentação seja possível, faz-se necessário o cancelamento do anterior, na forma vista quando tratamos dessa figura, dando-se o mesmo na hipótese de erro cuja retificação macularia o procedimento para protesto, como se verá adiante.

Incorpora-se a este tópico o que se disse anteriormente sobre a natureza unitária do ato de protesto.

13.5.2 A lavratura e o registro

Diz o art. 23 da Lei n. 9.492/97: "Os termos dos protestos lavrados, inclusive para fins especiais, por falta de pagamento, de aceite ou de devolução serão registrados em um único livro e conterão as anotações do tipo e do motivo do protesto, além dos requisitos previstos no artigo anterior". Há, portanto, livro único.

Sendo o protesto um ato formal, o termo lavrado e respectivo instrumento devem conter os elementos indicados no art. 22 da Lei do Protesto: "I – data e número de protocolização; II – nome do apresentante e endereço; III – reprodução ou transcrição do documento ou das indicações feitas pelo apresentante e declarações nele inseridas; IV – certidão das intimações feitas e das respostas eventualmente oferecidas; V – indicação dos intervenientes voluntários e das firmas por eles honradas; VI – a aquiescência do portador ao aceite por honra; VII – nome, número do documento de identificação do devedor e endereço; e VIII – data e assinatura do Tabelião de Protesto, de seus substitutos ou de escrevente autorizado".

Desses requisitos, destacamos os que comportam algum esclarecimento. Para a compreensão dos demais a interpretação literal basta.

O inciso III deve ser lido em conjunto com o parágrafo único, mesmo porque a maioria dos tabelionatos está informatizada. Dessa maneira, a exceção (que acaba sendo a regra), faz com que o termo de protesto contenha apenas a menção aos elementos do título ou documento, sem a necessidade de que sejam reproduzidos ou transcritos literalmente.

Por imposição do inciso IV, o termo deve mencionar a efetivação da intimação, se por edital ou no endereço. No caso de protesto para fins falimentares é necessário constar a identificação da pessoa que a recebeu, se entregue no endereço.

A resposta apresentada, normalmente conhecida por contraprotesto, não impede a lavratura, mas sua apresentação deve ser mencionada no termo.

Os incisos V e VI se referem à figura da intervenção, exigindo a indicação dos intervenientes e demais sujeitos dessa relação peculiar e inexistente na prática. A intervenção é instituto de natureza cambial previsto nos arts. 55 a 63, do Decreto n. 57.663/66, e nos arts. 34 e 35, do Decreto n. 2.044/1908.

O inciso VII nos remete ao § 4º do art. 21 da mesma lei, que define os devedores para fins de protesto. Neste ponto, reportamo-nos às considerações aduzidas no capítulo em que foram analisados os motivos, os efeitos e o objeto do protesto.

A expressão *o registro do protesto,* contida no art. 22 da Lei do Protesto, poderia ter sido substituída por termo de protesto, uma vez que este, materialização da lavratura, é que deve conter os elementos enumerados. Do termo, será extraído o instrumento, que deverá ser posto à disposição do apresentante (art. 20, *caput*), por aplicação analógica do § 2º do art. 19, no primeiro dia útil seguinte.

14

EVENTOS POSTERIORES AO PROTESTO

14.1 A RETIFICAÇÃO DE ERROS MATERIAIS

Uma vez mais, voltemos olhos à Lei n. 9.492/97:

> Art. 25. A averbação de retificação de erros materiais pelo serviço poderá ser efetuada de ofício ou a requerimento do interessado, sob responsabilidade do tabelião de protesto de títulos.
>
> § 1º Para a averbação da retificação será indispensável a apresentação do instrumento eventualmente expedido e de documentos que comprovem o erro.
>
> § 2º Não são devidos emolumentos pela averbação prevista neste artigo.

Cuida-se de retificação de incorreções verificadas na prática dos atos do serviço de protesto, por isso sem a cobrança de emolumentos, e não abrangem outros da substância do negócio ou do próprio título ou documento de dívida.

Há vários exemplos: na lavratura do protesto é anotado algum dado diferente daquele contido no documento protestado e no formulário de apresentação. Assim, aplica-se o dispositivo em estudo se foi protocolizada uma duplicata e no termo consta nota promissória; se o número do CPF do devedor está correto no título e no formulário, mas o Tabelião insere outro no termo de protesto (o mesmo quanto ao nome); se a intimação se deu por entrega no endereço e o termo indica que se realizou por edital.

Por exceção ao Princípio da Rogação, a retificação pode ser averbada de ofício. Também poderá ser requerida pelo interessado, mas em qualquer caso, depende da comprovação do erro e da apresentação do instrumento de protesto, não apenas para compor o conjunto probatório, mas para que nele seja anotada a existência de averbação de retificação, se ocorrer.

A retificação será averbada no próprio termo de protesto ou, no caso do § 6º do art. 26, e por analogia a ele, por termo e em documento apartado.

Caso não se trate de mero erro material do serviço, em regra, a retificação deve ser determinada pelo Juiz Corregedor Permanente. É o que se dá se o apresentante indica, ou se do título consta um CPF que não corresponde ao do devedor.

Por outro lado, não cabe a retificação pelo Tabelião ou pelo Juiz caso tenha sido maculado o procedimento para o protesto, em razão de ter se realizado a intimação com erro, o que pode dificultar a identificação da obrigação pelo devedor e, por consequência, o exercício de seu direito de questionar em juízo a protocolização. Nesses casos, o interessado deve requerer o cancelamento do protesto ao Juiz Corregedor Permanente para, depois de realizado, apresentar novamente o documento a protesto.

Essa será a medida adequada se o apresentante indicou erroneamente o número do título, ou se, tendo havido anterior pagamento parcial, o desconsiderou e solicitou o protesto pelo valor integral da dívida. Essa mesma solução é utilizada, com as ressalvas feitas a seguir, para nova apresentação a protesto especial de título ou documento cujo protesto anterior não observou os requisitos exigidos para o requerimento da quebra.

14.2 O CANCELAMENTO DO REGISTRO DO PROTESTO

O cancelamento do registro do protesto não afeta sua lavratura. Assim, o termo continua existindo, embora seu registro, por averbação nele anotada, seja cancelado. O protesto lavrado, cujo registro tenha sido cancelado, embora tenha interrompido a prescrição por ocasião da lavratura (com as observações já vistas ao tratarmos desse tema), não produz qualquer outro efeito desde o cancelamento.

Nos termos do § 5º do art. 26 da Lei n. 9.492/97, *o cancelamento do registro do protesto será feito pelo tabelião titular, por seus substitutos ou por escrevente autorizado*. Já dissemos nesta obra que inexiste *tabelião substituto*, de maneira que seria desnecessária a expressão *tabelião titular*. Bastaria dizer *tabelião*.

O cancelamento é averbado no termo de protesto, salvo na hipótese do § 6º do mesmo artigo, que possibilita a seguinte providência: "quando o protesto lavrado for registrado sob forma de microfilme ou gravação eletrônica, o termo do cancelamento será lançado em documento apartado, que será arquivado juntamente com os documentos que instruíram o pedido, e anotado no índice respectivo".

Na prática, todos os documentos referentes ao cancelamento são arquivados da maneira vista ao tratarmos dos livros e arquivos. Para a formalização do ato, contudo, há duas possibilidades (§ 6º): a) se o termo de protesto existe em papel, o cancelamento é averbado nele próprio; b) se o termo (como todo o livro de protesto) não existe fisicamente, pois é microfilmado ou digitalizado, sendo impossível a averbação nele próprio, o cancelamento é feito por termo lançado em documento apartado, a ser arquivado com aqueles documentos já mencionados. Nada impede que esses documentos também sejam objeto de arquivo digital.

14.2.1 Modalidades de cancelamento

Nos termos da Lei 9.492/97, são as seguintes as modalidades de cancelamento:

Requerido diretamente ao Tabelião de Protesto

a) Com exibição do documento protestado;

b) Com apresentação de declaração de anuência.

Determinado por Juiz

a) Do processo;

b) Corregedor Permanente.

Além dessas modalidades de cancelamento, há aquele **decorrente da efetivação de medidas de** incentivo à quitação ou à renegociação de dívidas protestadas, que examinamos adiante.

14.2.1.1 Cancelamento requerido diretamente ao Tabelião de Protesto

O interessado, pessoalmente ou representado por quem de direito, comparece ao tabelionato e formula solicitação de cancelamento, podendo para tanto, alternativamente, exibir o título ou o documento de dívida protestado, ou declaração de anuência.

Vejamos o que diz a Lei n. 9.492/97:

> Art. 26. O cancelamento do registro do protesto será solicitado diretamente no Tabelionato de Protesto de Títulos, por qualquer interessado, mediante apresentação do documento protestado, cuja cópia ficará arquivada.
>
> § 1º Na impossibilidade de apresentação do original do título ou documento de dívida protestado, será exigida a declaração de anuência, com identificação e firma reconhecida, daquele que figurou no registro de protesto como credor, originário ou por endosso translativo.
>
> § 2º Na hipótese de protesto em que tenha figurado apresentante por endosso-mandato, será suficiente a declaração de anuência passada pelo credor endossante.

A redação do § 1º comportaria ajustes, pois parece impor que o cancelamento com a apresentação de declaração de anuência apenas é admitido se for impossível a exibição do documento protestado. Não é o que ocorre nem haveria qualquer justificativa para esse rigor. O fato é que, se o interessado apresenta declaração de anuência, não se deve exigir dele prova de que é impossível exibir o documento protestado. Melhor seria que dispusesse o citado dispositivo: "alternativamente, poderá ser apresentada declaração de anuência, com identificação e firma reconhecida, daquele que figurou no registro de protesto como credor, originário ou por endosso translativo".

Nos termos do artigo 5º, do Provimento 87 da Corregedoria Nacional de Justiça – CNJ, de 11 de setembro de 2019, "é admitido o pedido de cancelamento do protesto pela internet, mediante anuência do credor ou apresentante do título assinada eletronicamente".

14.2.1.1.1 O cancelamento requerido com a exibição do documento protestado

A medida é prevista no *caput*. O original, depois de averbado o cancelamento, será restituído ao requerente.

Normalmente, o devedor, depois do protesto, procura o credor e satisfaz a obrigação, recebendo o documento protestado. Com este em mãos, o interessado comparece ao tabelionato e postula o cancelamento, arcando com emolumentos e despesas devidos.

A propósito, mesmo após o recebimento do valor da dívida, não é do credor ou apresentante o dever de requerer o cancelamento, cabendo ao devedor providenciá-lo, salvo nos casos de protesto indevido, quando caberá a quem efetuou a apresentação esse dever.

É o que reiteradamente tem decidido o Superior Tribunal de Justiça: "Agravo regimental. Agravo em recurso especial. Indenização. Cancelamento do protesto. Obrigação do Devedor. Recurso improvido".[1]

Essa posição está explicitada no voto de onde se extrai: "Nesse sentido, a meu sentir, julgou acertadamente a Corte de origem que rejeitou os embargos infringentes opostos pelo ora recorrente, consignando que o **art. 26, §§ 1º e 2º, da Lei n. 9.492/97** dispõe competir a qualquer interessado requerer a baixa de protesto de título já quitado e que a pessoa mais interessada em tal providência é justamente aquela contra quem o gravame foi efetivado, ou seja, o devedor. Daí por que inexiste, realmente, obrigação do credor em promover o cancelamento do protesto de título não pago no vencimento, sendo impositiva a improcedência do pedido indenizatório *sub examine*".[2]

O mesmo tribunal refutou a aplicação do Código de Defesa do Consumidor:

"RECURSO ESPECIAL. PROTESTO DE TÍTULO. PAGAMENTO DA OBRIGAÇÃO VENCIDA. CANCELAMENTO. ÔNUS. DEVEDOR. RELAÇÃO. CONSUMO. IRRELEVÂNCIA. DANO MORAL. INEXISTÊNCIA. PROVIMENTO. 1. Legitimamente protestado o título de crédito, cabe ao devedor que paga posteriormente a dívida o ônus de providenciar a baixa do protesto em cartório (Lei 9.294/97, art. 26), sendo irrelevante se a relação era de consumo, pelo que não se há falar em dano moral pela manutenção do apontamento. 2. Recurso especial conhecido e provido".[3]

E o voto vencedor explica: "o Código do Consumidor destina-se a regular as relações entre fornecedores e consumidores. Não há dispositivo algum no CDC derrogatório, no âmbito das relações de consumo, da disciplina legal própria do protesto de títulos de crédito e respectivo cancelamento".

Ao credor, contudo, resta a obrigação de entregar ao devedor os documentos necessários à obtenção do cancelamento:

"SUPERVENIÊNCIA DE PAGAMENTO. ENTREGA DA CARTA DE ANUÊNCIA. NÃO COMPROVAÇÃO. ÓBICE DA SÚMULA 7/STJ. INÉRCIA DO CREDOR. CONDUTA INCOMPATÍVEL COM A BOA-FÉ OBJETIVA. INDENIZAÇÃO POR DANOS MORAIS. CABIMENTO. 1. Inocorrência de julgamento 'extra petita'. 2. Constitui ônus do próprio devedor a baixa do protesto de título representativo de dívida legítima. Precedentes desta Corte. 3. Dever do credor, porém, após receber diretamente o valor da dívida, de fornecer ao devedor os documentos necessários para a baixa do protesto. 4. Desnecessidade de requerimento formal do devedor. 5. Concreção do princípio da boa-fé objetiva. Doutrina sobre o tema. 6. Inércia do credor que configurou, no caso, ato ilícito, reconhecido pelas instâncias ordinárias, gerando obrigação de indenizar. 7. 'A pretensão de simples reexame de prova não enseja recurso especial' (Súmula 7/STJ). 8. RECURSO ESPECIAL DESPROVIDO".[4]

---

1. STJ, AgRg no AREsp 8.660, Rel. Massami Uyeda.
2. STJ, REsp 842.092, Rel. Min. Cesar Asfor Rocha.
3. STJ, REsp 1195668, Rel. Min. Luis Felipe Salomão, Rel. p/ Acórdão Min. Maria Isabel Gallotti.
4. STJ, REsp 1346428/GO, Rel. Min. Paulo de Tarso Sanseverino.

14.2.1.1.2 O cancelamento requerido com a apresentação de declaração de anuência

Alternativamente, pode o interessado no cancelamento apresentar declaração de anuência, com os requisitos exigidos pelo § 1º. Note-se que a declaração não precisa conter informação de pagamento ou quitação, bastando a concordância com o cancelamento, mesmo porque existem outras figuras que podem ensejar a extinção ou alteração da natureza da obrigação, tais como a transação, a novação, a compensação, ou até mesmo a remissão da dívida concedida nos termos do art. 385 e seguintes do Código Civil.

E aqui vemos outra impropriedade da lei: o § 3º dispõe que é exigida a determinação por Juiz para a lavratura do cancelamento "se fundado em outro motivo que não no pagamento do título ou documento de dívida". Se assim fosse, haveria injustificável burocratização do procedimento, por exclusão das demais formas de extinção da obrigação. A expressão mais justa seria "se não decorrer da extinção da obrigação".

A superveniência da prescrição, contudo, não justifica o cancelamento: "Não tem agasalho na Lei n. 9.492/97 a interpretação que autoriza o cancelamento do protesto simplesmente porque prescrito o título executivo. Hígido o débito, sem vício o título, permanece o protesto, disponível ao credor a cobrança por outros meios".[5]

Da mesma forma, o deferimento da recuperação judicial não é, por si só, causa de cancelamento do protesto.

> "AGRAVO DE INSTRUMENTO – RECUPERAÇÃO JUDICIAL – LEI N. 11.101/05 – REALIZAÇÃO DE PROTESTOS E INSCRIÇÃO DO NOME DA RECUPERANDA NOS ÓRGÃOS DE RESTRIÇÃO AO CRÉDITO – DIREITO DOS CREDORES – IMPOSSIBILIDADE DE SUSPENSÃO NO PERÍODO DE PROCESSAMENTO DA RECUPERAÇÃO. 1. Com o deferimento e processamento da recuperação judicial, o que se suspende é o curso da prescrição e de todas as ações e execuções em face do devedor e dos sócios solidários, nos termos do art. 6º da Lei de Recuperação Judicial n. 11.101/05. 2. "O deferimento do processamento da recuperação judicial não enseja o cancelamento da negativação do nome do devedor nos órgãos de proteção ao crédito e nos tabelionatos de protestos" (Enunciado 54 da Jornada de Direito Comercial I do Conselho da Justiça Federal/Superior Tribunal de Justiça). 3. Recurso conhecido e desprovido."[6]

a) A declaração de anuência e a questão do endosso.

Necessária neste ponto a interpretação da parte final dos §§ 1º e 2º. Partamos da ideia rudimentar, mas por agora suficiente, de que o endosso translativo acarreta a transmissão do crédito ao endossatário, perdendo o credor originário (endossante) seus direitos em relação a ele. Por endosso, mandato não se transfere a obrigação, e o endossatário, que passa a ser detentor do título, não é o credor, que continua sendo o endossante.

Se o último endosso é translativo, o apresentante é sempre o credor (endossatário). Assim, somente ele – não o endossante (ou credor originário) – pode firmar declaração de anuência ao cancelamento.

---

5. STJ, REsp 671.486, Rel. Min. Carlos Alberto Menezes Direito.
6. TJPR – AI 1.320.583-7 – Rel. Des. Marcelo Gobbo Dalla Dea.

Caso se trate de endosso mandato, tendo sido o título apresentado pelo endossatário, tanto este quanto o endossante (credor) podem firmar declaração de anuência. O § 2º do art. 26, já citado, diz que nesse caso é "suficiente a declaração de anuência passada pelo credor endossante". Não se pode confundir a palavra *suficiente*, com a palavra *necessária*, pois são coisas muito distintas. *Suficiente é o que basta* e *necessário é o que é indispensável*. Assim, *basta* a anuência do credor endossante, admitindo-se também, alternativamente, a do endossatário.

Note-se, contudo, que nem sempre é correto, nesta última hipótese, empregar a expressão *credor originário*, pois será imprópria se houver mais de um endosso e o último é mandato, sendo os anteriores translativos.

Para melhor compreensão, tomemos alguns exemplos:

João, credor de uma nota promissória, lançou endosso translativo em favor de Maria, que apresentou o título a protesto. Somente se admite declaração subscrita por Maria.

Se o endosso fosse mandato, tanto Maria como João poderiam emitir a declaração.

Imaginemos agora que José, credor de uma nota promissória, lançou endosso translativo em favor de Antônio, que, por sua vez, inseriu endosso mandato a Paulo. Este apresentou o título a protesto. Poderiam firmar a declaração Paulo ou Antônio, mas não José.

14.2.1.2 Cancelamento ordenado por Juiz

Preferimos a expressão que encabeça este tópico àquela empregada no § 3º do art. 26 – *determinação judicial* –, uma vez que a ordem emanada de Juiz Corregedor não tem natureza judicial, mas administrativa. De qualquer forma, se entendida como *judicial* a ordem dada por *qualquer* Juiz, tem-se como correta a redação. Para afastar dúvidas, conforme a distinção feita a seguir, optamos pela expressão diversa.

14.2.1.2.1 Cancelamento ordenado por Juiz Corregedor Permanente

Diz o § 3º do art. 26: "O cancelamento do registro do protesto, se fundado em outro motivo que não no pagamento do título ou documento de dívida, será efetivado por determinação judicial, pagos os emolumentos devidos ao tabelião".

Ao tratarmos da retificação de erro material, mencionamos hipóteses em que se faz necessário o cancelamento por ordem do Juiz Corregedor Permanente, como o caso em que o apresentante indicou erroneamente o número do título, ou se, tendo havido anterior pagamento parcial, o desconsiderou e solicitou o protesto pelo valor integral da dívida.

A ordem estará materializada em mandado ou ofício, que o Tabelião cumprirá depois de observar as regras locais atinentes ao pagamento dos emolumentos, com as observações lançadas no capítulo referente a estes.

Cabe neste ponto a seguinte discussão: lavrou-se protesto comum na praça de pagamento, e não no domicílio do principal estabelecimento da empresa devedora, ou sem que a pessoa que recebeu a intimação tenha sido identificada. Como esse protesto, por falta de requisito, não pode instruir requerimento de falência, um segundo protesto sobre o mesmo título ou documento será admitido sem o cancelamento do primeiro? Em caso de resposta negativa, se admitirmos o cancelamento do primeiro protesto com o fim exclusivo de possibilitar o segundo, como preservação do Princípio da Unitariedade, poderá ele ser realizado pelo Tabelião ou carece de ordem do Juiz Corregedor Permanente?

A primeira resposta é negativa. Um segundo protesto sem o cancelamento do primeiro afronta a unitariedade do protesto. Assim, faz-se necessário o cancelamento do primeiro protesto, mesmo porque descabe simples retificação, obviamente inviável, pois a comarca competente seria outra e a intimação haveria de ser repetida.

A segunda resposta guarda maior complexidade.

Pela redação atual, o cancelamento do primeiro protesto apenas pode ser realizado por ordem do Juiz Corregedor Permanente, pois seu único motivo é possibilitar uma segunda apresentação para o exercício do direito de pleitear a quebra do devedor. Como se vê, o motivo não é a extinção da obrigação e o § 3º, em exame, é claro ao determinar que nessa hipótese o cancelamento deve ser determinado pelo Juiz.

Em relação às duas indagações lançadas, expôs-se a situação legal. Ocorre que a legislação comportaria ajustes. Seria adequado que o apresentante, independente do motivo que o levasse a tanto, pudesse requerer o cancelamento do protesto diretamente ao Tabelião. Afinal, foi ele quem motivou o protesto. Por outro lado, sendo interessado, poderia pleitear o ato sem qualquer motivação. Aliás, hoje esse pedido seria possível ocorrer (sem motivação), mas depois o Tabelião poderia obstar a segunda apresentação por burla à lei, já que o cancelamento não decorreu de extinção da obrigação e não foi determinado por Juiz.

Assim, como a lei não fala expressamente da unitariedade, mas se refere a interessado (sem exigir motivo certo para o interesse), temos que se contém no poder regulamentar das Corregedorias-Gerais dos Estados o estabelecimento de disciplina a esse respeito, para o fim de possibilitar que o requerimento e o respectivo cancelamento ocorram sem a necessidade de intervenção da Corregedoria Permanente, mesmo porque essa providência atenderia ao interesse público, sem qualquer abalo à segurança do ato.

Assim, é possível concluir o seguinte: a) inexistindo regramento normativo local, o cancelamento deve ser determinado por Juiz; b) é possível que as Corregedorias-Gerais locais estabeleçam norma regulamentar permitindo, entre outras medidas relacionadas ao tema, o cancelamento diretamente pelo Tabelião, hipótese em que o apresentante poderá, independente do motivo, requerê-lo junto ao delegatário, que o lavrará, admitindo depois nova apresentação para fins falimentares.

14.2.1.2.2 Cancelamento ordenado por Juiz do processo

Este, sim, é o cancelamento decorrente de ordem judicial, prolatada em processo dessa natureza, consumando julgamento definitivo da lide. É o procedimento em que, exemplificando, se reconhece a inexigibilidade da obrigação representada na cambial protestada.

Diz o § 4º do art. 26 da Lei do Protesto: "Quando a extinção da obrigação decorrer de processo judicial, o cancelamento do registro do protesto poderá ser solicitado com a apresentação da certidão expedida pelo juízo processante, com menção do trânsito em julgado, que substituirá o título ou o documento de dívida protestado".

Também aqui, o recolhimento prévio dos emolumentos é a regra, normalmente imputado à parte sucumbente.

Resta salientar que não é incomum que o Juiz do processo determine cancelamento provisório de protesto. Trata-se de medida juridicamente viável do ponto de vista processual (tutela antecipada no processo em que se postula o cancelamento como tutela final). Ocorre que não há como dar cumprimento a essa determinação, pois, se cancelado o registro, será impossível restabelecê-lo caso a decisão final siga trilha oposta àquela lançada em caráter liminar.

Com posicionamento radical e minoritário, O Tribunal de Justiça do Rio Grande do Sul repeliu a concessão em caráter liminar ou antecipatório do cancelamento ou da suspensão dos efeitos do protesto: "O cancelamento de protesto lavrado ou a sustação de seus efeitos, além de violar direitos constitucionais do credor, atinge, também, exercício regular de direito, garantido pelo art. 1º da Lei n. 9.492/97. Desta forma, a jurisprudência tem entendido, de forma tranquila, que não se mostra viável a concessão de liminar acautelatória ou a tutela antecipada para cancelamento de protesto lavrado, ou a sustação de seus efeitos, ante a ausência dos requisitos do *periculum in mora* e do *fumus boni juris* no ato jurídico consumado. Ademais, os arts. 30 e 34 da Lei dos Protestos vedam, expressamente, o cancelamento provisório do protesto ou de seus efeitos, pena de insegurança jurídica do instituto cambial. Precedentes jurisprudenciais. NEGADO SEGUIMENTO AO RECURSO POR DECISÃO MONOCRÁTICA DO RELATOR".[7]

De qualquer forma, recomenda-se que a ordem de cancelamento provisório seja cumprida, não literalmente, mas como suspensão dos efeitos do protesto, figura examinada a seguir.

14.3 A SUSPENSÃO DOS EFEITOS DO PROTESTO

Tem sido prática reiterada e amplamente aceita, mesmo na ausência de previsão específica na Lei do Protesto, a suspensão dos efeitos do protesto, que pode decorrer de concessão de tutela provisória. Nesse caso, o Superior Tribunal de Justiça ampara a medida:

> "Processual civil. Recurso especial. Cautelar de sustação de protesto. Efetivação do protesto. Suspensão dos seus efeitos. Possibilidade. Poder geral de cautela e fungibilidade entre as medidas cautelares e as antecipatórias dos efeitos da tutela. – O princípio da fungibilidade entre as medidas cautelares e as antecipatórias dos efeitos da tutela confere poder ao juiz para deferir providência de natureza

---

7. TJRS, Agravo de Instrumento 70048082713, Rel. Pedro Celso Dal Prá.

cautelar, a título de antecipação dos efeitos da tutela. – Segundo o entendimento do STJ: (i) é possível a suspensão dos efeitos dos protestos quando há discussão judicial do débito; (ii) a decisão cautelar de sustação de protesto de título insere-se no poder geral de cautela, previsto no art. 798 do CPC; e a sustação de protesto se justifica quando as circunstâncias de fato recomendam a proteção do direito do devedor diante de possível dano irreparável, da presença da aparência do bom direito e quando houver a prestação de contracautela. – De acordo com o poder geral de cautela e o princípio da fungibilidade entre as medidas cautelares e as antecipatórias dos efeitos da tutela, o perigo de dano pode ser evitado com a substituição da sustação do protesto pela suspensão dos seus efeitos, se o protesto já tiver sido lavrado na pendência da discussão judicial do débito. Recurso especial provido".[8]

Mas adverte aquele Tribunal:

"O protesto é também meio lícito e legítimo de compelir o devedor a satisfazer a obrigação assumida ou, ao menos, buscar sua renegociação. Por isso, é pacífico, na jurisprudência do STJ, que só se admite a suspensão dos efeitos do protesto quando as circunstâncias de fato, efetivamente, autorizarem a proteção do devedor, com a presença da aparência do bom direito e, em regra, com a prestação de contracautela. Precedentes".[9]

"PROCESSO CIVIL. ANTECIPAÇÃO DE TUTELA. PROTESTO CAMBIAL. A sustação dos efeitos de protesto cambial já consumado só pode ser deferida, no âmbito de antecipação de tutela, se a inexistência da mora for reconhecível a *primo oculi*; não é possível quando o autor da ação admite a mora, embora proclamando que se deve à incapacidade financeira".[10]

O maior reflexo da medida será visto na suspensão da publicidade, pois das certidões não constará o protesto, que será excluído, por consequência, dos cadastros de proteção ao crédito. Cumprida a ordem, o Tabelião comunicará o cumprimento ao Juiz.

Findo o processo, se não houve o cancelamento no tabelionato, poderá sobrevir decisão que o determine. Se, ao contrário, a decisão determinar o restabelecimento dos efeitos do protesto, este voltará a ter publicidade plena.

14.4 MEDIDAS DE INCENTIVO À QUITAÇÃO OU À RENEGOCIAÇÃO DE DÍVIDAS PROTESTADAS

Após a lavratura do protesto, inexistindo cancelamento ou suspensão de seus efeitos, há a possibilidade de que qualquer das partes tome a iniciativa de requerer medidas tendentes a quitação ou renegociação da dívida. É o que dispôs o **Provimento 72, DE 27 de junho de 2018 da Corregedoria Nacional de Justiça – CNJ.**

14.4.1 A legitimidade para requerer as medidas de incentivo à quitação ou à renegociação de dívidas protestadas

O texto é claro e diz que as medidas em estudo podem ser requeridas por credor ou por devedor. Não se diz "apresentante", o que é correto, pois na hipótese de endosso mandato, o apresentante não é credor e, portanto, não teria legitimidade para dispor

---
8. STJ, REsp 627.759, Rel. Mina. Nancy Andrighi.
9. STJ, REsp 1.011.040, Min. Luis Felipe Salomão.
10. STJ, REsp 541.041, Rel. Min. Ari Pargendler.

do crédito. Por outro lado, em se tratando de apresentação a protesto de decisão judicial, o apresentante pode ser o Juízo (decisão que fixa alimentos e algumas hipóteses de sentença trabalhista), no que temos denominado *apresentação anômala*. Também aqui, não haveria de se outorgar ao apresentante a faculdade de dispor do crédito.

14.4.2 Do requerimento formulado pelo credor

O requerimento deve conter os requisitos do artigo 6º do referido Provimento e, como dita seu artigo 7º, o requerente deve sanar as lacunas encontradas na qualificação em dez dias, contados de sua notificação, que deve ser realizada, preferencialmente, por meio eletrônico.

Após a notificação, o requerente pode apresentar manifestação em que não sana o vício, situação em que o pedido será rejeitado, ou pode ficar inerte e a postulação será arquivada. E aqui uma indagação: nessas duas hipóteses, poderá ser formulado novo requerimento ou haver reiteração do anterior?

Pensamos que sim. Se houver o simples arquivamento, basta requerer ao tabelião o desarquivamento, sanando o vício apontado. Se o caso foi de rejeição, ainda assim, é possível apresentar novo pedido, agora com todos os requisitos exigidos.

Dita o artigo 8º:

> *Art. 8º No requerimento de medidas de incentivo à quitação ou à renegociação de dívidas protestadas, o credor poderá conceder autorização ao tabelião de protesto para:*
>
> *I – expedir aviso ao devedor sobre a existência do protesto e a possibilidade de quitação da dívida diretamente no tabelionato, indicando o valor atualizado do débito, eventuais condições especiais de pagamento e o prazo estipulado;*
>
> *II – receber o valor do título ou documento de dívida protestado, atualizado monetariamente e acrescido de encargos moratórios, emolumentos, despesas do protesto e encargos administrativos;*
>
> *III – receber o pagamento, mediante condições especiais, como abatimento parcial do valor ou parcelamento, observando-se as instruções contidas no ato de autorização do credor;*
>
> *IV – dar quitação ao devedor e promover o cancelamento do protesto.*

O dispositivo comporta algumas considerações.

Tendo em vista que o *caput* emprega a palavra "poderá", o que significa uma faculdade do credor, o inciso I encontra-se deslocado, pois, se o credor não autorizar a expedição de aviso ao devedor, tem-se procedimento natimorto. O mesmo em relação ao valor atualizado do débito, eventuais condições especiais de pagamento e o prazo estipulado, que fazem parte da *proposta de renegociação*. Dessa forma, pensamos que essa autorização é obrigatória, sob pena de rejeição do requerimento. Melhor seria se estivesse prevista no artigo 6º.

Apresentado o requerimento, não havendo vício a sanar, expede-se aviso ao **devedor** *sobre a existência do protesto e a possibilidade de quitação da dívida diretamente no tabelionato, indicando o valor atualizado do débito, eventuais condições especiais de pagamento e o prazo estipulado* (proposta de renegociação).

Mas qual é o prazo para manifestação do devedor? A proposta feita pelo credor deve estipular prazo de vigência para a autorização mencionada do *caput* do artigo 8º, como determina seu § 5º. Este também pode ser considerado o prazo para aceitação da proposta.

Decorrido o prazo, silente o devedor que recebeu o aviso, arquiva-se o pedido. Se, em algum momento posterior, o devedor manifestar-se sobre a proposta, esta será recebida como novo requerimento (artigo 9º), pois o decurso do tempo pode ter alterado o ânimo do credor, sobretudo em relação ao valor da dívida, seguindo-se o procedimento previsto no próximo tópico.

O arquivamento também se dará se não for possível a entrega do aviso. Nessa hipótese, nada impede que, o credor, em momento futuro, requeira o desarquivamento, indicando outro endereço.

14.4.3 Do requerimento formulado pelo devedor

O artigo 9º dispõe que a qualquer tempo, o devedor poderá formular proposta de pagamento ao credor, caso em que será expedido aviso ao credor acerca das condições da proposta.

Também aqui devem ser observados os requisitos do artigo 6º, com as consequências previstas no artigo 7º.

Quanto ao prazo para manifestação do credor, reportamo-nos ao que foi dito sobre a notificação do devedor.

14.4.4 Do cumprimento dos acordos decorrentes das medidas implementadas

O Provimento citado dá parâmetros para o cumprimento dos acordos decorrentes das medidas de incentivo à quitação ou à renegociação de dívidas protestadas.

Dependendo do teor da proposta aceita, o cumprimento pode ocorrer diretamente entre as partes, ou seja, os pagamentos ajustados serão realizados pelo devedor ao credor, ou a quem for por ele indicado.

No entanto, como permitem os incisos II a IV do artigo 8º, o cumprimento pode dar-se perante o tabelião, que haverá de cumprir as determinações § 1º.

14.4.5 Do cancelamento do protesto como decorrência da efetivação de medidas de incentivo à quitação ou à renegociação de dívidas protestadas

Dita o § 5º do artigo 8º: *Se ajustado parcelamento da dívida, o protesto poderá ser cancelado após o pagamento da primeira parcela, salvo existência de estipulação em contrário no termo de renegociação da dívida.*

O dispositivo é claro, mas se mostra inevitável a seguinte indagação: Se, na falta de disposição em sentido contrário, o protesto foi cancelado após o pagamento da primeira parcela, o que ocorre caso não sejam adimplidas as seguintes?

O Provimento é silente e, se também as normas locais forem omissas, como deve proceder o tabelião. Acolher pedido de restabelecimento de protesto? Exigir nova apresentação?

Descabe o restabelecimento, O cancelamento é definitivo. O credor tinha a faculdade de admitir o cancelamento apenas após o pagamento integral e, se concordou com sua antecipação, assumiu o risco pelo descumprimento. Caso deseje, pode realizar nova apresentação a protesto, pelo saldo devedor.

Referências

ABRÃO, Carlos Henrique. *Protesto*: caracterização da mora, inadimplemento obrigacional. 4. ed. São Paulo: Atlas, 2011.

_____. *Do protesto*. 3. ed. São Paulo: Juarez de Oliveira, 2004.

AMADEI, Vicente de Abreu; DIP, Ricardo (Coord.) et al. *Introdução ao direito notarial e registral*. Porto Alegre: Fabris Editor, 2004.

BERTOLDI, Marcelo M. Ribeiro; PEREIRA, Márcia Carla. *Curso avançado de direito comercial*. 5. ed. São Paulo: RT, 2009.

BUENO. Rafael Gouveia. Bueno. Sérgio Luiz José. *Protesto de sentença e outras decisões judiciais*. Indaiatuba: Foco, 2020.

BUENO, Sérgio Luiz José. *O protesto de títulos e outros documentos de dívida*: aspectos práticos. Porto Alegre: Fabris Editor, 2011.

_____. *Aspectos da qualificação no procedimento para protesto*, in Del Gércio Neto, Arthur e Del GUÉRCIO, LUCAS BARELLI (Coordenadores). *O direito notarial e registral em artigos*. São Paulo: YK, 2018.

CAHALI, Yussef Said. *Fraude contra credores*. São Paulo: RT, 1989.

CÂMARA, Hamilton Quirino. *Condomínio edilício*: manual prático com perguntas e respostas. Rio de Janeiro: Lumen Juris, 2007.

CAMARGO NETO. Mario. GENTIL. Alberto (Coord.) *Tabelião de protesto*, em *Registros públicos*. São Paulo: Método, 2020.

CENEVIVA, Walter. *Lei dos notários e dos registradores comentada*. 8. ed. São Paulo: Saraiva, 2010.

_____. *Lei dos registros públicos comentada*. 18. ed. São Paulo: Saraiva, 2008.

COELHO, Fábio Ulhoa. *Curso de direito comercial*. 9. ed. São Paulo: Saraiva, 2005. v. 1.

COSTA, Wille Duarte. *Títulos de crédito*. 3. ed. Belo Horizonte: Del Rey, 2007.

DAROLD, Hermínio Amarildo. *Protesto cambial*. 3. ed. Curitiba: Juruá, 2005.

DINIZ, Maria Helena. *Curso de direito civil brasileiro*. 26. ed. São Paulo: Saraiva, 2009. v. 1.

FAZZIO JUNIOR, Waldo. *Duplicatas*: legislação, doutrina e jurisprudência. São Paulo: Atlas, 2009.

GONÇALVES, Carlos Roberto. *Responsabilidade civil*. São Paulo: Saraiva, 2005.

GONÇALVES, Marcus Vinicius Rios. *Processo de execução e cautelar*. 14. ed. São Paulo: Saraiva, 2011.

MALUF, Carlos Alberto Dabus; MARQUES, Márcio Antero Motta Ramos. *Condomínio edilício*. 3. ed. São Paulo: Saraiva, 2009.

MAMEDE, Gladston. *Títulos de crédito*. 6. ed. São Paulo: Atlas, 2011.

MARTINS, Fran. *Títulos de crédito*. 15. ed. Rio de Janeiro: Forense, 2010.

MELO JR., Regnoberto Marques de. *Dos emolumentos notariais e registrais*. Rio de Janeiro: Freitas Bastos, 2005.

MESQUITA, Márcio Pires de; DIP, Ricardo; JACOMINO, Sérgio (Org.) et al. *Edição Especial Revista dos Tribunais – 100 anos – Doutrinas essenciais*. São Paulo: Revista dos Tribunais, 2011, v. I: Direito registral.

MORAES, Emanoel Macabu. *Protesto extrajudicial*. Rio de Janeiro: Lumen Juris, 2004.

NEGRÃO, Ricardo. *Manual de direito comercial e empresarial*. 2. ed. São Paulo: Saraiva, 2011. v. 2.

PINHO, Themistocles; VAZ, Ubirayr Ferreira. *Protesto de títulos e outros documentos de dívida*. Rio de Janeiro: Freitas Bastos, 2007.

POZZA, Pedro Luiz. *Algumas linhas sobre a Lei n. 9.492/97*. Caderno de Doutrina da Tribuna da Magistratura, São Paulo, jan./fev. 1999.

REQUIÃO, Rubens. *Curso de direito comercial*. 23. ed. São Paulo: Saraiva, 2003. v. 2.

RIBEIRO. Luís Paulo Aliende. *Regulação da função pública notarial e registral*. São Paulo: Saraiva, 2009.

ROSA JUNIOR, Luiz Emygdio Franco da. *Títulos de crédito*. 4. ed. Rio de Janeiro: Renovar, 2006.

SANTOS, Flauzilino Araújo dos. *Condomínio e incorporações no registro de imóveis*: teoria e prática. São Paulo: Mirante, 2011.

SILVA, Luiz Ricardo. *O protesto dos documentos de dívida*. Porto Alegre: Norton Livreiro, 2004.

SOUZA, Eduardo Pacheco Ribeiro de. *Noções fundamentais de direito registral e notarial*. São Paulo: Saraiva, 2011.

STOCO, Rui. Responsabilidade civil dos notários e registradores: comentários à Lei n. 8.935, de 18.11.94. *Revista dos Tribunais*, São Paulo, n. 714/44, abr. 1995.

VENOSA, Sílvio de Salvo. *Direito civil*. 10. ed. São Paulo: Atlas, 2010. v. 1.

_____. *Direito civil*. 10. ed. São Paulo: Atlas, 2010. v. 3.

_____. O protesto de documentos de dívida. In: HIRONAKA, Giselda Maria Fernandes Novaes (Coord.). *Novo Código Civil*: interfaces no ordenamento jurídico brasileiro. Belo Horizonte: Del Rey, 2004.

WOLFFENBÜTTEL, Míriam Comassetto. *O protesto cambiário como atividade notarial*. São Paulo: Labor Juris, 2001.